CAÍDOS

Y LOS | ORÍGENES *del* MAL

Una vez más, Elizabeth Clare Prophet, autora de *Los años perdidos de Jesús,* plantea un desafío a la doctrina trasnochada al arrojar luz sobre los manuscritos olvidados. En esta ocasión, examina el Libro de Enoc, texto atribuido al tatarabuelo de Noé, un hombre de quien el Génesis afirma que «caminó con Dios» y «desapareció, porque le llevó Dios».

El Libro de Enoc revela que Dios permitió a Enoc regresar a la Tierra para comunicar ciertos secretos a sus hijos. Pero el libro fue excluido de la Biblia. ¿Por qué?

¿Fue para ocultar la advertencia de Enoc acerca de los vigilantes, ángeles caídos que adoptaron cuerpos humanos y, a causa de sus delitos contra la humanidad, fueron condenados a permanecer en la Tierra «en tanto el mundo perdure»?

Si los ángeles caídos encarnaron una vez, ¿por qué no otra y otra? Elizabeth Clare Prophet expone su audaz teoría de que los ángeles caídos de quienes previno Enoc *han encarnado hoy.* Y que todavía están causando estragos: iniciando guerras, contaminando el medio ambiente, manipulando la economía y malogrando los sueños de Dios y del hombre.

ARCÁNGEL GABRIEL, MENSAJERO DE DIOS

ÁNGELES CAÍDOS

Y LOS | ORÍGENES *del* MAL

POR QUÉ LOS PADRES DE LA IGLESIA
SUPRIMIERON EL LIBRO DE ENOC Y
SUS SORPRENDENTES REVELACIONES

ELIZABETH
CLARE PROPHET

SUMMIT UNIVERSITY 🔥 PRESS ESPAÑOL™

Gardiner, Montana

Ángeles caídos y los orígenes del mal
*Por qué los padres de la Iglesia suprimieron el Libro de Enoc
y sus sorprendentes revelaciones*
Título original: *Fallen Angels and the Origins of Evil: Why Church
Fathers Suppressed the Book of Enoch and Its Startling Revelations*
de Elizabeth Clare Prophet
Copyright © 2000 Summit Publications, Inc.
Reservados todos los derechos

Traducción: Cristina Illamola (Libro de Enoc y Libro de los secretos
de Enoc) y Judith Mestre (resto del libro hasta pág. 518)
Maquetación: Porcia Ediciones, S. L.
Copyright de la traducción de Libro de Enoc y Libro de los secretos
de Enoc © 2012 y 2013 Porcia Ediciones, S. L. Reproducido por
acuerdo entre Summit University Press y Porcia Ediciones, S. L.
Todos los derechos reservados
Copyright resto del libro © 2000 Summit Publications, Inc.

Para más información, contacte con Summit University Press Español
63 Summit Way, Gardiner, MT 59030-9314 USA
Tel: 1-800-245-5445 o 406-848-9500
www.SummitUniversityPress.com; www.SummitUniversity.org;
www.SummitLighthouse.org

Este libro contiene el texto completo de la edición original.

Diseño de portada: Roger Gefvert

Nº de tarjeta en el catálogo de la Biblioteca del Congreso:
2013949294
ISBN: 978-1-60988-175-7
ISBN: 978-1-60988-176-4 (ebook)

SUMMIT UNIVERSITY 🕯 PRESS ESPAÑOL™

1ª edición: octubre 2013
Impreso en los Estados Unidos
17   16   15   14   5   4   3   2

Índice

ILUSTRACIONES

A LOS HIJOS DE ENOC

Y ahora, hijos míos, meditad en vuestro corazón, prestad atención a las palabras de vuestro padre, todas ellas procedentes de los labios del Señor.

Tomad estos libros escritos por vuestro padre y leedlos.

Porque son muchos los libros y en ellos aprenderéis sobre todas las obras del Señor, todo lo que ha sido desde el principio de la creación y lo que será hasta el fin de los tiempos [...].

[...] Distribuid los libros a vuestros hijos, en todas vuestras generaciones y por entre las naciones que tengan el sentimiento del temor a Dios, dejad que ellos los reciban, y puede que ellos lleguen a amarlos más que a cualquier manjar o dulce terrenal, y los lean y los apliquen.

Y aquellos que no comprendan al Señor, los que no lo temen, los que no lo aceptan, mas lo rechazan, los que no los reciben (es decir, los libros), un terrible juicio les espera.

Enoc a sus hijos
El Libro de los secretos de Enoc

Los misterios prohibidos de Enoc

de Enoc

La historia jamás contada sobre hombres y ángeles

ÁNGELES CAÍDOS VOLANDO

LOS MISTERIOS PROHIBIDOS DE ENOC
LA HISTORIA JAMÁS CONTADA
SOBRE HOMBRES Y ÁNGELES

Con el increíble ritmo acelerado de la vida moderna, la mayoría de nosotros no nos tomamos tiempo suficiente para pensar en los ángeles. Pero no siempre fue así. Allá por el siglo IV, por ejemplo, cuando los belicosos visigodos tomaron por asalto el Imperio romano, cuando el desorden civil y la corrupción social alcanzaron su punto más álgido, cuando la economía regulada disparó una inflación de dos dígitos, la gente pensaba en los ángeles.

Se trataba de algo más que de extrañas ideas acerca de cuántos ángeles cabían en la cabeza de un alfiler: se hacían preguntas que tenían implicaciones serias y de largo alcance. El debate más candente giraba en torno a un solo asunto: ¿se habían transformado los ángeles alguna vez en seres de carne y hueso a fin de realizar actos terrenales? Si bien la mayor parte de ese debate parece haber escapado a la pluma de los cronistas a lo largo de la historia, nosotros podemos, y deberíamos, reconstruir algunas de sus preguntas… por razones que pronto quedarán claras.

Si los ángeles se convirtieron alguna vez en seres de carne y hueso al punto que parecían hombres ordinarios, ¿qué aspecto tenían? ¿Cómo se puede identificar a alguno de ellos entre nuestros vecinos? ¿Sería un ser más bueno, un dulce querubín?, ¿o uno muy malo, uno de esos diabólicos ángeles caídos?

Por lo que respecta a estos últimos, lo que parecía mera curiosidad del clero ha pasado a convertirse en una de las historias detectivescas de Sherlock Holmes: la exploración de la antigua historia cosmológica a través de documentos fragmentarios que enlazan los eslabones perdidos de algo que trasciende una mera disertación teológica sobre la naturaleza y el origen del mal.

Creo que mis investigaciones, a pesar de no ser exhaustivas, descubren en el Libro de Enoc, en los textos de Orígenes y en fragmentos de las Escrituras y de algunos textos apócrifos (lo que no excluye textos mitológicos y fuentes antiguas), la clave de ciertos hechos históricos relacionados con la evolución de hombres y ángeles en éste y en otros sistemas de mundos. Creo que estos hechos han sido ocultados a los hijos de la Luz durante miles de años deliberadamente y que, una vez que algunos corazones entregados los desenmascaren y actúen al respecto, serán el ingrediente esencial en el cambio del mundo hacia una nueva era de paz e iluminación.

Aunque el alcance de esta introducción no permite una total presentación de los hechos de que disponemos, sí me da la oportunidad de comenzar a desenmarañar los misterios prohibidos de Enoc relativos a la verdadera naturaleza de los ángeles caídos a los que se conoce como *vigilantes*. Enoc transmitió esos misterios a sus hijos y a las familias de éstos para que fueran preservados hasta una generación que en ese momento se hallaba muy distante en el tiempo.

Basándonos en pruebas convincentes obtenidas de varias fuentes, nuestra tesis confirma el Libro de Enoc: en efecto, hay ángeles caídos que encarnaron en la Tierra y corrompieron el alma de su gente y que serán juzgados por el Elegido el día de la venida de sus siervos elegidos. Por lógica, nuestra tesis debe también exponer el corolario de que esos caídos (junto con los descendientes de los *nefilim*, que fueron arrojados del cielo por el Arcángel Miguel) han seguido encarnando en la Tierra sin interrupción durante al menos medio millón de años.

En consecuencia, estoy preparada para demostrar y documentar que se encuentran actualmente entre nosotros, ocupando posiciones de poder en la Iglesia y el Estado como promotores de asuntos relacionados con la guerra y las finanzas, al frente de los bancos y en los consejos que establecen las políticas que determinan el destino de la humanidad a través del control de la población y de la ingeniería genética, del control de la energía y de las mercancías, de la educación y de los medios de

comunicación, y de estrategias ideológicas y psicopolíti-
cas del tipo «divide y vencerás» en todos los frentes.

La historia jamás contada de hombres y ángeles
constituye apenas un atisbo del desenmascaramiento
absoluto de Manipuladores y manipulados, Opresores
y oprimidos. Cuando haya escrito la última palabra del
último volumen de mi actual exposición, habrá quedado claro, por la gracia de Dios y del Espíritu Santo
—mi Consuelo y mi Maestro— que los ángeles caídos
encarnados, que constituyen el tema principal de la profecía de Enoc, han sido desde el comienzo quienes han
arruinado los sueños de Dios y del hombre. En todas
partes están convirtiendo los mejores esfuerzos de los
más nobles corazones en una burla al Verbo encarnado,
y están poniendo en movimiento las crueles espirales de
degeneración y muerte, tanto en la civilización occidental como en la oriental. Todos sus actos atroces pueden
y deben ser revertidos por los juicios del Hijo de Dios
—verdaderos y justos— y por la Luz que está dentro de
Sus hijos.

Para este fin y para la aceleración de aquéllos que
elijan ser instrumentos de la voluntad de Dios, incluyo
mi investigación sobre la historia de los ángeles caídos en
forma de introducción a esta edición del Libro de Enoc
y del Libro de los secretos de Enoc. Creo que este relato
de las experiencias de Enoc con nuestro amado Padre es
crucial para la comprensión de una antigua conspiración
que continúa en el seno de la humanidad en la Tierra y
que estará entre nosotros hasta que los hijos de la Luz

reciban el verdadero conocimiento relativo a *la semilla del Maligno y la semilla del Hijo de Dios.*

En éste y en otros libros he puesto de manifiesto, y lo seguiré haciendo para todos quienes estén dispuestos a escuchar, el modus operandi de los caídos y el camino de los ungidos por el Señor. Por sus frutos todos los conoceremos: aquéllos que vienen de «arriba» y aquéllos que vienen de «abajo». Y así, por medio del libre albedrío, elegirán a quién servir: a la Luz o a la oscuridad. Y serán juzgados según sean sus obras.

La pregunta que se ha convertido en materia de mi investigación es la siguiente: si ángeles malvados solían andar por la Tierra y si, como parecen indicar las Escrituras, muestran la apariencia de hombres comunes, ¿por qué no habrían de seguir *todavía* por aquí? Dado el estado de cosas en el planeta Tierra, ¿dónde los encontraríamos actualmente? ¿Manipulan nuestro gobierno? ¿Administran mal la economía? ¿Quiénes son, en definitiva?

Los hombres del siglo IV tenían algunas de las respuestas, preservadas en libros poco conocidos y difíciles de conseguir, algunos de los cuales nunca han sido traducidos al inglés. Una leve inmersión en los archivos de los primeros patriarcas del cristianismo revela el intrigante hecho de que, efectivamente, sabían algo sobre la encarnación de los ángeles, conocimiento tan peligroso que fue prohibido por hereje.

En los primeros siglos después de Cristo, los padres

de la Iglesia filosofaban sobre el origen del mal en el universo de Dios, especialmente en la Tierra. Todos estaban de acuerdo en que el mal tenía su origen en los ángeles que cayeron del cielo: el conocido pasaje escritural a propósito de la rebelión de un arcángel en contra del Todopoderoso y los ángeles que fueron arrojados con él.[1]

Generalmente se pintó a esos ángeles como criaturas aladas inmateriales, demonios oscuros y sombríos que tentaban al hombre a errar murmurando pensamientos malvados a su oído. Pero ciertos pasajes fundamentales en los libros sagrados indicaban que podía haber más sustancia —tanto literal como físicamente— en los ángeles caídos.

La materialidad de los ángeles parece haber sido una creencia antigua. Hubo un ángel, con el que Jacob luchó, lo bastante fuerte como para dejarlo lisiado, al menos temporalmente, si no de por vida. Fue tan tangible ese ángel, que el autor del libro del Génesis lo llama varón, aunque en otras partes de las Escrituras se revela que se trataba de un ángel[2]. El «ángel» dijo a Jacob, «*Déjame*, porque raya el alba». ¿Cómo habría podido Jacob agarrar a un ángel *incorpóreo*?

Los ángeles que fueron a visitar Sodoma tuvieron que ser encerrados en la casa de Lot a fin de protegerlos del intento de que abusaran sexualmente de ellos algunos habitantes del lugar: sodomitas que querían 'conocer' a los ángeles[3]. Y Manoa ofreció preparar la cena a su invitado, quien parecía un hombre normal hasta que ascendió a los cielos en el fuego que Manoa había encendido; sólo entonces supo Manoa que el «hombre de Dios» era «un ángel del Señor».[4]

Los ángeles malvados, los caídos, no eran menos físicos, según afirman ciertas escrituras religiosas del mundo.

Zaratustra, el gran profeta persa, presuntamente despedazó los *cuerpos* de ángeles porque aquéllos [los malvados] los habían usado para sembrar el mal. Los ángeles (de acuerdo con el relato) habían incitado relaciones amorosas ilícitas con mujeres de la Tierra, lo que habría sido difícil de no haber contado con un cuerpo físico, especialmente cuando el relato les atribuye descendencia[5]. La historia de ángeles corpóreos, a pesar de su cuestionabilidad, al menos dio sentido a las Escrituras y a la leyenda.

La historia de los vigilantes: La gran pérdida y el gran hallazgo

Finalmente allí estaba el Libro de Enoc. Antaño apreciado tanto por judíos como por cristianos, ese libro cayó después en desgracia de la mano de los poderosos teólogos debido precisamente a sus controvertidas afirmaciones sobre la naturaleza y los actos de los ángeles caídos.

Su contenido enfureció a tal punto a los padres de la Iglesia, que uno de ellos, Filastrio, lo condenó como herejía[6]. Tampoco los rabinos se dignaron dar crédito a las enseñanzas del libro sobre los ángeles. El rabino Simeón ben Jochai, en el siglo II, lanzó una maldición sobre todos aquéllos que creyeran en él.[7]

Así, el libro fue censurado, prohibido, maldecido, a buen seguro quemado y destruido y, finalmente, extraviado (y convenientemente olvidado) durante mil años. Sin embargo, con una misteriosa persistencia, el Libro de Enoc volvió a circular hace dos siglos.

En 1773, rumores de una copia sobreviviente del libro llevaron al explorador escocés James Bruce a la distante Etiopía. Se confirmaron los rumores: el Libro de Enoc había sido preservado por la Iglesia etíope, que le otorgaba igual importancia que a los demás libros de la Biblia.

Bruce se hizo no con uno, sino con tres ejemplares etíopes del precioso libro y los trajo de vuelta a Europa y a Bretaña. Cuando, en 1821, el Dr. Richard Laurence, profesor de hebreo en Oxford, hizo la primera traducción de la obra al inglés, el mundo moderno echó una primera ojeada a los misterios prohibidos de Enoc.[8]

El Libro de Enoc habla desde el reino oscuro en que la historia y la mitología se superponen. Al tanto de insondables fuentes de antiguas tradiciones, su autor extrajo para el lector una copa rebosante de sabiduría secreta.

Desplegando un drama impresionante entre el bien y el mal, la luz y las tinieblas, el libro rastrea las huellas de Enoc hacia la atemporalidad de la antigüedad, cuando hubo los primeros indicios de corrupción en un mundo prístino: la Tierra.

El problema comenzó, según el Libro de Enoc, cuando los ángeles celestiales y su líder —llamado Semiaza— desarrollaron una lujuria insaciable por las «hijas de los hombres» que vivían en la Tierra y un irrefrenable deseo de engendrar hijos con esas mujeres. Semiaza temía descender solo hacia donde se encontraban las hijas de los hombres, así que convenció a doscientos ángeles —llamados vigilantes— para que lo acompañaran en su misión de placer.

A continuación, los ángeles hicieron juramentos y se vincularon a la empresa mediante «execraciones mutuas»: maldiciones. Una vez sellado el pacto, la traición era castigada con barbaridades indecibles.

Imbuidos de una bravuconería propia de pandilleros, los ángeles descendieron y tomaron esposas de entre las hijas de los hombres. Les enseñaron hechicería, encantamientos y adivinación: versiones distorsionadas de los secretos del cielo.

La trama transcurre como la de una novela de ciencia ficción, más fácil de aceptar como fantasía que como hecho real. Las mujeres concibieron hijos de estos ángeles: gigantes malvados, los cuales devoraban toda la comida que los hombres de la Tierra eran capaces de producir. Mas nada saciaba su hambre; mataban y comían aves, bestias, reptiles y peces. Para su pantagruélico apetito nada era sacrosanto. Muy pronto, incluso el *Homo sapiens* se convirtió en manjar (7:1–15).

Al avanzar el relato, un malintencionado y rencoroso ángel llamado Azazel produce adornos para sus consortes —maquillaje de ojos y lujosos brazaletes— para que aumenten su atractivo sexual. En cuanto a los hombres, Azazel les enseña «toda clase de perversidades», incluyendo los medios para fabricar espadas, cuchillos, escudos, corazas para el pecho: todos los instrumentos de guerra (8:1–9).

Así, milenios atrás, alguien explicó la guerra no como un invento del hombre o como una plaga enviada por Dios, sino como un acto vengativo de un ángel caído eliminado de los planos del poder divino. La consecuencia fue que el hombre, a través de una u otra forma de manipulación, se adscribió a los juegos bélicos de los ángeles caídos y se permitió cometer genocidio en defensa de las mayores rivalidades de ellos.

Pero todavía hay más en el relato que desgrana Enoc de los vigilantes. Cuando los hombres de la Tierra protestaron en contra de las atrocidades que habían recaído sobre ellos, el cielo escuchó sus súplicas. Los poderosos arcángeles —Miguel, Gabriel, Rafael, Surial y Uriel— intercedieron a favor de los habitantes de la Tierra ante el Altísimo, el Rey de reyes (9:1–14).

El Señor ordenó a Rafael encadenar a Azazel de pies y manos. Gabriel fue enviado a destruir a los «hijos de la fornicación» —los descendientes de los vigilantes— incitándolos a autodestruirse mediante una matanza recíproca. Miguel fue autorizado a aprisionar bajo tierra a Semiaza y a su malvada descendencia «por setenta generaciones hasta el día del juicio»[9]. Y Dios envió el Diluvio para erradicar a los malvados gigantes, hijos de los vigilantes.

Pero en sucesivas generaciones (después del hundimiento del continente de la Atlántida), los gigantes volvieron una vez más a atormentar a la humanidad. Asimismo, parece que los vigilantes detentarán el poder sobre el hombre (de alguna manera curiosamente indefinida) hasta que llegue el juicio final de esos ángeles, el cual, según insinúa el autor, se lleva esperando largamente.

Hay también un pasaje muy significativo cerca del final del libro que habla de los últimos días en la Tierra:

> En esos días los ángeles volverán y se abalanzarán sobre Oriente, [...] para sacudir a los reyes y provocar en ellos un espíritu de turbación [...].
>
> Y ellos abordarán decididamente y andarán sobre la tierra de Sus elegidos [...].
>
> Comenzarán a pelear entre sí [...] hasta que el número de cadáveres por su matanza sea incontable y su castigo no sea en vano.[10]

Parece una escalofriante profecía de nuestros tiempos, con guerras y rumores de guerras en «Oriente» e incontables cadáveres en una tierra santa. No hay fecha consignada en la predicción, pero unos cuantos cambios de palabras en los lugares convenientes la convertirían en una réplica de los actuales titulares de los periódicos.

El tema principal del Libro de Enoc es el juicio final de esos ángeles caídos, los vigilantes y su progenie, los espíritus malvados[11]. Sin embargo, también son dignas de mención otras escenas.

En el capítulo 12 del libro, el Señor ordena a Enoc, escriba de la justicia,

> ve y haz saber a los vigilantes del cielo, quienes han abandonado el cielo altísimo y su eterno lugar santo, aquellos que se han corrompido con las mujeres*.
>
> Y que se han comportado como los hijos de los hombres, tomando para sí esposas. Aquellos que han resultado sumamente corrompidos sobre la Tierra;
>
> que para los que están en la Tierra no habrá paz ni remisión de pecado. Pues no gozarán de sus descendientes: contemplarán la aniquilación de sus bienamados, lamentarán que se destruya a sus hijos y aunque suplicarán eternamente, no obtendrán misericordia ni paz. (12:5–7)

En el capítulo 13, Enoc declara el juicio del Señor a Azazel:

> No tendrás paz. Se ha pronunciado una importante sentencia contra ti. Él te aprisionará;
>
> No tendrás alivio ni misericordia ni súplicas, a causa de toda la tiranía que has enseñado;
>
> y a causa de cada obra de blasfemia, de tiranía y de pecado que tú has revelado a los hijos de los hombres. (13:1–3)

El capítulo 13 describe también el modo en que

---

* Se refiere al hecho de que, en tanto que seres celestiales, los vigilantes no eran sexuados.

los vigilantes se aterrorizaron y temblaron y rogaron a Enoc que escribiera por ellos una plegaria de perdón y que hiciera que esa oración llegara a Dios, ya que ellos no podían dirigirse directamente a Él debido a que lo habían ofendido, a que sus pecados habían sido tan graves. Enoc informa más tarde a los vigilantes:

> He escrito vuestra súplica; y en mi visión se me ha mostrado que vuestra petición no será concedida mientras el mundo perdure.
>
> Habéis sido juzgados: vuestra petición no os será concedida.
>
> De ahora en adelante, jamás ascenderéis al cielo: Él ha ordenado aprisionaros en la Tierra en tanto el mundo perdure.
>
> Pero antes de esto habréis de contemplar la muerte de vuestros amados hijos; no los poseeréis, sino que caerán ante vosotros por la espada.
>
> Y no podréis suplicar ni por ellos ni por vosotros mismos;
>
> pero sí podréis llorar y suplicar en silencio. (14:2–7)

En el capítulo 15, el Glorioso y Resplandeciente, el Señor Dios, habla nuevamente con el justo Enoc:

> Ve y di a los vigilantes del cielo, quienes te han mandado rezar por ellos: sois vosotros quienes debéis rezar por los hombres y no los hombres por vosotros. [...]
>
> Vosotros, que sois espirituales, santos y poseéis

una vida eterna, os habéis corrompido con las mujeres; habéis engendrado con sangre carnal; habéis codiciado la sangre de los hombres y os habéis comportado como lo hacen aquellos que son carne y sangre.

Estos, sin embargo, mueren y perecen.

Por eso yo les he dado a ellos mujeres: para que convivan y tengan hijos; y así deberá ejecutarse sobre la Tierra.

Pero vosotros, desde los inicios, fuisteis creados como seres espirituales, con una vida eterna, sin vínculo alguno con la muerte.

Por ello no creé mujeres para vosotros, porque, en tanto que seres espirituales, vuestro hogar está en el cielo.* (15:1, 3–7)

El Señor explica además a Enoc la naturaleza de los descendientes de los vigilantes y el mal que ellos han sembrado en la Tierra:

En cuanto a los gigantes, quienes han nacido de espíritu y de carne, serán llamados sobre la Tierra espíritus malvados y sobre la Tierra estará su morada. Los espíritus malvados han salido de la carne de aquellos, porque fueron creados arriba: su origen y su creación surge de los santos vigilantes. Los espíritus malvados se esparcirán por la Tierra y serán

---

* Se refiere al hecho de que los vigilantes habían compartido, en algún momento, con los santos Kumaras los cargos de Vigilantes Silenciosos y de Instructores Mundiales, como guardianes de la pureza del alma y de la evolución de la Raza YO SOY.[12]

llamados los espíritus de los infames. La morada de los espíritus celestiales está en el cielo; pero sobre la tierra está la morada de los espíritus terrestres, nacidos en la Tierra.

Y los espíritus de los gigantes serán como nubes, que oprimen, corrompen, caen, compiten y causan daños en la Tierra.

Causarán lamento. No comerán alimento alguno y tendrán sed; serán escondidos y no se elevarán contra los hijos de los hombres ni contra las mujeres; pues vienen durante los días de matanza y destrucción.

Y en cuanto a la muerte de los gigantes, dondequiera que sus espíritus se separen de sus cuerpos, dejad que su carne, que es perecedera, no sea juzgada; así perecerán hasta el día de la gran consumación del gran mundo. Una destrucción tendrá lugar a causa de los vigilantes y de los impíos. (15:8–10; 16:1)

Debido a un pecado de esa envergadura, el Señor dice a los vigilantes: «Jamás habrá paz para vosotros». Según el texto del Libro de Enoc, el juicio del Señor en contra de los vigilantes prevalece, lo mismo entonces que ahora.

El autor del libro describe también, con poderosa majestuosidad y conmovedoras alabanzas, ciertas visiones celestiales que le fueron reveladas. Escribe sobre la instrucción que le dieron los arcángeles respecto al impresionante juicio de los caídos ante el trono de

Dios. Lanza tres parábolas (o similitudes) celestiales para describir las glorias del Reino, al inefable Anciano de días y al Hijo del hombre quien, según se dice, traerá el juicio final sobre los malvados de la Tierra. Hay también un gran apartado referido al trabajo dedicado a la descripción astronómica, así como una larga profecía respecto del futuro de los elegidos.

Así transcurre el texto del Libro de Enoc de acuerdo con los manuscritos con los que actualmente contamos. El lector estudioso notará que el manuscrito traducido se siente aquí algo descoyuntado y, en consecuencia, cabe pensar que fue compilado a partir de viejos fragmentos vagamente hilvanados en la antigüedad; quizás se trate de una versión burdamente corregida a partir de un corpus más extenso de los libros de Enoc que ya no existe.

CRISTO APRUEBA
EL LIBRO DE ENOC

La mayoría de los estudiosos del tema sostienen que, en su forma actual, el relato que aparece en el Libro de Enoc fue escrito en algún momento del siglo II a. C. y que fue popular durante, al menos, 500 años. El primer texto etíope fue elaborado, aparentemente, a partir de un manuscrito griego del Libro de Enoc que era, a su vez, una copia de un texto más antiguo. El original fue escrito, según se cree, en lengua semítica, que actualmente se supone fue arameo.

Aunque antaño se consideró posterior a Cristo (las

similitudes con la terminología y las enseñanzas cristianas son sorprendentes), algunos descubrimientos de copias del libro entre los Pergaminos del Mar Muerto en Qumrán demuestran que el libro existía antes de la época de Jesucristo. Sin embargo, la fecha del escrito original en el que se basaron las copias de Qumrán del siglo II a. C. permanece oculta. Dicho en pocas palabras, es muy antiguo.

La opinión más extendida entre los historiadores es que el libro no contiene, en realidad, las palabras auténticas del antiguo patriarca bíblico Enoc, puesto que él había vivido (de acuerdo con las cronologías del libro de Génesis) varios miles de años antes de la primera aparición del libro de la que se tiene conocimiento, atribuida a él.

De todos modos, es claro que los conocimientos de Historia escritural judaica de los historiadores contemporáneos no son, en modo alguno, exhaustivos. Con el tiempo, nuevos descubrimientos pueden ayudar a aclarar la imagen trazada por la tradición rabínica en el Zohar, lo cual implica que los escritos de Enoc fueron transmitidos fielmente de generación en generación.[13]

A pesar de sus orígenes desconocidos, los cristianos aceptaron en algún momento las palabras del Libro de Enoc como escrituras auténticas, especialmente la parte relativa a los ángeles caídos y su profetizado juicio. De hecho, muchos de los conceptos fundamentales utilizados por el propio Jesucristo parecen estar directamente conectados con los términos e ideas del

Libro de Enoc.

Así, es difícil evitar la conclusión de que Jesús no sólo había estudiado el libro, sino que también lo respetaba lo bastante como para adoptar y ampliar sus descripciones específicas a propósito de la venida del reino de los cielos y el tema de un juicio inevitable que descendería sobre «los malvados», término utilizado con mayor frecuencia en el Antiguo Testamento para describir a los vigilantes.[14]

Hay pruebas abundantes de que Cristo aprobó el Libro de Enoc. Más de cien frases en el Nuevo Testamento encuentran su precedente en él. La bienaventuranza de Nuestro Señor «Bienaventurados los mansos, porque ellos recibirán la tierra por herencia»[15] proviene quizás de Enoc 6:9: «Los elegidos poseerán luz, alegría y paz, y heredarán la tierra».

Así también, la reprimenda de Jesús

> ¡Ay de aquel por quien el Hijo del Hombre es entregado! ¡Bueno le fuera a ese hombre no haber nacido![16]

es una reminiscencia de las palabras de Enoc:

> ¿Dónde estará el lugar de reposo de los que han renegado del Señor de los Espíritus? Habría sido mejor para ellos no haber nacido.[17]

El Libro de Enoc contiene también antecedentes de la afirmación de Jesús referida a las muchas mansiones en la casa del Padre[18]. Leemos en Enoc 39:4:

Vi las moradas y los lechos de los santos. Allí mis ojos contemplaron sus moradas con sus correspondientes ángeles y lechos con los santos. Ellos estaban rogando, suplicando y orando por los hijos de los hombres, mientras la justicia manaba como agua ante ellos.

Podemos encontrar otro paralelismo en Lucas 18:7:

¿Y acaso Dios no hará justicia a sus escogidos, que claman a Él día y noche? ¿Se tardará en responderles?

En Enoc 47:2, leemos:

Ese día se reunirán los santos, quienes habitan en lo alto de los cielos, y con voz unida pedirán, suplicarán, alabarán y bendecirán el nombre del Señor de los Espíritus, debido a la sangre de los justos que ha sido derramada; que la oración de los justos no sea interrumpida ante el Señor de los Espíritus, que por ellos ejecutará la sentencia, y que su paciencia no puede perdurar por siempre.

La «fuente de agua que salte para vida eterna»[19] de Jesús es, quizás, un paralelismo de Enoc 48:1, que reza «una fuente de justicia, inagotable». El término bíblico «los hijos de la luz»[20] posiblemente tiene su origen en la «generación de luz» de Enoc. En Enoc 105:25 se lee:

Y ahora convocaré a los espíritus de los buenos entre las generaciones de luz y transformaré a los que han nacido en las tinieblas.

La explicación de Jesús de la vida después de la muerte del justo es casi idéntica a Enoc 50:4: «Todos los justos se convertirán en ángeles del cielo». Mateo recogió las palabras de Jesús: «Pues en la resurrección [...] serán como ángeles [de Dios] en el cielo».[21]

Y el «¡ay de vosotros, ricos!»[22] de Jesucristo puede encontrarse casi textual en Enoc:

> Pobres de vosotros que sois ricos, porque habéis confiado en vuestras riquezas, pero por ellas seréis apartados, porque no os habéis acordado del Altísimo en los días de vuestra prosperidad.[23]

La lista de paralelismos es mucho más larga de lo que podemos resumir aquí (por tanto los hemos consignado en la pág. 271 y siguientes) pero debemos subrayar otros dos temas centrales tanto sobre la enseñanza de Cristo como sobre el Libro de Enoc.

En primer lugar, el término «Hijo del hombre», a menudo utilizado por Jesús, se explica con profusión en el Libro de Enoc. Se ha pensado durante mucho tiempo que el empleo de la expresión «Hijo del hombre» por parte de Jesús para referirse a sí mismo tuvo origen en Daniel 7:13. Sin embargo, destacados estudiosos creen que fue el Libro de Enoc el que proporcionó este término fundamental a Jesús.[24]

Aunque la traducción de Laurence no lo refleja, parece que el propio Enoc fue llamado por Dios «Hijo del hombre». El tratadista bíblico H. H. Rowley señala que varios traductores han tropezado en este pasaje, cometiendo un error de traducción o incluso tratando de cambiar el texto original que emplea la frase «Tú eres el Hijo del hombre» refiriéndose a Enoc.[25]

La traducción de Laurence del pasaje, quizá por razones doctrinales, sustituye las palabras «descendiente del hombre» por la traducción literal «Hijo del hombre». Por el contrario, cuando el término «Hijo del hombre» claramente se refiere a Jesucristo, Laurence lo utiliza sin vacilaciones. La traducción de Laurence reza:

> Posteriormente, ese ángel vino a mí y me saludó con la voz, diciéndome: Tú eres el Hijo del hombre, que ha nacido para la justicia, y esta descansa en ti.[26]

La elección de las palabras por parte de Laurence está debidamente consignada en este volumen en el Libro de Enoc. Véase página 187.

El segundo asunto importante tanto para el Libro de Enoc como para las enseñanzas de Jesucristo concierne al juicio y a la gran tribulación. Jesús describe el juicio de las naciones [los gentiles] ejecutado por el Hijo del hombre, rodeado por sus ángeles, tal y como lo plasmó Mateo 25:31–32, 41, 46.

> Cuando el Hijo del hombre venga en su gloria acompañado de todos sus ángeles, entonces se sentará en su trono de gloria. Serán congregadas delante de él todas las naciones [los gentiles], y él separará a los unos de los otros, como el pastor separa las ovejas de los cabritos. [...]

Entonces dirá también a los de su izquierda: «Apartaos de mí, malditos [juicio de Dios a los vigilantes], al fuego eterno preparado para el Diablo y sus ángeles [caídos]».[27]

Y se apartarán para dirigirse a un castigo eterno, y los justos a una vida eterna.

La misma escena se describe en Enoc 45:3 y 66:5–7.

En ese día, el Elegido se sentará en un trono de gloria y escogerá las condiciones de aquellos y sus innumerables lugares de reposo (mientras sus espíritus serán fortalecidos en ellos, tan pronto como ellos vean a mi Elegido), los escogerá para aquéllos que corrieron a protegerse en mi santo y glorioso nombre. [...]

Contemplé ese valle donde había una gran agitación y donde las aguas estaban agitadas.

Y cuando todo eso tuvo lugar, de la masa fluida de fuego y de la agitación que se imponía en ese lugar, emanó un fuerte olor de azufre, que se mezcló con las aguas; y el valle de los ángeles, acusados de seducción, ardió por debajo de su suelo.

Por ese valle también manaban ríos de fuego, adonde serán condenados los ángeles que han seducido a los habitantes de la Tierra.

En Mateo 24:7, 21–22, 29–30, la profecía de Jesús sobre la gran tribulación se lee como sigue:

Porque se levantará nación contra nación y reino contra reino; y habrá pestes, y hambres, y terremotos en diferentes lugares. [...]

[...] porque habrá entonces gran tribulación, cual no la ha habido desde el principio del mundo hasta ahora, ni la habrá. Y si aquellos días no fuesen acortados, nadie sería salvo; mas por causa de los escogidos, aquellos días serán acortados. [...]

E inmediatamente después de la tribulación de aquellos días, el sol se oscurecerá, y la luna no dará su resplandor, y las estrellas caerán del cielo, y las potencias de los cielos serán conmovidas. Entonces aparecerá la señal del Hijo del hombre en el cielo; lamentarán todas las tribus de la tierra, y verán al Hijo del Hombre viniendo sobre las nubes del cielo con poder y gran gloria.

Estos pasajes concuerdan enteramente con el gran drama del juicio tal como se desarrolla en el Libro de Enoc. En Enoc 79, el arcángel Uriel confiere a Enoc la visión de esas cosas que el Hijo del hombre también nos diría que deben ser llevadas a cabo.

Esos días, Uriel respondió diciéndome: ¡He aquí que te he enseñado todas las cosas, oh, Enoc!;

y todas las cosas te las he revelado a ti. Viste el Sol, la Luna y los que guían las estrellas del cielo, que dirigen todas sus acciones, estaciones, llegadas y regresos.

En los días de los pecadores, los años se acortarán.

Su progenie regresará a su prolífica tierra, y todo lo que se haya hecho en la tierra será subvertido y desaparecerá en su estación. La lluvia será moderada y el cielo estará quieto.

Esos días, el fruto de la tierra llegará tarde y no florecerá en su estación; y en sus estaciones los frutos de los árboles serán ocultados.

La Luna cambiará sus leyes y no aparecerá más a su debido tiempo. Pero esos días el cielo será visto y la aridez tendrá lugar en las extremidades de los grandes carros al oeste. El cielo brillará más que cuando es iluminado por orden de la luz; mientras muchos jefes de entre las estrellas del orden errarán, pervirtiendo así sus caminos y sus obras.

Estos no aparecerán en su época, quienes los dirigen, y todas las clases de estrellas serán acalladas contra los pecadores. (79:1–7)

Observemos que, en Enoc, se revela que las estrellas son una jerarquía de ángeles, algunos de los cuales cambian sus caminos y su obra, mientras que Jesús dice que caerán del cielo y que sus potencias serán conmovidas [sacudidas], y la Madre María declara en el *Magníficat* que su Hijo sacará a los poderosos vigilantes de sus asientos de autoridad en la Tierra, que han usurpado a los hijos de la Luz, «los humildes».[28]

La idea de que las enseñanzas de Jesús estén «supeditadas», en un sentido amplio, a una obra teológica anterior, en lugar de constituir enseñanzas completamente nuevas, nunca antes reveladas directamente desde el cielo, ha inquietado a algunos. En 1891, el reverendo William J. Deane protestó contra el intento de conectar la enseñanza de Jesús con el entonces recientemente publicado Libro de Enoc, y, subrayó, indignado: «Se nos pide que creamos que nuestro Señor y Sus apóstoles, consciente o inconscientemente, introdujeron en su palabra y escritos ideas y expresiones que sin duda provenían de Enoc».[29]

Ello no obstante, sólo puede concluirse que fue una decisión consciente del amado Rabino (Maestro) el incluir a Enoc entre los profetas del Antiguo Testamento que citaba tan frecuentemente[30]. Incluso a los doce años, Jesús reveló su interpretación de las Escrituras a los doctores del templo en Jerusalén, quienes quedaron asombrados por sus preguntas y sus respuestas. En su Sermón de la Montaña, Jesús se declara como el cumplimiento tanto de la ley como de los profetas: «No penséis que he venido a abolir la Ley y los Profetas. No he venido a abolir sino a dar cumplimiento».[31]

Cuando Jesús volvió de las tentaciones que padeció en el desierto a Galilea, revestido del poder del Espíritu, se dirigió a la sinagoga de Nazaret y anunció su ministerio como el cumplimiento de la profecía de Isaías 61:1–2[32]. Puesto que el Maestro estaba evidentemente familiarizado de alguna forma con el Libro de Enoc, ¿no habría incluido su referencia a la ley y a los profetas la extraordinaria obra del profeta que fuera Padre de Matusalén y bisabuelo de Noé?

Creo que Jesús vino a tomar el manto de Enoc como mensajero del Anciano de días, así como de su profecía vigente respecto a los vigilantes. Creo que el hijo de David asumió la autoridad de nuestro Padre Enoc, quien dijo: «Él me ha creado y me ha otorgado el poder de reprender a los vigilantes, los hijos del cielo»[33]. Efectivamente, ¡Jesús vino a cumplir con la ley y la profecía del juicio mediante el Verbo encarnado!

Tanto en su feroz reprimenda a los escribas y fariseos que hablaban la letra pero no tenían el espíritu de Moisés, como en la concisa afirmación de su misión («Para un juicio he venido»[34]), Jesús dejó en claro que conocía el juicio profetizado y lo veía ocurrir tanto en su época como en el fin de los tiempos. Se aplicó a estudiarlo e interpretó el mecanismo del juicio de los ángeles caídos como una autoridad conferida por el Padre al Hijo.

> Porque el Padre no juzga a nadie; sino que todo juicio lo ha entregado al Hijo, para que todos honren al Hijo como honran al Padre.
> El que no honra al Hijo no honra al Padre que lo ha enviado. [...]
> Porque, como el Padre tiene vida en sí mismo, así también le ha dado al Hijo el tener vida en sí mismo, y le ha dado poder para juzgar, porque es Hijo del hombre.[35]

Ese poder para juzgar lo transfirió Jesús a sus apóstoles (*los elegidos* de Enoc)[36] porque él era el Hijo del hombre.

> De cierto os digo que en la regeneración, cuando el Hijo del Hombre se siente en el trono de

su gloria, vosotros que me habéis seguido también os sentaréis sobre doce tronos, para juzgar a las doce tribus de Israel[37]. Yo, pues, os asigno un reino, como mi Padre me lo asignó a mí, para que comáis y bebáis a mi mesa en mi reino y os sentéis en tronos juzgando a las doce tribus de Israel.[38]

Además de las conocidas referencias al Antiguo Testamento, Jesús pudo incluso haber aludido a las profecías de los textos apócrifos que no incorporaron los padres de la Iglesia o los rabinos que seleccionaron los libros que conforman nuestras actuales Biblia cristiana y Escrituras judaicas. Varios textos previamente desconocidos que se descubrieron en Qumrán y Nag Hammadi indican que Jesús enseñó a partir de otros escritos a la manera de un antiguo maestro de sabiduría.

El profesor de Yale Charles Cutler Torrey menciona pruebas de que Jesús citaba una obra apócrifa hoy día extraviada[39]. Se refiere a Lucas 11:49–51, que reza:

> Por eso la sabiduría de Dios también dijo: Les enviaré profetas y apóstoles; y de ellos, a unos matarán y a otros perseguirán, para que se demande de esta generación la sangre de todos los profetas que se ha derramado desde la fundación del mundo, desde la sangre de Abel hasta la sangre de Zacarías, que murió entre el altar y el templo; sí, os digo que será demandada de esta generación.

Aun cuando frases parciales y algo del asunto antes citado puede encontrarse en el Antiguo Testamento[40], esa afirmación de Jesús no se halla intacta en parte alguna de las <u>Escrituras hebreas</u>. Es Torrey quien plantea que la frase introductoria de Lucas «la sabiduría de Dios también dijo» indica que Jesús está citando directamente a partir de una fuente que aparentemente en la actualidad está perdida.

En mi opinión, Jesús no sólo citó material de fuentes no incluidas en el Antiguo Testamento, sino que lo hizo a fin de explicar el juicio como la rendición de cuentas de los vigilantes por haber matado a los portadores de luz, lo cual dichos caídos llevaban haciendo «desde la creación del mundo».

Además, Torrey observa que hay otras referencias en el Nuevo Testamento a obras escriturales hoy desaparecidas pero que fueron conocidas por los apóstoles. Una referencia de ese tipo se encuentra en Mateo 27:9–10:

> Entonces se cumplió el oráculo del profeta Jeremías: «Y tomaron las treinta monedas de plata, cantidad en que fue apreciado aquel a quien pusieron precio algunos hijos de Israel, y las dieron por el campo del alfarero, según lo que me ordenó el Señor.»

El texto de Jeremías que Mateo dice estar citando no está en el libro del profeta que actualmente figura en el Antiguo Testamento. Sin embargo, el padre de la Iglesia Jerónimo escribió en el siglo IV que un miembro de la secta nazarena le mostró un texto «apócrifo» de Jeremías en el que la cita de Mateo podía leerse en su forma exacta[41]. Así, aparentemente, la versión de Mateo del Libro de Jeremías contenía enseñanzas que fueron suprimidas alrededor del siglo IV.

La idea de que Jesús podría haber citado un libro que sintió estaba inspirado en el espíritu del patriarca Enoc, tan fácilmente como podía citar la Torá de Moisés, no es a tal punto absurda como Deane optó por creer. ¿Por qué otro motivo el apóstol Judas (quien se cree era hermano de Jesús) basaría toda una epístola en el relato de los ángeles caídos tal como fue contado en el Libro de Enoc?

Creo que estaba citando la enfática exégesis que hace su Señor de la obra del patriarca, y que Jesús se vio a sí mismo como quien venía a desenmascarar a la generación de la semilla de los malvados (los vigilantes) —a quien él y Juan el Bautista llamaron víboras[42], entre otros epítetos— y a salvar de las intrigas de los ángeles encarnados a los descendientes de Adán hasta Set, hijos de Jared: los hijos de la semilla de la Luz. Jesús vino a retomar la amenaza de Enoc: a desarrollar la enseñanza misma, el quid de la historia teológica, donde se había quedado Enoc.

INFLUENCIA DE ENOC SOBRE LOS APÓSTOLES

El especialista henóquico Dr. R. H. Charles observó, al inicio del siglo XX, que «la influencia de Enoc en el Nuevo Testamento ha sido mayor que la de todos los otros libros apócrifos y pseudepigráficos juntos»[43].

Aunque poquísimos han oído siquiera algo sobre el influyente libro en la era moderna, el Dr. Charles señala que «todos los autores del Nuevo Testamento estaban familiarizados con él y les había influenciado en mayor o menor medida en pensamiento y lenguaje».[44]

Por ejemplo, el Dr. Charles Francis Potter destaca que «se dice que [el Libro de Enoc] fue el *vademécum* de Pablo, literalmente su 'acompañante', su libro de bolsillo, su manual de consulta frecuente»[45]. Quizá Pablo cita el Libro de Enoc de forma indirecta en 1 Timoteo 6:16, en su descripción del Señor Jesucristo, el Inmortal. Habla de él como

> el único que posee Inmortalidad, que habita en una luz inaccesible, a quien no ha visto ni le puede ver. A él el honor y el poder por siempre.

Tal descripción es muy parecida a la del Libro de Enoc, que dice:

> Ningún ángel fue capaz de entrar para verle la cara al Glorioso y Refulgente; ni ningún mortal pudo contemplarlo. Un fuego ardiente le rodeaba. Un fuego también de grandes dimensiones seguía levantándose ante Él; por eso ninguno de los que le rodeaban era capaz de acercársele.[46]

El mismo libro parece ser la fuente del castigo de las naciones [gentiles] en Pablo: «¡a los demonios lo sacrifican, y no a Dios!»[47], como lo hacían los hombres profanos en el Libro de Enoc, donde se lee:

Y al adoptar numerosas apariencias [los ángeles caídos] han mancillado a los hombres y les han
hecho errar para que sacrifiquen tanto a los demonios como a los dioses.[48]

El relato de Pablo de un «hombre en Cristo» que
fue «arrebatado hasta el tercer cielo», en el cuerpo o
fuera del cuerpo (Pablo no puede precisarlo), puede
referirse a la descripción de Enoc de los varios cielos,
implícita en el libro principal de Enoc y directamente
citada en el Libro de los Secretos de Enoc.[49]

Más aún, una obra apócrifa del Nuevo Testamento llamada la Revelación de Pablo describe el recorrido de éste por esos diferentes cielos e incluye el
encuentro de Pablo con un hombre de pelo cano y
expresión alegre, quien resulta ser nada menos que el
patriarca Enoc.

Así es como el autor narra el relato:

Y el ángel me dice: ¿Has visto todas estas
cosas? Y respondí: Sí, mi señor. Y nuevamente me
dijo: Ven, sígueme, y te mostraré el lugar de lo correcto. Y lo seguí y él me llevó frente a las puertas
de la ciudad. Y vi una puerta dorada, y dos pilares
dorados frente a ella, y dos placas doradas sobre
éstos llenas de inscripciones. Y el ángel me dijo:
Bendito sea el que entre por estas puertas porque
no todos pueden entrar sino sólo aquellos que tengan resolución e inocencia y un corazón puro [...].

E inmediatamente se abrieron las puertas y salió un hombre de pelo cano a nuestro encuentro y me dijo: Bienvenido seas, Pablo, amado de Dios y, con alegre semblante, me besó bañado en lágrimas. Y yo le dije: Padre, ¿Por qué lloras? Y él me dijo: Porque Dios ha preparado muchas cosas buenas para los hombres y ellos no hacen Su voluntad a fin de poder disfrutarlas. Y pregunté al ángel: Mi señor, ¿quién es éste? Y él me respondió: Éste es Enoc, el testigo del último día.[50]

El apóstol Juan, autor y amanuense del Apocalipsis bíblico de Jesucristo, se acercó aún más al simbolismo, tono y descripción henóquicos. Muchas de sus visiones, familiares para los amantes de la Biblia, también pueden encontrarse en el Libro de Enoc: el «Señor de señores y Rey de reyes», el descenso del diablo al lago de fuego, la visión de los siete Espíritus de Dios, el árbol cuyo fruto es para los elegidos, las cuatro bestias alrededor del trono, el caballo que vadeó con la sangre hasta el lomo y el libro de la vida.[51]

Algunos piensan que es tan cercana la similitud entre el Apocalipsis y el apócrifo Libro de Enoc que casi impidió que aquél se convirtiera en una escritura canónica, estatus que logró alcanzar por un margen muy estrecho. (En el siglo III, Dionisio de Alejandría, junto con muchos otros feligreses de las Iglesias de Siria y Asia Menor, rechazó la autenticidad del Apocalipsis, por razones literarias.)[52]

Hechos 10:34 cita a Pedro cuando afirma que «En verdad comprendo que Dios no hace acepción de personas», frase utilizada también por Pablo, que se encuentra en el Libro de Enoc al igual que en el Deuteronomio, Crónicas y, de forma intermitente, a lo largo de todo el Antiguo Testamento. El Libro de Enoc puede haber sido la fuente de todos esos usos bíblicos.

Ambas epístolas de Pedro en el Nuevo Testamento parecen basarse en el Libro de Enoc[53]. La segunda, al comentar cuando los ángeles que pecaron son atados y arrojados al infierno, denuncia a los malvados en términos que el propio Enoc podría haber utilizado. Pedro escribe:

> Estos son inmundicias y manchas, quienes aun mientras comen con vosotros, se recrean en sus errores. Tienen los ojos llenos de adulterio, que no se sacian de pecar, seducen a las almas inconstantes, tienen el corazón habituado a la codicia, y son hijos de maldición [...].[54]

Los especialistas en la Grecia antigua Rendel Harris y M. R. James, entre otros, han especulado que la primera epístola de Pedro pudiera haber contenido originalmente una referencia explícita a Enoc, por su nombre, que sería borrada —por error o con clara intención— en posteriores ejemplares de las Escrituras.[55]

Sin embargo, hay pruebas aún más contundentes de la temprana aceptación cristiana del Libro de Enoc, cuyo contenido lo discute claramente la epístola de Judas, haciendo notar que algunos hombres han entrado encubiertamente, los que desde antes habían sido destinados para esta condenación, hombres impíos, que convierten en libertinaje la gracia de nuestro Dios [...].

Éstos son manchas en vuestros ágapes, que comiendo impúdicamente con vosotros se apacientan a sí mismos; nubes sin agua, llevadas de acá para allá por los vientos; árboles otoñales, sin fruto, dos veces muertos, y desarraigados; fieras ondas del mar, que espuman su propia vergüenza; estrellas errantes, para las cuales está reservada eternamente la oscuridad de las tinieblas.[56]

En realidad, Judas *cita* a Enoc directamente y se refiere a él de forma literal al decir:

Profetizó Enoc, séptimo desde Adán, diciendo: «He aquí, vino el Señor con sus santas decenas de millares, para hacer juicio contra todos y dejar convictos a todos los impíos de todas sus obras impías que han hecho impíamente, y de todas las cosas duras que los pecadores impíos han hablado contra él».[57]

Cabe destacar que tanto la premisa como la conclusión del Libro de Enoc en su conjunto —es decir, el juicio de los vigilantes como clave de la liberación de las almas de Luz y necesaria purga planetaria, a modo de paso previo a la venida del reino del Señor— se basan en que esto ocurrirá «no para esta generación, sino para aquella que viene lejana, *con respecto a los elegidos*». (Enoc 1:2)

¿Quiénes son 'los elegidos'? Los definimos como aquéllos que han sido elegidos para ser instrumento de la voluntad de Dios, de acuerdo con el llamado recibido del Padre y del Hijo, para ser portadores de la Luz del Elegido: guardianes de la llama de la profecía del Santo y Poderoso, el Dios del Mundo.

Partimos de que Enoc 1:2 afirma que el juicio es una consecuencia directa e inevitable de la venida del Elegido —el Verbo encarnado— y de sus elegidos en este siglo y los siguientes.

El juicio profetizado por Enoc llegará a través de la Luz de Cristo, que el Hijo ha encendido en el corazón de los suyos. La Luz es del «hombre interior», conocido por Pablo como *«Cristo entre vosotros, la esperanza de la gloria»*[58]. Tenemos nuestra esperanza puesta en Cristo, Juez eterno; porque si viene, y con toda seguridad vendrá «rápidamente» con «sus santas decenas de millares»[59], entonces la gloria del Señor brillará sobre la Tierra a través de los corazones ungidos que confirman la Palabra del Señor, en la Tierra como en el cielo.

La profecía de Enoc sobre el juicio es citada por Judas como aceptable prueba escritural de «lo impío». Judas basó toda su epístola en este tema henóquico. Pero cuando el Libro de Enoc fue puesto en tela de juicio más tarde, el propio Judas también se volvió sospechoso y su epístola apenas si permaneció entre los libros canónicos de la Biblia.

Otra prueba destacable de la temprana aceptación por parte de los cristianos del Libro de Enoc estuvo enterrada durante muchos años por la errónea traducción de Lucas 9:35 en la versión King James de la Biblia*, que describe la transfiguración de Cristo: «Y vino una voz desde la nube, que decía: Este es mi Hijo amado, a él oíd». Aparentemente, el traductor quería hacer compatible este versículo con uno similar en Mateo y en Marcos. Sin embargo, el versículo de Lucas en el griego original reza: «Éste es mi Hijo, el *Elegido*[60]. Escuchadle».

El «Elegido» es uno de los términos más significativos en el Libro de Enoc. Si el libro fue efectivamente conocido por los apóstoles, con sus abundantes descripciones del Elegido que iría a «sentarse en un trono de gloria» y debía «habitar entre ellos»[61], se otorga gran autenticidad escritural al Libro de Enoc cuando la «voz desde la nube» dice a los apóstoles: «Éste es mi Hijo, el Elegido», el prometido en el Libro de Enoc.

El Libro de Enoc fue también muy apreciado por los esenios, comunidad de nueva era que tenía un enorme monasterio en Qumrán, junto al Mar Muerto, en la época de Jesucristo. «El tema de los ángeles caídos», observa el Dr. Potter, «fue una leyenda favorita entre los esenios».[62]

Se encontraron fragmentos de diez manuscritos de Enoc entre los rollos de Mar Muerto. Los famosos rollos sólo comprenden, en realidad, una parte de todos los descubrimientos de Qumrán. Gran parte del resto

---

* En español, se suele equiparar dicha versión a la Reina-Valera. [N. de la T.]

era literatura henóquica, ejemplares del Libro de Enoc y otras obras apócrifas de la tradición henóquica, como el Libro de los Jubileos. Con tantos ejemplares, los esenios bien podrían haber utilizado Enoc como libro de oración comunitaria o como manual del maestro y texto de estudio.

Los esenios esperaban la llegada del Mesías para que los librara de la persecución que padecían y que atribuían a los «hijos de Belial»: indudablemente los ángeles caídos. Esperaban la llegada del Elegido porque, como había profetizado el Libro de Enoc, «Veréis a mi Elegido sentado sobre el trono de mi gloria. Y él juzgará a Azazel, a todos sus cómplices y a todas sus huestes».[63]

En esa misma tradición, el propio Jesús dijo: «Ahora es el juicio de este mundo [el de los vigilantes]; ahora el Príncipe de este mundo será echado fuera».[64] Ciertamente quienes lo escuchaban, versados en las enseñanzas del Libro de Enoc, habrían captado la clara inferencia de Jesús: que él había venido a ejecutar el juicio a los ángeles caídos profetizado en el Libro de Enoc.

En esencia, Jesús se reveló como el Mesías, el Elegido del Libro de Enoc, quien vino no sólo a cumplir las profecías del Antiguo Testamento, sino también, una muy especial del Libro de Enoc: el juicio de los vigilantes y de sus descendientes.

El Libro de Enoc fue usado por autores de los textos no canónicos (esto es, apócrifos u «ocultos»). El

autor de la apócrifa Epístola de Bernabé cita el Libro de
Enoc en tres ocasiones, llamándolo en dos de ellas «las
Escrituras», término que indica de forma específica la
Palabra inspirada de Dios[65]. Otras obras apócrifas re-
flejan el conocimiento del relato de Enoc sobre los vigilantes, a destacar, los Testamentos de los Doce Patriarcas y el Libro de los Jubileos. (Véase «Enoc en los libros
olvidados», en este volumen)

LOS PADRES DE LA IGLESIA CONCUERDAN CON ENOC EN LA CORPOREIDAD DE LOS ÁNGELES

Todo el mundo amaba y respetaba el Libro de
Enoc. *Al menos así fue durante algún tiempo.* El cambio de opinión se produjo en el siglo IV, durante la
época de los padres de la Iglesia. Estos intérpretes alta-
mente respetados de la teología de Cristo fueron los
prominentes líderes y maestros de la Iglesia cristiana
que florecieron desde el siglo I hasta el VIII.

Al principio, los padres de la Iglesia dedicaron
gran parte de su atención al asunto de la caída del
ángel a quien conocían como el Satanás bíblico. También abordaron el tema de la personalidad de otros
ángeles caídos, el modus operandi de los espíritus
malvados y la naturaleza del mal mismo.

Convencidos de que esos antiguos seres malvados
seguían activos todavía en el mundo, los primeros padres de la Iglesia citaban a menudo el Libro de Enoc
para sustentar su postura del bien contra el mal. De
hecho, el Dr. Charles señala que «con los primeros

patriarcas de la Iglesia y los apologistas, [el Libro de Enoc] tenía todo el peso de un libro canónico».[66]

En el siglo II, por ejemplo, el mártir Justino atribuyó todo el mal a los demonios que, sostiene, son los descendientes de los ángeles que cayeron por lascivia para con las hijas de los hombres: precisamente la historia henóquica.

Parece que los ángeles caídos ocuparon mucho más el pensamiento de Justino que los ángeles buenos, pues la conciencia del elemento demoníaco en el universo era fundamental para la cosmología de Justino, quien, en su *Segunda apología*, concuerda con Enoc en que los ángeles cayeron por lascivia[67]. Más aún, explica Justino,

> posteriormente dominaron a la raza humana, en parte a través de escritos mágicos, en parte mediante el temor que instigaron en ella y los castigos que le infligieron y, en parte, instruyéndola en el uso de sacrificios, incienso y libaciones, que les hicieron verdadera falta una vez se había convertido en esclava de sus bajas pasiones; y, entre los hombres, engendraron asesinatos, guerras, adulterios, toda suerte de derroche y muchos tipos de pecado.[68]

Aquí, Justino hace una afirmación enfática para reforzar el argumento de que esos ángeles andaban en realidad entre los hombres como seres físicos.

Atenágoras, en su obra *Legatio*, que data del año 170 aproximadamente, considera a Enoc un verdadero profeta. Describe a los ángeles que «violaron tanto su naturaleza como su cargo»:

> Entre ellos se encuentran el príncipe de la materia y las cosas materiales y otros quienes están situados en el primer firmamento (téngase en cuenta que nada decimos que no esté sustentado por pruebas sino que somos intérpretes de lo que los profetas dijeron). Los últimos son los ángeles que cayeron víctimas de la lujuria por las doncellas y se dejaron conquistar por la carne; el primero no estuvo a la altura de su responsabilidad y administró muy mal aquello que le había sido confiado.

> Así, a partir de aquellos que fueron tras las doncellas nacieron los denominados gigantes. No nos sorprenda que los poetas hayan desarrollado un relato parcial de los gigantes. La sabiduría mundana y la sabiduría profética difieren tanto como la verdad difiere de la probabilidad: la una es celestial, la otra es terrenal y está en armonía con el príncipe de la materia [quien dice]: Sabemos cómo decir muchas falsedades que tienen forma de verdad.

> Estos ángeles, pues, que cayeron del cielo, rondan por aire y por tierra y no son capaces ya de elevarse hacia los reinos que están por encima de los cielos. Las almas de los gigantes son los demonios que vagan por el mundo. Ángeles y demonios producen movimientos [esto es, agitaciones, vibraciones][69]: los demonios, movimientos que corresponden al carácter que recibieron, y los ángeles,

movimientos que corresponden a la lujuria que los poseen.[70]

La enseñanza de que «las almas de los gigantes son los demonios que vagan por el mundo» está tomada directamente de Enoc. Atenágoras comenta también el hecho de que los ángeles «se dejan conquistar por la carne». Aquí puede implicar que esos ángeles eran (o al menos lo fueron en alguna ocasión) seres físicos. La corporeidad de los ángeles caídos no es más gráfica en ningún otro lado que en la descripción que realiza Enoc de los malvados actos de la gigante descendencia de aquéllos, la cual devoró hombres y bestias para saciar su voraz apetito e incluso bebió su sangre.[71]

La mayoría de los primeros padres restantes de la Iglesia, así como de los primeros judíos, sostenía por lo visto la misma creencia en la corporeidad de los ángeles caídos. Dos apologistas cristianos, Lactancio y Taciano, especularon pormenorizadamente sobre esa idea de la encarnación de los ángeles caídos en la materia.

Lactancio (260–330) creía que la caída condujo a una degradación de la naturaleza angélica: que los otrora ángeles celestiales se habían vuelto, de hecho, bastante terrenales. Algunos años antes, el apologista Taciano (110–172) detalló más esa degradación. Describió el modo en que los ángeles se volcaron hacia las cosas materiales, y creía que su naturaleza misma se volvió tosca, densa y material.[72]

Un estudioso católico contemporáneo, Emil Schneweis, resumiendo la perspectiva de Taciano, afirma que el Padre creía que «los ángeles caídos se hundieron cada vez más en la materia, y se convirtieron en esclavos de la concupiscencia y la lujuria»[73]. Taciano dice, en realidad, que sus cuerpos eran «de fuego y de aire»; no carne material como el cuerpo de los hombres, sino «de materia» en un sentido más amplio.

¿Habría conjeturado Taciano que los demonios eran corpóreos, aunque de una suerte de sustancia distinta a las otras formas de vida conocidas por nuestros cinco sentidos? ¿O habrían sus tesis llegado tan lejos como para especular que los demonios moraban sólo en las «bajas» esferas astrales?

Quizás nunca sepamos de qué modo definió Taciano sus términos. Pero, aun cuando Taciano y Lactancio calificaron sus afirmaciones respecto a la corporeidad de los ángeles diciendo que la sustancia que componía su cuerpo era de un material de aire y fuego, más tarde los teólogos rechazaron por completo la idea de los ángeles revestidos de materia.

Los editores del trabajo de Taciano advertían en el siglo XVII al lector que tuviera cuidado con el pasaje en el que Taciano «imagina a la ligera que los demonios son criaturas materiales». Taciano sostiene que los demonios,

al haber recibido su estructura de la materia y obtenido el espíritu que la habita, se volvieron inmoderados y avariciosos; unos pocos, de hecho, se volvieron hacia lo que era más puro, pero otros eligieron lo que era inferior en la materia y conformaron su estilo de vida a ello.[74]

Si acaso el lector de Taciano pensara que éste afirma que los demonios eran seres físicos (sacando esta evidente conclusión del texto anterior), la respetada colección de escritos eclesiásticos, *The Ante-Nicene, Nicene, and Post-Nicene Fathers* reimprime, hasta la fecha, esa advertencia como nota a pie de página para evitar tal «error».[75]

«Con el paso del tiempo», expone la *New Catholic Encyclopedia* de 1967, «la teología ha purificado la oscuridad y el error contenidos en visiones tradicionales sobre los ángeles. De esa manera, la teología […] [actualmente] concreta que la naturaleza de los ángeles es completamente espiritual y ya no mera materia fina, vaporosa y parecida al fuego.»[76]

Ireneo, obispo de Lyon en el siglo III, hace varias referencias directas al relato de Enoc, incluyendo el anuncio que éste pronuncia de la condena de los vigilantes caídos. Ireneo acusa a un gnóstico contemporáneo que se inclinaba hacia la magia, de obtener

artificios de poder que están totalmente separados de Dios y apostatan, cosa que Satanás, vuestro verdadero padre, os permite todavía lograr por medio de Azazel, ese ángel caído y aún poderoso.[77]

Azazel, en el Libro de Enoc, es el vigilante caído a quien el Señor «atribuye todo el delito» de la corrupción de la Tierra por medio de sus malvadas invenciones, que incluyen instrumentos bélicos. Ireneo, por lo menos, creía que Azazel seguía por aquí.

Tertuliano, quien vivió entre los años 160 y 230, se muestra más entusiasta con respecto al Libro de Enoc. Lo llama las «Escrituras». Dice:

> En cuanto a los detalles de cómo algunos de los ángeles, por propia voluntad, fueron pervertidos y constituyeron entonces la fuente de la aún más corrupta raza de diablos, raza condenada por Dios junto con los promotores de la raza y aquél que hemos mencionado como su líder, el relato se encuentra en las Sagradas Escrituras.[78]

Tertuliano escribió todo un libro para comentar el atuendo femenino, en el que exhorta a las mujeres a que vistan modestamente, sin adornos, o lo que llama «trucos para embellecerse». Utiliza el Libro de Enoc como la prueba más sólida para defender su postura contra tales «accesorios»:

> También aquéllos que inventaron estas cosas están condenados a la pena de muerte, concretamente esos ángeles que desde el cielo se precipitaron hacia las hijas de los hombres [...]. Pues cuando esos ángeles caídos revelaron ciertas sustancias materiales bien ocultas, y numerosas otras artes que eran reveladas sólo vagamente, a una era mucho

más ignorante que la nuestra [...], ofrecieron a las mujeres, como su propiedad especial y, por así decir, personal, esas formas de vanidad femenina: el brillo de piedras preciosas con que se decoran los collares de diferentes colores, los brazaletes de oro que se enrollan en los brazos, las preparaciones de color que utilizan para teñir la lana y ese polvo negro que utilizan para realzar la belleza de sus ojos.

Si quieres conocer el tipo de cosas que son, puedes aprenderlas fácilmente a partir del carácter de quienes les enseñaron tales artes. ¿Alguna vez han sido capaces los pecadores de mostrar y de proporcionar algo que conduzca a la santidad, o los licenciosos amantes, algo que contribuya a la castidad; o los ángeles rebeldes, algo que promueva el temor a Dios? Si, efectivamente, debemos llamar «enseñanzas» a aquello que transmitieron, entonces los maestros del mal deben por necesidad haber enseñado lecciones de maldad; si es éste el salario del pecado, nada hermoso puede haber en la recompensa de algo malo. Pero, ¿por qué tendrían que haber enseñado y garantizado tales cosas?

¿Debemos pensar que las mujeres, sin objetos de adorno o sin trucos de embellecimiento, no habrían sido capaces de agradar a los hombres, cuando estas mismas mujeres, sin adorno alguno y toscas —podría decir, sin refinar ni educar— fueron capaces de impresionar a los ángeles? ¿O acaso estos últimos habrían aparecido como miserables amantes que descaradamente demandaban favores a cambio de nada; a menos que ellos hubieran traído algunos regalos a las mujeres a quienes habían atraído en matrimonio? Eso es bastante difícil de imaginar. Las mujeres que tuvieron ángeles por maridos no podían desear nada más, porque sin duda formaban excelentes parejas.

Por otro lado, los ángeles, que ciertamente pensaban, a veces, en el lugar del que habían caído y que anhelaban el cielo una vez que sus tórridos impulsos de lujuria hubieron pasado, recompensaron de ese modo el don mismo de la belleza natural de la mujer como causa del mal, es decir, que las mujeres no debían sacar provecho de su felicidad sino, más bien, llevadas de los modos de la inocencia y la sinceridad, debían unirse a ellos en pecado contra Dios. Debían de haber tenido por cierto que toda ostentación, ambición y amor logrados por medio del placer carnal serían desagradables a los ojos de Dios. Así pues, eran éstos los ángeles a quienes estamos destinados a juzgar[79], son éstos los ángeles a quienes repudiamos en el bautismo, son éstas las cosas por las que merecen ser juzgados por los hombres.[80]

Tertuliano, en ese contexto, parece sostener la belleza femenina como responsable de la caída de los ángeles, pero observa más adelante que los ángeles son los culpables que «merecen ser juzgados por los hombres».

Pablo también parece haber estado preocupado por la conexión entre la belleza femenina y los ángeles caídos. En su primera epístola a los corintios, capítulo 11, advierte largamente a las mujeres para que se cubran la cabeza en la iglesia, mientras que los hombres no tienen que hacerlo. A continuación, aparece el curioso versículo 10, traducido en la versión King James [léase Reina Valera] como:

> Por lo cual la mujer debe tener señal de autoridad sobre su cabeza, por causa de los ángeles.

Sin embargo, el versículo decía literalmente:

> He ahí por qué la mujer debe llevar cubierta la cabeza: a causa de los ángeles.

La mayoría de los comentarios sobre la Biblia explican que Pablo quiso decir que la cabeza descubierta de una mujer era una ofensa a los ángeles que observan las reuniones en las iglesias, pero Tertuliano cree que Pablo se refería concretamente a los ángeles caídos sobre los que habla Enoc, quienes, afirma Tertuliano, serían incitados a la lascivia por mujeres sin velos con hermosas cabelleras[81]. A la vista del respeto de Pablo por el Libro de Enoc, esta interpretación no parece improbable.

Clemente de Alejandría (150–220) se refiere a los ángeles «que renunciaron a la belleza de Dios por una belleza que se marchita, y así cayeron del cielo a la Tierra»[82]: innegablemente una referencia al relato de Enoc, que Clemente no cuestionó.

Las *Homilías clementinas* —obra cristiana escrita entre los siglos II y IV cuya autoridad no fue reconocida por las iglesias— afirman también el relato de la unión entre ángeles lujuriosos e hijas de los hombres, al decir que los ángeles *adoptaron para sí la naturaleza de los hombres* y participaron de la lujuria humana[83]. Es ésta una aseveración directa de la corporeidad de los ángeles caídos, que habrían necesitado cuerpo encarnado a fin de participar de esa lujuria humana.

Otros varios patriarcas de la Iglesia —Metodio de Filipi, Minucio Félix, Comodiano y Ambrosio de Milán— aprobaron también el relato de Enoc. Orígenes (186–255), estudiante de Clemente y pensador muy original e intuitivo, califica en más de una ocasión a Enoc de profeta, y cita libremente el Libro de Enoc para sustentar sus propias teorías[84]. Sin embargo, Orígenes observa que el Libro de Enoc no era aceptado como divino por las iglesias de su época y que no era respetado por los judíos.

Puesto que, posteriormente, la Iglesia prohibió muchas de las obras de Orígenes, quizás ninguna de las afirmaciones que éste realizó sobre el Libro de Enoc haya sobrevivido. Partiendo de una media docena aproximada de referencias a Enoc en la obra de Orígenes, los estudiosos henóquicos concluyen que aprobaba el Libro de Enoc, mientras que los estudiosos católicos sostienen que lo rechazaba, al afirmar que Orígenes «no se inclinaba por aceptar la leyenda de la fornicación angélica», como la llaman.[85]

Sin embargo, los fragmentos que quedan de sus escritos preservan una clave importante del pensamiento de este prolífico padre de la Iglesia: a buen seguro Orígenes no habría negado el relato que expone Enoc de la caída de los ángeles por lujuria debido a que implica una encarnación física de éstos, y el propio Orígenes creía que los ángeles podían encarnar como hombres. (Véase *La conspiración contra Orígenes*, pág. 371 y siguientes.)

Se dieran o no cuenta los primeros padres de la Iglesia, las ramificaciones de sus afirmaciones fueron trascendentales. Sugieren, por ejemplo, que los seres malvados que viven entre nosotros —los Hitler del pasado y del presente, y asesinos anónimos sin conciencia— podrían tener un perfil psicológico y espiritual enteramente diferente al resto de las almas del planeta Tierra. Tales asesinos tienen un poder extraordinario. Cuando se enojan, responden con una sed sanguinaria que es inhumana, con una depravación que proviene de su carácter impío, desprovisto de la chispa divina. Para estos «espíritus del mal», el asesinato es pura alegría; algunos incluso se refieren a él como «el acto más íntimo».

¿Acaso se debe a que, por ese camino, se acercan tanto como les es posible a la esencia de la vida (esto es, «la esencia de Dios») de un hijo de Dios? Pocos se percatan de que, al perforar el corazón del hijo de Dios y derramar su sangre, se libera una luz extraordinaria. Ello excita y aviva a los «muertos vivientes» cuando «saborean» y «beben» esa energía vital que proviene sólo de Dios y llega sólo a través de Sus portadores de luz encarnados. El autor de la Epístola a los Hebreos no llama a los vigilantes hijos de Dios sino «bastardos», que siguen sin reprimenda porque su juicio final está decidido, porque el Señor escarmienta sólo a sus hijos amados, a quienes recibe en su corazón. Sería comprensible que esos malhechores, cuyas almas están condenadas a la «segunda muerte»[86], fueran amantes de la muerte más que de la vida. Y su culto a la muerte —su placer en la estimulación sensual que agota la fuerza vital* por medio de una vida desenfrenada y rencorosa— se ha convertido en un velo que cubre al planeta y sus habitantes.

El reconocido psicólogo Erich Fromm comenta que «sus valores [de estos "necrófilos"] son exactamente lo contrario de los valores que relacionamos con la vida normal: no la vida, sino la muerte los anima y satisface»[87]; la muerte en todas las espirales descendentes de una existencia egoísta y sin propósito.

Pocos han logrado entender el «porqué» de esa generación alterna, que parece la antítesis de los hijos de Dios, amantes de la vida: esa raza de iracundos, blasfemos y rabiosos, inquietos y moribundos cuyo núcleo está podrido, es rebelde e irresponsable con la Luz y el Honor a Dios. Y es que pocos han explorado la enseñanza de Enoc y la de los primeros padres de la Iglesia sobre la encarnación de demonios y ángeles caídos.

---

* La «fuerza divina», llamada también fuego sagrado o Kundalini.

Quizás el Libro de Enoc explique también de dónde obtienen esos diablos la energía para realizar sus despreciables actos. Puesto que ya perdieron la chispa divina y su lugar en el cielo —Dios les dijo «Nunca ascenderéis al cielo» y «Nunca obtendréis paz»—, no tienen ya más que perder y sí, en cambio, todo que ganar del derramamiento de la sangre (la esencia vital) de los hijos de Dios.

No sienten remordimientos por su mala conducta ya que el camino de la penitencia y el perdón no les es accesible. Sin una llama en el corazón, carecen de piedad para con sus víctimas y de capacidad para «sentir» algo por ellas. No se identifican con ellas en el asesinato ni en los asesinatos masivos que legitiman los vigilantes con el término «guerra», como en las «guerras de liberación».

Con miras a sustituir la amorosa relación entre nuestro Padre y sus amados hijos —que ellos rechazaron—, los vigilantes y su simiente accedieron a una relación simbiótica con los espíritus desencarnados de los «gigantes» que siguen vagando por el plano astral, oprimiendo, corrompiendo y compitiendo por la mente de sus víctimas. Carentes de la mente de Cristo, la cadena evolutiva de los vigilantes se convierte en instrumento de las fuerzas oscuras, poseídos por los demonios, a partir de los cuales obtienen tanto la energía como la astucia para cometer sus crímenes.

Jesús los llamó «sepulcros blanqueados, que por fuera, a la verdad, se muestran hermosos, mas por den-

tro están llenos de huesos de muertos y de toda inmundicia»[88]. La verdad es que estos caídos están tan muertos que no pueden responder a los gritos de la gente
para dejar la carrera armamentista, ni tampoco dar
una respuesta adecuada a las súplicas de que dejen de
malversar el dinero de la gente en los santuarios inter-
nos de sus bancos. Por el contrario, los vigilantes
toman el oro de la gente y les entregan, a cambio de su
trabajo sagrado, monedas inflacionarias, sin valor.

Por medio de sus palabras y de sus actos, los vigilantes han estado erosionando nuestro planeta desde
hace mucho, mucho tiempo: nuestra civilización, nuestra religión y, si pudieran, nuestra propia alma.

¿Por qué nos quedamos sin hacer nada y permitimos que den de beber alcohol a nuestros hijos e hijas?
¿Por qué les dejamos llenar a nuestros pequeños de
mortíferas drogas? ¿Por qué les permitimos destruir las
naciones y la economía internacional antes de que
nuestros hijos puedan crecer siquiera para disfrutar de
este hermoso mundo que Dios nos dio?

Nuestro estado de inconsciencia y de falta de compromiso les ha permitido salirse con la suya y cometer
asesinatos a sangre fría, durante siglos. Con nuestra
inacción, hemos dejado que las calles de los Estados
Unidos se estén convirtiendo en zonas de combate,
donde gente inocente es asesinada, violada o asaltada a
punta de pistola. Hemos permitido que no se vigile el
crimen violento al tolerar un sistema legal que permite
que vuelvan a las calles los asesinos, violadores y los

que cometen abusos sexuales de niños, con libertad para reincidir.

Los terroristas internacionales, la mafia y los secuestradores desquiciados hacen la vida poco segura a todos los funcionarios públicos. Hoy en día, los riesgos del gobierno representativo son tan altos, que los defensores del pueblo deben andar con cautela por la posibilidad de ser frenados por tortuosos chantajes o por una muerte detestable si levantan la mano en defensa de la Luz. Pero ¿acaso no ha sido así desde que los servidores de la justicia y de la verdad recuerdan?

Fíjate en el modo en que los vigilantes manipulan los alimentos del mundo a fin de ganar objetivos militares. Fíjate en la forma en que roban los graneros de las naciones para alimentar a los enemigos de la Luz con el objetivo de alcanzar fines políticos. ¿De qué lado están, al fin y al cabo? Con toda seguridad, no al lado del pueblo. Hay que ver su desdén por la raza humana, a la que ven como nada más que «un experimento» sujeto a una orden; a la que han logrado contener hasta ahora mediante la regulación de sus necesidades básicas y del control de la población (al hacer de la guerra y del aborto una salida fácil a los conflictos emocionales no resueltos de las personas). Nadie sino los vigilantes y sus descendientes encarnados podían haber maquinado un plan tan complejo y astuto para subyugar a los pueblos de la Tierra a su total dominio: en cuerpo, mente y alma, mediante todos y cada uno de los medios y de las locuras.

Escribo esta detallada exposición del fraude espiritual perpetrado en contra de todos los que tienen temor de Dios que habitan en el planeta, para que puedas darte cuenta del calibre de esta enorme conspiración que pretende evitar que nuestro corazón sea el receptáculo sobre la Tierra del sagrado corazón de nuestro Señor.

Ahora examinemos cómo los últimos padres de la Iglesia se alejaron del concepto de los ángeles encarnados y del Libro de Enoc, haciéndoles el juego sin querer.

POSTERIORMENTE PADRES DE LA IGLESIA TACHAN EL LIBRO DE ENOC DE HEREJÍA: LA CREENCIA DE ÁNGELES CON CUERPO ES PROHIBIDA POR BLASFEMA

Posteriores padres de la Iglesia tuvieron, en efecto, problemas con el punto de vista de Enoc y buscaron otra explicación a la caída de los ángeles. Quizás se sentían incómodos con lo que implicaba: que entre nosotros hay otros que no son de los nuestros, hombres que no son hombres sino ángeles caídos. De modo que recurrieron a lo que consta acerca de la caída de Lucifer en Isaías 14:12–15, que reza:

> ¡Cómo caíste del cielo, oh Lucero*, hijo de la mañana! Cortado fuiste por tierra, tú que debilitabas a las naciones.
>
> Tú que decías en tu corazón: Subiré al cielo; en lo alto, junto a las estrellas de Dios, levantaré mi

---

* En la versión King James en inglés, se utiliza el nombre Lucifer en lugar de 'Lucero'. [N. de la T.]

trono, y en el monte del testimonio me sentaré, a los lados del norte;

sobre las alturas de las nubes subiré y seré semejante al Altísimo.

Mas tú derribado eres hasta el Seol, a los lados del abismo.

Algunos padres de la Iglesia vieron en esos versículos de Isaías el relato de la caída de un arcángel y, posteriormente, la de sus seguidores, arrastrando con «su cola» (orgullo), según Apocalipsis 12:4, «la tercera parte de las estrellas [ángeles] del cielo». Así, entendieron la caída como consecuencia del orgullo más que de la lujuria, teoría esta última que sostiene el relato de Enoc.

A los padres, al parecer, se les ocurrió una idea: una manera fácil de evitar la molesta historia de los ángeles del mal encarnados. Eligieron por unanimidad la versión de la caída de los ángeles por orgullo *en lugar* de la versión henóquica de la caída por lujuria, convirtiéndola en una premisa excluyente.

La pregunta es la siguiente: ¿Su motivación para poner en tela de juicio el Libro de Enoc fue evitar la controvertida doctrina de la corporeidad de los ángeles malvados y su presencia física en la Tierra? De ser así, ¿por qué? Quizás podamos reconstruir la lógica de su argumentación. Si los ángeles cayeron a consecuencia de la lujuria, debieron de haber tenido (o conseguido) un cuerpo físico para realizar sus deseos físicos. Pero si cayeron por mero orgullo, por corrupción de la mente y del corazón, no necesitaban tener un cuerpo para consumar su pecado. Podían ser sencillamente esos demonios con alas de murciélago que susurran al oído de los hombres incitándolos a la vanidad de las vanidades.

La última explicación era, en términos teológicos, menos problemática. Y hasta nuestros días prevalece esa creencia, a pesar de que los Genghis Khan de este mundo han hecho sus grandiosas entradas y salidas, haciendo gala de su vileza suprahumana o infrahumana, según sea el caso.

Yo, por lo menos, no me creo que ese pecado de orgullo no requiera de un cuerpo físico para ser realizado. La vanidad de esos diablos —las fijaciones y perversiones del cuerpo hasta el hastío y una cultura física basada enteramente en el orgullo de la vista, desde el culturismo hasta la moda y la decadencia de la civilización de Caín— está fundamentada en el orgullo y en la lujuria y es el terreno de pruebas para los egos caídos que se disputan la atención y el reconocimiento a través del culto al éxito.

El amor al dinero está también fundado tanto en el orgullo como en la lujuria. Estos vicios se alimentan recíprocamente en la medida en que los actos de lujuria se convierten en afirmaciones de orgullo a partir de proezas sexuales. Sí, el orgullo es una jactancia física:

«Mírame, lo hermoso o hermosa que soy, mira cómo puedo hacer cualquier cosa mejor que los hijos de Dios. Mira cómo puedo desafiar al Todopoderoso, cometer cualquier delito, quebrantar cualquier ley, desdeñar Su amor... ¡y salirme con la mía!»

De hecho, el pecado de la lujuria no requiere técnicamente de un cuerpo físico para manchar el alma y el historial de la vida de hombres o ángeles. Pues ¿acaso no nos enseñó Jesús que el pecado de la lujuria puede ser cometido mental y espiritualmente a partir de un corazón impuro? «Cualquiera que mira a una mujer para codiciarla, ya adulteró con ella en su corazón.» (Mateo 5:28)

Parecería que hacer hincapié en los aspectos de carne y hueso del pecado debería provocar una digresión a partir del hecho de que el estado de pecado o virtud es un estado del alma que puede llevarse hasta su lógica conclusión con menosprecio del Todopoderoso en cualquier plano, ya se trate de hombres que de ángeles, estén arropados por un cuerpo terrestre, astral o etéreo.

No obstante, los padres de la Iglesia que se aferraron a unos cuantos versículos de Isaías, a fin de salvar el dilema que les presentaba Enoc, pasaron por alto el relato más asombroso de todos. La trama, luego de detallar la caída del arcángel Lucifer, describe los desdeñosos actos, los actos *terrenales*, de ese ambicioso «hijo de la mañana», llamándolo categóricamente «el varón que hacía temblar la tierra».

Se inclinarán hacia ti los que te vean, te contemplarán, diciendo: ¿Es éste aquel varón que hacía temblar la tierra, que trastornaba los reinos;

que puso el mundo como un desierto, que asoló
sus ciudades, que a sus presos nunca abrió la cárcel?

Todos los reyes de las naciones, todos ellos
yacen con honra cada uno en su morada;

pero tú echado eres de tu sepulcro como vástago
abominable, como vestido de muertos pasados a espada, que descendieron al fondo de la sepultura;
como cuerpo muerto hollado.[89]

Isaías llamó varón a Lucifer: dando enérgicas indi-
caciones de que creía que el «echado» había caminado
por la Tierra encarnado, había andado entre los mortales como uno más de ellos.[90]

Cipriano (200–258), pupilo de Tertuliano, observó
el uso específico de la palabra hombre y la utilizó como
prueba de que el Anticristo —Lucifer— vendría algún
día como hombre. Afrehat, teólogo cristiano de Persia
del siglo IV, creía que Lucifer ya había encarnado: en
Nabucodonosor, rey de la antigua Babilonia.[91]

Sin embargo, esta fenomenal prueba de la encarnación de los ángeles caídos fue eliminada de un plumazo
por los otros padres de la Iglesia —si es que alguna vez
la reconocieron como tal— quienes, por su parte, utili-
zaron el pasaje de Isaías para inaugurar otro debate: la
controversia entre el orgullo y la lujuria.

El autor cristiano Julio Africano (200–245) fue el
primero en oponerse al relato tradicional de la caída
de los ángeles por lujuria. Incluso abordó Génesis 6,
versículos 1–4, sobre los «hijos de Dios» y las «hijas
de los hombres»: un paralelismo con el Libro de Enoc

en las Escrituras autorizadas. Los versículos fundamentales rezan:

Aconteció que cuando comenzaron los hombres a multiplicarse sobre la faz de la tierra, y les
nacieron hijas, que viendo los hijos de Dios que las
hijas de los hombres eran hermosas, tomaron para
sí mujeres, escogiendo entre todas. Y dijo el Señor:
«No contenderá mi espíritu con el hombre para
siempre, porque ciertamente él es carne; mas serán
sus días ciento veinte años». Había gigantes en la
tierra en aquellos días, y también después que se
llegaron los hijos de Dios a las hijas de los hombres, y les engendraron hijos: estos fueron los valientes que desde la antigüedad fueron varones de
renombre.

Julio Africano prefirió creer que los «hijos de Dios»
en Génesis 6:2 que vieron a las hijas de los hombres y
las tomaron por mujeres no se refería a los ángeles en
absoluto, a pesar del hecho de que ciertas traducciones
de la Biblia en su época decían explícitamente «ángeles
de Dios» en lugar de «hijos de Dios».[92]

Julio Africano pensaba que el versículo se refería,
en realidad, a los hijos justos de Set que «cayeron» (en
sentido moral) al tomar mujeres de entre las inferiores
hijas de Caín[93]. Se formó la opinión a pesar del hecho
de que tanto el Libro de Enoc como el Libro de Judas
se referían a ángeles que habían abandonado su (celestial) estado anterior[94], lo que debía haber sabido Julio,
a pesar del hecho de que el término «hijos de Dios» se

utiliza en otros pasajes del Antiguo Testamento para aludir a ángeles[95], cosa que Julio también debía saber.

Las opiniones de los padres de la Iglesia se adhirieron pronto a esa interpretación. A principios del siglo IV, la autoridad siria Efraín declaró que Génesis 6 se refería a los setitas y a los cainitas y, por lo tanto, no a la caída de los ángeles por lujuria.[96]

Hilario de Tours menciona de paso el relato de la lujuriosa caída de los ángeles como si se tratara de una locura, «acerca de la cual», dice, «existe uno que otro libro» pero, observa, «no necesitamos saber esas cosas que no están contenidas en el libro de la Ley»[97]. El teólogo sirio Teodoret llamó sencillamente «estúpidos y muy tontos» a quienes creían en el relato de Enoc.[98]

Posteriormente, Jerónimo (348–420), doctor de la Iglesia y erudito hebraísta, se sumó a la discusión. Jerónimo tildó a Enoc de apócrifo y declaró sus enseñanzas similares a las enseñanzas maniqueas, las cuales Jerónimo denunció enfáticamente por heréticas. A continuación, las palabras de Jerónimo:

> Hemos leído en cierto libro apócrifo* que cuando los hijos de Dios vinieron por las hijas de los hombres, descendieron al Monte Hermón y establecieron un arreglo para tomar a las hijas de los hombres como esposas. Este libro es bastante explícito y está clasificado como apócrifo. Los anti-

---

* Jerónimo menciona en otro lugar el Libro de Enoc por su nombre y aquí está refiriéndose a él claramente.

guos exégetas se han referido a él en varias ocasiones pero no lo estamos citando por su autoridad sino sencillamente para atraer tu atención [...]. Leí sobre este libro apócrifo en la obra de un autor particular que lo utilizaba para confirmar su propia herejía. ¿Qué dice? Dice que los hijos de Dios que bajaron del cielo al Monte Hermón y codiciaron a las hijas de los hombres son ángeles que han descendido de los cielos y almas que deseaban cuerpos puesto que las hijas de los hombres son cuerpos. ¿Alcanza el lector a detectar el origen de las enseñanzas de Maniqueo, el ignorante? Así como los maniqueos afirman que las almas desean cuerpos humanos para unirse en el placer, ¿no es más bien que quienes dicen que los ángeles deseaban cuerpos —o a las hijas de los hombres— están diciendo lo mismo que los maniqueos? Sería muy largo refutarlos ahora pero quiero meramente indicar la coincidencia, por así llamarla, del libro que oportunamente confirmó su dogma.[99]

Nótese el sarcasmo de Jerónimo al afirmar que el Libro de Enoc confirmó «oportunamente» el dogma de «Maniqueo, el ignorante»; como si dijera que el autor de Enoc era responsable de las supuestas herejías de los maniqueos. Al insinuar que las enseñanzas del Libro de Enoc estaban en la misma línea que las doctrinas maniqueas, Jerónimo censuraba el libro severamente.

Un persa visionario llamado Mani, quien afirmaba ser apóstol de Jesucristo, fundó hacia el año 240 el maniqueísmo, gran competidor de la Iglesia. Mani se creía una encarnación del prometido Paráclito y predicaba una síntesis de varias de las grandes religiones, entre las cuales incluía el budismo, el zoroastrismo y el cristianismo. Enseñó también sobre la reencarnación y escribió un libro (que fue destruido) sobre los malvados gigantes[100]. No es necesario decir que Mani fue incluido en la lista negra de la Iglesia, y fue martirizado en el sudoeste de Persia por fanáticos zoroastrianos.

La afirmación de Jerónimo en el sentido de que las doctrinas del Libro de Enoc respaldaban el maniqueísmo perjudicaban ciertamente la integridad espiritual del libro. Y no es de sorprender que el núcleo de la argumentación de Jerónimo contradijera la doctrina maniquea de que «las almas deseaban cuerpos humanos para unirse en el placer», que Jerónimo compara con la caída de los ángeles por la lujuria sostenida por Enoc, enseñanza que él rechazaba.

El padre de la Iglesia Crisóstomo (346–407) tomó cartas en el asunto decantándose en contra de Enoc y dio un paso más. ¿Quiénes eran esos «hijos de Dios» en Génesis 6? Ciertamente no eran ángeles, dijo Crisóstomo. Pensaba que esa opinión era totalmente absurda y la refutó con vehemencia. Éstas son sus agraviantes palabras:

Nos encontramos, en primer lugar, con la idea

más osada, la cual vamos a mostrar cuán absurda
es, al presentar a vuestra reflexión el verdadero significado de las Escrituras, de modo que no escuchéis a aquéllos que pronuncian tal blasfemia [...].
Dicen que no son hombres a los que aquí se refiere,
sino ángeles, y que son ángeles aquéllos llamados
«hijos de Dios» [...]. ¡Qué locura aceptar tan insensata blasfemia al afirmar que una naturaleza
incorpórea y espiritual pudo haberse unido a cuerpos humanos![101]

Con Crisóstomo, el problema que presenta el Libro
de Enoc es al fin definido por completo. En realidad, no
era sólo un asunto a propósito de si los ángeles habían
caído por orgullo o por lujuria: se trataba de la pregunta, mucho más importante, de si los ángeles adoptaron alguna vez cuerpo humano cuando cayeron.

Este asunto en cuestión —el descenso de los ángeles al mundo físico por lujuria— enfureció a Crisóstomo y provocó que emitiera el juicio de «insensata
blasfemia» sobre el relato del Libro de Enoc. El edicto
de Crisóstomo en el sentido de que los ángeles eran
espirituales y los hombres eran físicos (y nunca ambas
cosas podrían coincidir) lo ratificó Cesáreo de Arles,
quien asimismo insistió en que los ángeles eran incorpóreos y, por consiguiente, no podían haber copulado
con mujeres.[102]

Sin embargo, todavía faltaba asestar el hachazo
final al Libro de Enoc. Filastrio, a fines del siglo IV,
condenó las enseñanzas de Enoc como herejía de facto.

En su larga lista de herejías, en la que el relato de Enoc sobre los vigilantes es la número 108, declaró:

> No hay duda de que los ángeles, que fueron arrojados del cielo, no son similares a la naturaleza humana, y el simple hecho de sugerir tal cosa sería blasfemo y contrario a la ley [...]. Además, si quien pensó que era correcto que los ángeles, habiéndose transformado en carne, pecaran de tal modo que permanecieron en esa misma carne o por tanto cometieron tales actos carnales, éste percibe la historia con una lógica retorcida.[103]

Indudablemente, la amenaza de que la lógica de uno fuera «retorcida» por tal «blasfemia» alejó a muchos del Libro de Enoc.

El asunto quedó en definitiva resuelto con los argumentos lógicos y técnicos de Agustín (354–430), quien rechazó el relato de la caída de los ángeles por lujuria física y la cópula con mujeres, lo que hubiera resultado imposible a la naturaleza angélica. En su *Ciudad de Dios*, Agustín declaró:

> Hemos tocado de paso [...], dejándola por resolver, la cuestión sobre si pueden los ángeles, siendo espíritus puros, conocer carnalmente a las mujeres; porque dice la Sagrada Escritura, «que hace Dios ángeles suyos a los espíritus», esto es, que aquellos que por su naturaleza son espíritus hace que sean ángeles suyos asignándoles el deber de transmitir Sus mensajes [... pero] la misma inefable

Escritura afirma que los ángeles aparecieron a los hombres en tales cuerpos, que no sólo los pudiesen ver, sino también tocar [...].

Existe, además, un rumor muy esparcido, que muchos han verificado a través de propia experiencia, o que personas confiables que escucharon la experiencia de otros corroboran, en el sentido de que silvanos y faunos, que comúnmente son llamados «íncubos», han cometido a menudo malvados asaltos a mujeres y han satisfecho su lujuria con ellas; y que ciertos demonios [...] están tratando y llevando a cabo constantemente este acto impuro es algo tan generalmente afirmado que sería imprudente negarlo. En efecto, a partir de estas afirmaciones, no me atrevería a determinar si hay algunos espíritus corporeizados en una sustancia aérea [...] y que son capaces de lujuria y de mezclarse sensiblemente con mujeres; pero que los santos ángeles de Dios pudiesen caer en alguna torpeza en aquel tiempo, no lo puedo creer.[104]

Agustín prosigue con una larga demostración de que la frase «hijos de Dios» en Génesis 6 se refiere a los justos hijos de Set que casaron con las hijas de Caín, y llega, así, a la misma conclusión que Julio Africano: una vía de escape utilizada por la mayoría de los padres de la Iglesia para evitar tener que admitir la encarnación de los ángeles. Concluye:

Dejemos, pues, las fábulas de aquellas Escrituras que llaman apócrifas, porque de su principio, por ser oscuro, no tuvieron noticia clara los padres, quienes han transmitido las verdaderas e infalibles Escrituras con certísima fe y crédito hasta llegar a nosotros. Y aunque estos libros apócrifos dicen alguna verdad, con todo, por las muchas mentiras que narran, no tienen autoridad canónica. No podemos negar que escribió algunas cosas inspiradas Enoc [*sic*], aquel fue el séptimo desde Adán, pues lo confirma el apóstol San Judas Tadeo en su epístola canónica. Con todo, no sin motivo están los libros de Enoc fuera del Canon de las Escrituras que se custodiaban en el templo hebreo, por la exacta diligencia de los sacerdotes que se iban sucediendo. Pues por su antigüedad los tuvieron por sospechosos, y no podían averiguar si su contenido era lo mismo que el Santo había escrito, no habiéndolas publicado personas tales que por el orden de sucesión se probase las hubiesen guardado legítimamente. Por la misma razón las cosas que con su nombre se publican y contienen estas fábulas de los gigantes, que no fueron hijos de hombres [sino de ángeles], con razón creen los prudentes que no se deben tener por suyas; como otras muchas que con el nombre de otros profetas, y otras modernas que con el de los apóstoles publican los herejes. Todo lo cual con el nombre de apócrifo, después de diligente examen, está desterrado de los libros canónicos.[105]

Agustín había resuelto la cuestión. Desde su época,

los «hijos de Dios» de Génesis 6 dejaron de ser ángeles para no ser sino los hijos de Set, mientras que las «hijas de los hombres» fueron las cainitas. A partir de entonces y hasta nuestros días, ésta constituyó la interpretación oficial de los exégetas católicos y protestantes[106]. Y la controversia sobre la posibilidad de que los ángeles caídos hubiesen encarnado como hombres quedó enterrada durante siglos.

¿Qué piensan actualmente los teólogos de la Iglesia del relato de Enoc? *A Catholic Dictionary of Theology* califica de «estrafalaria improbabilidad» el relato de Enoc a propósito de que los ángeles pudieran asumir cuerpo humano[107]. La *New Catholic Encyclopedia* señala varias veces que el Libro de Enoc está basado en una «mala interpretación de Génesis 6:1–4»[108]. La naturaleza de los ángeles, según declara, es completamente espiritual.

La conclusión lógica de esta premisa que sostiene la incorporeidad de los ángeles la observó también Tomás de Aquino, quien, con Agustín, no admitía que los ángeles hubieran cometido más pecado que el del orgullo o la envidia, pecados que no dependen del cuerpo o de los sentidos[109]. Desde esta perspectiva, por ende, los ángeles sencillamente no pueden cometer graves pecados a través de pasiones corporales pues su naturaleza no es «corporal».

La pregunta que la Iglesia nunca pudo responder fue: ¿Cómo pudieron ángeles incorpóreos unirse a las corpóreas hijas de los hombres en la Tierra? En lugar de admitir que los ángeles debieron de haber encarnado en cuerpo humano para realizar la tarea, los padres de la Iglesia, como hemos visto, prefirieron decir que los ángeles no eran ángeles, sino descendientes de Set, y por tanto sustituyeron el relato de Enoc en su totalidad. Además, la caída de los ángeles podía ser completa y fácilmente explicada por la rebelión de un arcángel orgulloso.

El sínodo de Laodicea, organizado por la Iglesia en el siglo IV, asestó otro duro golpe a la angelología del Libro de Enoc; esta vez, contra los ángeles buenos que aparecen en el Libro. Ese concilio, dos siglos antes del que prohibió el planteamiento de Orígenes sobre los ángeles que se convirtieron en hombres, decretó que los únicos ángeles que podían ser nombrados eran Miguel, Gabriel y Rafael, que son los únicos mencionados en las Escrituras eclesiásticas.[110]

El concilio también «prohibió mediante un canon que se ofrecieran oraciones a los ángeles» sobre la base de que «era una especie de idolatría y distraía de la adoración debida a Cristo». Un comentario observa que el sínodo sostuvo sus reuniones en Laodicea, en Frigia, porque la gente creía allí que los ángeles eran defensores de la Ley y, por tanto, se suponía que los «adoraban».[111]

El comentario señala, además, que el papa Zacarías sostuvo en 745 un concilio romano en contra de un tal Aldeberto, «quien se descubrió invocaba por nombre a ocho ángeles en sus plegarias»[112]. ¡No es de extrañar que la compleja angelología del Libro de Enoc —que nombra muchos más que tres ángeles— fuese condenada!

Cuando el rabino Simeón ben Jochai pronunció una maldición sobre quienes sostenían que los «hijos de Dios» en Génesis 6:2 eran ángeles, aun cuando ésa había sido la antigua interpretación judía del versículo[113], puso al mundo judaico en contra del Libro de Enoc. La maldición del rabino del siglo II aparentemente resultó efectiva porque, a partir de ese momento, hay escasas menciones del libro en la literatura judía.

Pudo haber sido conocer la maldición del rabino lo que dio pie a que Orígenes señalara, un siglo más tarde, que el Libro de Enoc no era aceptado entre los judíos. Y pudo haber sido obra de rabinos incluso más antiguos que comenzaron a esconder el libro en las sombras de la tradición judaica lo que, como observó Agustín, hizo que no se lo encontrara entre las Escrituras aprobadas por los judíos.

¿Qué ocurrió finalmente con el libro? En un estudio reciente de los textos apócrifos, el autor Nicholas de Lange cita un revelador pasaje encontrado en algunos textos del Talmud, en el contexto de la afirmación del rabino Akiba (h. 40–135), relativo a que «quienquiera que lea los 'libros excluidos' no tiene cabida en el mundo que está por venir». A continuación, se citan las palabras del maestro babilonio Rab Joseph: «También está prohibido leer el libro de ben Sira [otra obra apócrifa]. Pero podemos enseñar las buenas cosas que contiene». Otros textos, sin embargo, dicen en lugar de esta afirmación: «Si los rabinos no hubieran escondido este libro, podríamos enseñar las buenas cosas que contiene».[114]

De Lange apunta que la expresión «escondido» se refiere al proceso aplicado a los textos sagrados y a otros objetos sagrados que dejaron de ser considerados aptos para su uso. Según el Talmud, continúa, los sabios incluso habían pensado en esconder el Libro de Ezequiel a causa de las supuestamente «equívocas enseñanzas» que contenía.[115]

Indudablemente hubo algunos escritos apócrifos que habían sido juzgados, incluso por legos, como carentes del espíritu del Señor. Estas falsificaciones han sobrevivido quizás en un número mucho mayor que los textos apócrifos de auténtico valor espiritual, que nos han llegado a través de copias completamente editadas o no nos han llegado.

Epicentro también de la cuestión sobre la desaparición del Libro de Enoc de las escrituras religiosas es el hecho de que en aquel entonces, antes de la invención de la imprenta, los libros se producían generalmente en pequeñas cantidades. Para que un libro sobreviviera, era necesario que los escribas lo copiaran una y otra vez. La manera más fácil de suprimir un texto era sencillamente evitar que fuera copiado. Una vez que un libro recibía la desaprobación de las autoridades, los escribas difícilmente lo copiaban. Así, se dejaba caer el libro en el olvido.

Fue ésa la manera en que las palabras de Enoc «se esfumaron» de los libros fundamentales de la civilización. Podría no ser irrelevante o irreverente preguntar: ¿Quién realizó las supresiones: hombres o ángeles? ¿Quién anhelaba a tal punto mantener como custodiado secreto la presencia de los ángeles caídos en la Tierra?

Bajo la apariencia y los hábitos de cristianos y judíos, «ellos» (los ángeles caídos y aquéllos sobre quienes ejercieron su influencia) censuraron y suprimieron lo escrito sobre la caída de los ángeles por lujuria de la carne en el Libro de Enoc. Su veredicto de herejía y blasfemia se mantuvo contra Enoc por más de 1.500 años.

HITOS EN LOS ESTUDIOS HENÓQUICOS

El descubrimiento de varios textos de Enoc en arameo entre los rollos del Mar Muerto, en el siglo XX, llevó al estudioso católico J. T. Milik a compilar una historia completa de las leyendas de Enoc, que incluye traducciones de los manuscritos arameos.

El libro de Milik (de 400 páginas), publicado en 1976 por Oxford[116], constituye un hito en los estudios henóquicos, siendo aquél, sin duda, uno de los mayores expertos del mundo en la materia. Sus opiniones, basadas en años de exhaustiva investigación, se respetan enormemente.

Milik observa la evidentemente estrecha interdependencia entre el relato de los ángeles caídos que se encuentra en Enoc y el de los «hijos de Dios» que figura en el libro del Génesis. Pero no saca las mismas conclusiones que los padres de la Iglesia, es decir, que el Libro de Enoc interpretase mal el relato anterior del Génesis y fuera, en consecuencia, improcedente.

Milik, por el contrario, llega a una conclusión sorprendente y, sin embargo, bien sustentada: que la historia de los ángeles caídos de Enoc no sólo es *más antigua* que Génesis 6, sino que Génesis 6 es, de hecho, un *resumen* textual del anterior relato de Enoc.[117]

Esto es lo que Milik llama la «solución inevitable»: es Génesis 6 lo que está basado en Enoc y no a la inversa. Milik piensa que el texto de Génesis 6, a través de su abreviada y alusiva formulación y de sus citas literales de dos o tres frases de Enoc, debe ser el menos antiguo de los dos, lo que traslada la leyenda de Enoc a una fecha anterior a los capítulos definitivos del Génesis.[118]

Con destreza, Milik ha dado, por tanto, el giro total al planteamiento de los padres de la Iglesia que proscribieron los relatos de la unión física entre los ángeles caídos y las hijas de los hombres y quienes habían tachado la enseñanza de Enoc de 'interpretación herética de Génesis 6'. Porque si Génesis 6 está realmente basado en el Libro de Enoc, es obvio que Génesis 6 relata nuevamente el mismo evento que Enoc: la lujuria de los ángeles caídos por las hijas de los hombres. El relato de Enoc estaba en la Biblia, justo en el texto aprobado del Génesis, desde el principio.

Si Milik está en lo correcto —y las pruebas se inclinan a su favor—, los criterios en los que los padres basaron sus juicios en contra del Libro de Enoc quedan totalmente invalidados, y refutado su testimonio opuesto a Enoc. Sus argumentos no tienen fundamento. El tema de Enoc debe ser reabierto y replanteado.

Sin embargo, el lector astuto preguntará: Si Génesis 6 nos habla de la caída de los ángeles por lujuria, ¿qué hay de la *otra* caída bíblica, la del arcángel por orgullo, relatada por Isaías y advertida —mejor aún, utilizada— por posteriores padres de la Iglesia hace mucho tiempo? Una vez más, los estudiosos del siglo XX proporcionan una respuesta que resultaba inalcanzable en la era patrística.

En una detallada investigación sin paralelo acerca del significado específico del pasaje, el estudioso hebreo Julian Morgenstern descubrió que, entreverados en los versículos del Génesis, hay rastros de «dos mitos distintos y originales y enteramente desvinculados entre sí que se refieren a dioses o ángeles».[119]

En su admirable exégesis (Hebrew Union College, 1939), Morgenstern demuestra que originalmente se conocían dos relatos distintos sobre caídas de ángeles: primero, el de la rebeldía del arcángel contra la autoridad de Dios y su posterior caída por orgullo, a la que le siguieron una multitud de ángeles menores, conocidos bíblicamente como los *nefilim* [los «caídos»]; y segundo, el relato registrado fielmente en el Libro de

Enoc que trata sobre la caída posterior de los ángeles llamados *vigilantes* por una lujuria desmesurada para con las hijas de los hombres[120]. Y así, Morgenstern concluye que los ángeles no cayeron una sino *dos* veces.

Morgenstern explica que la interpretación misma de Génesis 6:4, uno de los versículos más complejos y oscuros del Antiguo Testamento, implica que es una síntesis de dos relatos distintos. El versículo reza literalmente:

> Los *nefilim* existían en la tierra por aquel entonces (y también después), cuando los hijos de Dios frecuentaban a las hijas de los hombres y ellas les daban hijos.[121]

El texto establece lado a lado dos hechos concretos: el primero, que había en la Tierra seres llamados *nefilim*; el segundo, que seguían allí cuando los hijos de Dios bajaron y se unieron a las hijas de los hombres. Es evidente, afirma Morgenstern, que los nefilim son ángeles caídos que ya estaban en la Tierra cuando cayeron también los hijos de Dios —los otros ángeles que describe Enoc— por lujuria.

Pero ¿cómo fue que llegaron los nefilim aquí, a la Tierra? Allí es donde, señala Morgenstern, encajan el arcángel rebelde y la caída por orgullo. Se trata del primero de dos sucesos celestiales enteramente independientes.[122]

Lo que parece haber causado confusión escritural

en los últimos tiempos es el polisémico término nefilim. La sinopsis en Génesis 6 es tan concisa y abreviada que al parecer se tornó indescifrable para los posteriores judíos.

Hay quien abrigó la idea de que los nefilim eran lo mismo que los «hijos de Dios» en ese versículo, mientras que otros pensaron que los nefilim eran los hijos malvados de los hijos de Dios y las hijas de los hombres. Ese último malentendido aparece en el Libro de los Jubileos y en algunas ediciones del material henóquico.[123]

Por si esa confusión fuera poco, la Septuaginta griega, tardía traducción de las escrituras hebreas, tradujo la palabra *nefilim* por «gigantes», eliminando con ello todas las connotaciones de «ángeles caídos». Los gigantes malvados, hijos de los vigilantes y de las hijas de los hombres, fueron conocidos por los hebreos concretamente como *giborim* (literalmente «héroes» u «hombres poderosos»), pero editores posteriores, en la confusión, confundieron a los nefilim con estos giborim y también con los gigantes que aparecen en Números 13:33, los anaquim [hijos de Anac].[124]

Morgenstern observa, además, que el término *nefilim* está en voz pasiva, es decir, «aquéllos que fueron hechos para caer» o «aquéllos que fueron arrojados»[125]. El término griego del Nuevo Testamento *eblethesan* transmite precisamente el mismo significado. («Y fue *arrojado* el gran dragón, la serpiente antigua, el llamado Diablo y Satanás, el seductor del mundo entero:

fue *arrojado* a la tierra y sus ángeles fueron arrojados con él.»)[126]

Esta variante de la palabra nefilim es enteramente diferente de la voz activa de la forma verbal: nofelim, esto es, aquéllos que cayeron por propia voluntad o de manera natural. En alguna otra parte, la Biblia confirma que esos caídos fueron «arrojados» y «precipitados a los abismos tenebrosos del Tártaro»[127], no descendieron por su libre albedrío sino que fueron expulsados del cielo por la fuerza.

Con el tiempo, según parece, el significado original del término nefilim («los arrojados») se generalizó y se aplicó a todo aquél o a todo aquello que era malvado. Así, los gigantes giborim, nacidos de los lujuriosos vigilantes y de las hijas de los hombres, pudieron haber sido llamados nefilim simple y llanamente porque también habían caído, como los nefilim originales que habían caminado ya por la Tierra y parecían «gigantes» por derecho propio.

Con tantas definiciones y tantos malentendidos complicando el término, no es sorprendente que el relato original de los nefilim que cayeron con el arcángel por orgullo se haya perdido con la traducción.

Sin embargo, vale la pena revisar el relato en Apocalipsis 12. Los ángeles que habían descendido de rango con la caída del orgulloso arcángel se vieron obligados a abandonar su cargo en la jerarquía del cielo nada menos que por el Arcángel Miguel. Este «gran Príncipe»[128] de las órdenes celestiales debió librar una guerra cósmica y enzarzarse en combate directo con los rebeldes a fin de forzarlos a entregar su cargo.

El Evangelio de Bartolomé desarrolla con más detalle la causa de la caída del arcángel. Esta obra apócrifa explica que aquel puso en evidencia su orgullo cuando se negó a hincarse (a admitir al Cristo) ante el hombre creado por el Señor.

El relato de Apocalipsis 12 refuerza el tema apócrifo. El gran dragón del Apocalipsis, «el llamado diablo y Satanás», es amenazado por el nacimiento del hijo de la Mujer «vestida del sol», por lo que busca «devorar a su Hijo tan pronto como naciese». La falta de respeto del dragón para con el hijo varón, hijo de la Mujer e Hijo de Dios le costó su alto peldaño en la escala de la jerarquía celestial.

El mismo orgulloso rechazo a hincarse ante la reciente creación de Dios, el hombre, salta a la vista en el Evangelio de Bartolomé. «Soy fuego de fuego», se jacta el arcángel. «Fui el primer ángel que se formó, ¿y debo adorar barro y materia?»[129]. Su negativa a adorar al hombre —en cuanto Hijo de Dios (o el Hijo de Dios en el Hijo del hombre)— fue el acto original de esa rebeldía.

El apócrifo Libro de Juan el Evangelista contiene una descripción de las consecuencias del orgullo del arcángel: la encarnación física. El apóstol Juan pregunta al Señor: «Cuando Satanás cayó, ¿en qué lugar habitó?». El Señor responde: «Mi Padre modificó su apariencia debido a su orgullo y la luz le fue arrebatada y su rostro se volvió como de hierro candente y su rostro se volvió todo *como el de un hombre*».[130]

Apocalipsis 12:9 («fue arrojado a la tierra») confirma la encarnación de los nefilim en el plano terrestre, en cuerpos terrestres. Génesis 6:4 confirma no sólo la encarnación física de los nefilim (los «gigantes» *en la tierra*) sino también la de los vigilantes, como hemos visto. De modo que no sólo fueron dos caídas: hubo dos (o al *menos* dos) encarnaciones separadas de ángeles caídos sobre la Tierra. Los nefilim fueron «obligados a caer» o «arrojados», mientras que los vigilantes «cayeron» por voluntad propia; en consecuencia, podríamos llamar nofilim a estos últimos.

Segundo golpe certero para los padres de la Iglesia y los rabinos que prohibieron el Libro de Enoc. La aparente contradicción entre dos caídas de ángeles, en definitiva utilizada por los padres en contra de Enoc, desaparece si hay relatos independientes de dos caídas.

El Libro de Enoc, por tanto, conserva de manera fiable una de esas caídas, la que fue consecuencia de la lujuria, que de otro modo se habría perdido para la posteridad excepto por otras cuantas breves referencias apócrifas.

La negación del Libro de Enoc por parte de los padres de la Iglesia empañó, durante siglos, el modo en que el hombre interpretó a los ángeles caídos. Más aún, las afirmaciones de los padres de la Iglesia contra la idea de la encarnación física de los ángeles están lejos de tener autoridad. Pruebas lingüísticas sustentan la teoría de que los judíos de la antigüedad creían que los ángeles caídos encarnaban físicamente en cuerpo humano.

LA «VERDADERA ENCARNACIÓN ANGÉLICA» DE LOS CAÍDOS

En un respetado estudio escritural de fines del siglo XIX, Franz Delitzsch muestra que la elección de esposa por parte de los ángeles caídos constituía un verdadero y duradero contrato matrimonial, tal como indica la locución verbal hebrea *lakach ishsha* utilizada para describirlo. «Para hacerlo hasta un cierto grado concebible», apunta Delitzsch, «debemos admitir que los ángeles adquirieron cuerpo humano y, por tanto, no mera apariencia transitoria de ángeles con forma humana, sino verdadera encarnación angélica».[131]

J. H. Kurtz, profesor de teología del siglo XIX, estuvo de acuerdo con Delitzsch en que los ángeles de Génesis 6 no eran meros espíritus incorpóreos, sino que poseían cuerpos.

«Quizás no veamos como imposible», escribió, «que los ángeles desearan no sólo asomarse al misterio de la naturaleza humana, sino también compartirlo.» Más explícitamente, afirma Kurtz, «sólo podemos concebir un vínculo sexual entre ángeles e hijas de los hombres si la idea de corporeidad se aplica a los primeros».[132]

Morgenstern también insinúa que, según los primeros judíos, los ángeles caídos eran de cierto físicos, al observar que el delito de los «hijos de Dios» era característico del plano *humano* de existencia. Muestra que el castigo que Dios impuso a esos ángeles fue que asumieran la naturaleza y los atributos de las mujeres (humanas) con las que se habían asociado carnalmente y que se convirtieran en *mortales*. Morgenstern señala: «Ninguna otra conclusión es posible»[133]. Sentenciados a una vida terrenal, los ángeles se convirtieron más tarde en hombres mortales.

Uno a uno, los argumentos en contra del Libro de Enoc se desvanecen. Es probable que muy pronto también sean silenciadas las últimas quejas respecto a la falta de historicidad y «fecha tardía» del Libro de Enoc, gracias a nuevas pruebas de la verdadera antigüedad del libro.

Existe también una explicación más metafísica de por qué el Libro de Enoc, pese a su tardía fecha, contiene, sin embargo, las palabras del antiguo patriarca Enoc. Tertuliano propuso que el libro habría sido reproducido después del Diluvio por inspiración del Espíritu Santo[134]. Asimismo Ezra, de acuerdo con la leyenda judía, reprodujo (porque Dios se lo dictó) el texto de todas las escrituras destruidas cuando la Torá fue quemada[135]. Un profeta desconocido, inspirado por el Espíritu Santo, también pudo haber reintegrado este antiguo Libro de Enoc a una época posterior que había extraviado el original.

El libro no sólo podría ser auténticamente el antiguo relato del verdadero Enoc, sino también la respuesta al enigma de los filósofos sobre el origen del mal en el universo divino. Según el Dr. Paul D. Hanson, de Harvard, el mito de los ángeles caídos «ofrece una etiología del mal en el mundo: todo el mal en el mundo surge de un suceso celestial, la rebelión de ciertos seres divinos y, más inmediatamente, de la resultante generación en el mundo de su perniciosa descendencia».[136]

El Libro de Enoc puede también explicar el aparente diferencial de estatura y poder entre los hombres, cual sería el control por parte de una cierta 'élite' de algunos hombres sobre otros más 'comunes'. Podemos apartarnos de la antigua historia de los nofelim (vigilantes) y de los *nefilim* para fijarnos en quienes actualmente sobre la Tierra poseen una personalidad magnética y una enorme arrogancia, en los cuales los «apocados» delegan siempre: hombres y mujeres imponentes y aduladores cuya prerrogativa (creen) es la de gobernar a los menos dotados. Estos últimos, totalmente intimidados y estupefactos ante los primeros, se convierten con facilidad en idólatras de sus amos.

Voilà! Ahora sabemos de quiénes se trata (conocemos su código genético). Durante miles de años, los ángeles caídos han estado propagándose y consolidándose: cada vez más arriba en los peldaños sociales del culto al éxito. A partir del prototipo original, han clonado y calcado una opresiva —y atea— élite de poder. Los Pilatos y los Herodes, con emperadores y altos prelados, senadores y jefes militares, cambistas y abogados —afianzados en sus clubes y retiros privados, ejerciendo un firme control, con el dinero y el sexo como dioses— gobernarán el mundo hasta que los herederos de Enoc tomen la antorcha de la iluminación para retar y vencer la infamia de aquéllos.

Que Jesús hablara de dos evoluciones distintas —una que provenía de Dios, la Presencia YO SOY, y otra de un orden inferior de los caídos— aparece oculto concretamente en la conversación del Señor con Nicodemo: «el que no naciere de nuevo, no puede ver el reino de Dios»[137] es lo que suele figurar en la traducción. Sin embargo, el griego original reza: «El que no nazca *de lo alto* no puede ver el reino de Dios». («Nadie subió al cielo, sino el que descendió del cielo, el Hijo del Hombre», Juan 3:13.) La frase «nacer de lo alto» recuerda la última frase de Jesús a los fariseos: «Vosotros sois de abajo, yo soy de arriba».[138]

En el capítulo 8 del evangelio de Juan, se cita una afirmación aún más contundente de Jesús para distinguir esas dos evoluciones. Allí declara que los fariseos son la semilla del 'diablo'.*

Ahora bien, ¿de quién hablaba Jesús cuando utilizó el término «diablo» y «semilla del diablo»? La raíz del vocablo es *diábolos* (griego): «el que desune o calumnia», el que difama el nombre de Dios y eleva el suyo propio o el que 'deifica' el mal en lugar de la Luz y la

---

* La semilla del Maligno; los enemigos conspiradores contra quienes David clama a Dios repetidamente en sus salmos. David se refiere a los vigilantes llamándolos "los malvados". Otras denominaciones bíblicas de los vigilantes son 'malignos', 'hombres malos', 'hombres malvados', 'hombres poderosos', 'paganos' e 'infieles'. Véase "Referencias veladas a los vigilantes (y a los nefilim) en las Escrituras", en la pág. 301.

Persona de Cristo. Comoquiera que el Diablo original y los diablos en general invierten la creación y pervierten el nombre de la divinidad, los *nefilim* y los vigilantes debían llamarse demonios, en tanto que ángeles que fueron arrojados o que cayeron por voluntad propia.

Creo que nuestro Señor identificaba a los fariseos como una evolución enteramente aparte de los hijos de Dios que, sin embargo, a través del matrimonio, había llegado a encarnar en alguna o en todas las razas conservando las características de los orgullosos y lujuriosos, asesinos y difamadores ángeles caídos de quienes descendían, o cuyas almas eran en realidad.

Jesús pudo incluso haber identificado a los fariseos como los mismos *nefilim* que cayeron originalmente o como los vigilantes reencarnados, más que como sus descendientes. De ser así, su misma condena podría haber sido pronunciada a quienes Enoc había transmitido el mensaje del Señor «¡Nunca ascenderéis al cielo! ¡Nunca obtendréis la paz!» hace eones, en la noche de una olvidada antigüedad.

No encuentro otra forma legítima de interpretar el siguiente pasaje del Evangelio de Juan, sino a través de esta extraordinaria y prohibida tesis del Libro de Enoc.

«Yo hablo lo que he visto cerca del Padre; y vosotros hacéis lo que habéis oído cerca de vuestro padre.»

Respondieron y le dijeron: «Nuestro padre es Abraham.» Jesús les dijo: «Si fueseis hijos de Abraham, las obras de Abraham haríais.

Pero ahora procuráis matarme a mí, hombre que os he hablado la verdad, la cual he oído de Dios; no hizo esto Abraham.

Vosotros hacéis las obras de vuestro padre.» Entonces le dijeron: «Nosotros no somos nacidos de fornicación [angélica]; un padre tenemos, que es Dios.»

Jesús entonces les dijo: «Si vuestro Padre fuese Dios, ciertamente me amaríais; porque yo de Dios he salido, y he venido; pues no he venido de mí mismo, sino que él me envió.

¿Por qué no entendéis mi lenguaje? Porque no podéis escuchar mi palabra.

Vosotros sois de vuestro padre el diablo, y los deseos de vuestro padre queréis hacer. Él ha sido homicida desde el principio, y no ha permanecido en la verdad, porque no hay verdad en él. Cuando habla mentira, de suyo habla; porque es mentiroso, y padre de mentira […].

El que es de Dios, las palabras de Dios oye; por esto no las oís vosotros, porque no sois de Dios.»[139]

Hasta aquí las palabras del Hijo de Dios, quien a menudo ha sido venerado como un dios en vez de seguido como gran ejemplo del Cristo de nuestro corazón y revolucionario de la Verdad, quien dio su vida para que los príncipes de este mundo pudieran ser desenmascarados y el Verbo encarnado triunfara sobre la muerte y el infierno que habían creado para atormentar a los hijos del Elegido.

No podemos seguir sus pasos si no comprendemos la profecía de Daniel relativa al tiempo de angustia y la resurrección de las almas: el Gran Despertar a la verdadera identidad que tendrá lugar en los últimos días:

> En aquel tiempo se levantará Miguel, el gran Príncipe que está de parte de los hijos de tu pueblo; y será tiempo de angustia, cual nunca fue desde que hubo gente hasta entonces; pero en aquel tiempo será libertado tu pueblo, todos los que se hallen escritos en el libro.
>
> Y muchos de los que duermen en el polvo de la tierra serán despertados, unos para la vida eterna, y otros para vergüenza, y confusión perpetua. Los entendidos resplandecerán como el resplandor del firmamento; y los que enseñan la justicia a la multitud, como las estrellas a perpetua eternidad.[140]

Ahora está clarísimo: sabemos de quién hablaba Jesucristo cuando dio a sus discípulos una interpretación privada de su parábola de la cizaña:

> El que siembra la buena semilla es el Hijo del Hombre. El campo es el mundo; la buena semilla son los hijos del reino, y la cizaña son los hijos del malo. El enemigo que la sembró es el Diablo; la siega es el fin del siglo [mundo]; y los segadores son los ángeles. De manera que como se arranca la cizaña, y se quema en el fuego, así será en el fin de este siglo [mundo]. Enviará el Hijo del Hombre a sus ángeles,

y recogerán de su reino a todos los que sirven de tropiezo, y a los que hacen iniquidad, y los echarán en el horno de fuego; allí será el lloro y el crujir de dientes. Entonces los justos resplandecerán como el sol en el reino de su Padre. El que tenga oídos para oír, que oiga.[141]

Recordemos que Enoc predijo que el juicio final de los vigilantes «no ocurrirá en esta generación sino en la que nos sucederá en un período lejano, con respecto a los elegidos»[142]. Si la «generación lejana» que veía era, de hecho, del siglo XX en adelante, anunciada por muchos como la época del juicio, el legado del Libro de Enoc puede encontrar, al final, su público esperado, receptivo a la verdadera historia de hombres y ángeles.

Juan el Bautista y Jesucristo encarnaron para mostrarnos la distinción entre los hijos de la Luz y la élite del poder; una afirmación que, antes de ellos, ya habían dicho fuerte y claro los profetas. Y éste, su mensaje más importante, se había perdido porque teólogos posteriores encubrieron los elementos básicos de la hipótesis. En su intento por destruir las obras de Enoc y de Orígenes, los padres de la Iglesia (consciente o inconscientemente, eso no importa) destruyeron eficazmente la obra tanto de Cristo como la de su ardiente predecesor.

El Instructor del Mundo y su enseñanza suprema ya no pertenecían al pueblo. El Amado, vocero y defensor de aquél ante Dios y ante el impío, había sido ahora silenciado tanto en la iglesia como en el estado. Y esta revelación, fundamental para el resto, que desenmascara a los dioses y su creación, desapareció para los hijos de Enoc.

¿Por qué se negó la Iglesia a reconocer lo que Jesucristo enseñó tan abiertamente: que la cizaña, los hijos del Maligno, han sido sembrados genéticamente entre la buena semilla de los hijos de Dios y andan entre nosotros como ángeles caídos encarnados (quienes mantienen la meticulosa apariencia externa de hijos de Dios pero carecen de su esplendor interno)? No se permite racismo ni separatismo religioso de ninguna clase en cuanto se refiere a la cizaña y al trigo. Las almas que son la semilla de Dios están encarnadas en todas las razas y naciones: son descendientes de todas las tribus y culturas, fieles de todas las religiones. Sus opresores, la semilla del padre de la mentira, los han seguido entre todos los pueblos, como cristianos y judíos, musulmanes, budistas o hinduistas, ateos, agnósticos o paganos.

A los vigilantes les gustaría que los considerásemos parte de nosotros, porque en su anonimato reside su «igual protección» conforme a la misericordia de las leyes de Dios. Y a sus hijos les gustaría que los considerásemos también hijos de Enoc. ¡Pero no lo son! Ellos son los grandes embusteros que asesinaron, por citar uno, a Santo Tomás Becket en el altar de Dios de la catedral de Canterbury y, por citar otro, a Santo Tomás Moro.

Así, el Señor condenó a estos 'hijos' de los vigilantes asesinos: «¡Ay de vosotros, que edificáis los sepulcros de los profetas a quienes mataron vuestros padres! De modo que sois testigos y consentidores de los hechos de vuestros padres; porque a la verdad ellos los mataron, y vosotros edificáis sus sepulcros. Así pues, que se demande de esta generación la sangre de todos los profetas que se ha derramado desde la fundación del mundo».[143]

Los seres crísticos de todas las épocas —desde los que aún no han nacido o los niños inocentes a los responsables ciudadanos del mundo que se atreven a desafiar a los ángeles impíos— han sido masacrados por los satanes[144], cuya progenie mantiene viva aún la tradición de ese rito sanguinario en el que se bebe sangre, lo mismo en las culturas civilizadas del mundo que en las primitivas. ¡Sí!

Son los asesinos del Mesías, que incluso hoy mismo está naciendo en el corazón de cristianos y judíos por igual, y de todos los que aman a Dios en la pura e inmaculada religión del corazón. Son los atormentadores de niños, los proveedores de toda tentación —física y moral— para arrancar el alma de los portadores de luz del pecho de la Madre Divina.

Y por último, aunque no a la zaga, en este mismo momento los vigilantes, aliados con los *nefilim*, suman las culpas por sus crímenes contra la humanidad, concretamente razas o grupos kármicos, al presentarse como italianos o alemanes, judíos o japoneses, blancos o negros, rusos… o estadounidenses, evadiéndose, por tanto, de la justicia divina y humana esperada desde hace tanto tiempo. Primero fue su estrategia «divide y vencerás», que puso a hermano contra hermano, luego fue el holocausto, que ha sido su mortal juego en contra de todos los hijos de Dios a partir de entonces y hasta la fecha.

¿Hasta cuándo, oh Señor, se gozarán los impíos?[145] ¿Hasta cuándo no juzgas y vengas nuestra sangre en los que moran en la tierra?[146] ¿Cuánto tiempo, oh, pueblo de Dios, descuidarás la santa causa del Fiel y Verdadero?

Para que el sincero buscador de la Verdad pueda evaluar las pruebas, vuelvo a publicar el Libro de Enoc, prohibido por tanto tiempo. Porque creo que es la clave de la vida y de la misión de los profetas de Israel y de Juan el Bautista y de Jesucristo hace dos mil años… hasta hoy.

Elizabeth Clare Prophet

NOTAS

Nota: Todos los pasajes de la Biblia corresponden a la versión Reina-Valera (ed. 1960), a menos que se indique lo contrario.

1. Isaías 14:12–15; Apocalipsis 12:9.
2. Génesis 32:24–26; Oseas 12:4.
3. Génesis 19:1–11.
4. Jueces 13:3–21.
5. Franz Delitzsch, *A New Commentary on Genesis*, traducción al inglés de Sophia Taylor, 2 vols. (Edinburgo: T. & T. Clark, 1888), 1:225.
6. Filastrio, *Liber de Haeresibus*, nº 108.
7. Delitzsch, pág. 223.
8. En la edición en inglés, se reproduce la traducción del Dr. Laurence (edición de 1883).
9. Enoc 10:15. Creo que las setenta generaciones pasaron hace tiempo y que es ésta la era del juicio. La descendencia de los vigilantes no está atada y se ha desperdigado por la Tierra para la prueba final de las almas de la Luz.
10. R. H. Charles, ed. y trad. *The Book of Enoch* (Clarendon Press, Oxford, 1893), págs. 148–50.
11. Enoc 15:8
12. Los grandes vigilantes silenciosos guardan la pureza de la conciencia de Cristo y la imagen de Cristo a partir de las cuales se crean las almas de Luz. Dios envió a algunos de los vigilantes a instruir a los hijos de los hombres, de acuerdo al Libro de los Jubileos 4:15. Estos vigilantes cayeron posteriormente, cuando comenzaron a cohabitar con las «hijas de los hombres». G.B. Caird (*Principalities and Powers*) cita el apocalipsis de Baruc, quien afirma que fue «la naturaleza física del hombre lo que no sólo se convirtió en un peligro para su alma sino que resultó en la caída de los ángeles» (*A Dictionary of Angels*, voz «fallen angels»).

La Raza YO SOY se define como la semilla del Hijo de Dios que es «de arriba» (véase pág. 84); supone también la chispa divina, que deriva de su fuente, la Presencia YO SOY, el Árbol de la Vida, el cordón de cristal y el Ser verdadero, el ungido por el Señor. (Véase «Gráfica de tu Yo Divino», pág. 362)

13. Zohar 1:55a–55b.

14. Véase «Referencias veladas a los vigilantes...», en pág. 301 y siguientes.

15. Mateo 5:5

16. Mateo 26:24

17. Enoc 38:2

18. Juan 14:2

19. Juan 4:14

20. Lucas 16:8; Juan 12.36; Efesios 5:8; 1 Tesalonicenses 5:5.

21. Mateo 22:30

22. Lucas 6:24

23. Enoc 93:7

24. Charles, págs. 312–17; R. Otto, «The Kingdom of God and the Son of Man», citado por H. H. Rowley, *The Relevance of Apocalyptic*, ed. rev. (Nueva York: Harper & Brothers, 1946), pág. 58, nº 1.

25. Rowley, págs. 57–58.

26. Enoc 70:17, 23. Véase nota 74 del Libro de Enoc, pág. 187.

27. Biblia de Jerusalén

28. Lucas 1:52

29. Charles Francis Potter, *The Lost Years of Jesus Revealed*, ed. rev. (Greenwich, Connecticut: Fawcett, 1962), pág. 109.

30. Véase Apéndice I, «La Ley y los profetas citados por Jesucristo», págs. 507–510.

31. Mateo 5:17

32. Lucas 4:14–21.

33. Enoc 14:2

34. Juan 9:39

35. Juan 5:22–23, 26–27.

36. Enoc 1:1, 2, 7 y passim.

37. Mateo 19:28

38. Lucas 22:29–30.

39. Charles Cutler Torrey, *The Apocryphal Literature: A Brief Introduction* (New Haven: Yale University Press, 1945), pág. 18.

40. Véase 2 Crónicas 24:19–22; 36:15–16; Génesis 4:8; Ezequiel 3:18, 20; 33:6,8.
41. Torrey, pág. 18.
42. Mateo 3:7; 12:34; 23:33; Lucas 3:7. Véase Apéndice II, «Confrontaciones: Los vigilantes contra Juan el Bautista y Jesucristo», pág. 511 y siguientes.
43. Charles, pág. 41.
44. Ibíd., pág. 1.
45. Potter, pág. 93.
46. Enoc 14:23–24.
47. 1 Corintios 10:20
48. Enoc 19:2
49. 2 Corintios 12:2. Véase también el Libro de los secretos de Enoc, en este volumen, pág. 419 y siguientes.
50. «Revelation of Paul», traducción al inglés de Alexander Walker, en *Fathers of the Third and Fourth Centuries*, ed. A. Cleveland Coxe, *The Ante-Nicene Fathers*, ed. Alexander Roberts y James Donaldson, 10 vols. hasta la fecha (1867–1895; reimpresión, Grand Rapids, Michigan: Wm. B. Eerdmans, 1978–), 8 (1871): 577.
51. Para más similitudes, véase «Paralelismos bíblicos con el Libro de Enoc», en la pág. 269 y siguientes.
52. *New Catholic Encyclopedia*, voz «Bible, III», pág. 394. A la fecha hay algunos que sostienen que el Apocalipsis no lo escribió el apóstol Juan, porque su estilo literario es enteramente distinto al del Evangelio de Juan. Como si la Revelación de nuestro Señor Jesucristo, «enviándola por medio de su ángel» al viejo Juan, casi de 90 años, en la isla de Patmos (a quien ya habían martirizado con aceite hirviendo sin poderlo destruir o disuadir de ser el mensajero del Señor hasta que su trabajo estuviera totalmente terminado), tuviera que ajustarse a algún estilo de autor... O, ya que el Señor inspiró a Juan su Evangelio, como si no hubiera podido elegir entre innumerables estilos literarios para dictar, con simbolismos y código, un mensaje que fuera comprendido solamente por aquéllos a quienes estaba destinado —aquéllos que tenían

«oídos para oír»—, a quienes el Señor dio también la clave de su Espíritu Santo (Apocalipsis 10:7). Este argumento señala un problema recurrente en la historia de la Iglesia: la idea de que Dios y su Hijo y los santos del cielo deben hablar y actuar de acuerdo con las normas y valores establecidos por los hombres. Una grave limitación doctrinal es, por tanto, colocada sobre todos los seguidores de Dios, debido a la demanda de conformismo clerical con una tradición ortodoxa que puede parecer estar en consonancia con la interpretación de los apóstoles y de los autores del Evangelio pero que, de hecho, bien puede diferir claramente de las propias palabras y obras de Cristo tal como las percibieron sus propios ojos y los del Espíritu Santo.

53. 1 Pedro 3:18–20; 2 Pedro 2:4.
54. 2 Pedro 2:13–14.
55. Potter, pág. 98.
56. Judas 4, 12–13.
57. Judas 14–15
58. Efesios 3:16; Colosenses 1:27.
59. Apocalipsis 22:20; Deuteronomio 33:2, Judas 14.
60. Del griego 'ho eklelegmenos', literalmente «el elegido».
61. Enoc 45:3–4.
62. Potter, pág. 97.
63. Enoc 54:5
64. Juan 12:31. Véase *The Scofield Reference Bible* (Nueva York: Oxford University Press, 1945), pág. 1133, anotación al margen d.
65. Epístola de Bernabé 4:3; 16:5–6.
66. Charles, pág. 1.
67. Justino, mártir, «he Second Apology», *Writings of Saint Justin Martyr*, traducción al inglés de Thomas B. Falls (Nueva York: New York Christian Heritage, 1948), pág. 124.
68. Ibíd.
69. Así como el ángel «agitaba» el agua en el estanque de Betesda y la cargaba de energía curativa (Juan 5:4), los ángeles buenos y los malos, encarnados o no, conservan la capacidad de

afectar al entorno con vibraciones positivas o negativas. Originalmente, Dios les encargó la responsabilidad, como parte de sus santos oficios, de traer al hombre vibraciones de alegría, esperanza, paz, fe, libertad, etc. Su naturaleza los predispone a ser capaces de transformar un templo, una casa o un alma al calificar la materia lo mismo que el Espíritu con la conciencia de Dios. A nivel molecular y dentro de las neuronas del cerebro y del sistema nervioso, los ángeles pueden causar «movimientos» que alteran tanto la mente como la materia.

70. Atenágoras, «Legatio», ed. y traducción al inglés de William R. Schoedel, *Oxford Early Christian Texts: Legatio and De Resurrectione* (Oxford: Clarendon Press, 1972), pág. 61.

71. Enoc 7:12–14.

72. Emil Schneweis, *Angels and Demons according to Lactantius* (Washington D.C.: Catholic University of America Press, 1944), pág. 103.

73. Ibíd., pág. 127.

74. Taciano, «Adress to the Greeks», Ante-Nicene Fathers, 2:70.

75. Ibíd.

76. *New Catholic Encyclopedia*, voz «angels».

77. Ireneo, «Adv. Haereses» [En contra de las herejías], Ante-Nicene Fathers, 1:340. Véase también 1:481, 516.

78. Tertuliano, «Apology», *Apologetical Works, Fathers of the Church*, 69 vols. hasta la fecha (Washington D.C.: Catholic University of America Press, 1947–), 10 (1950): 69.

79. 1 Corintios 6:3

80. Tertuliano, «The Apparel of Women», *Disciplinary, Moral, and Ascetical Works, Fathers of the Church*, 40:118–20.

81. Tertuliano, «On the Veiling of Virgins», Ante-Nicene Fathers 4:31–32. Véase también Charles, pág. 46.

82. Clemente, «The Instructor», Ante-Nicene Fathers 2:274.

83. *The Clementine Homilies,* Ante-Nicene Fathers, 8:272–73.

84. *De Principiis* 1:3:3; 4:1:35; Commentary on John 6:25.

85. *A Catholic Dictionary of Theology*, voz «devil».

86. Apocalipsis 20:14; 21:8.

87. Erich Fromm, «Amor a la muerte y amor a la vida», en *El corazón del hombre*, Biblioteca Joven (México: Fondo de Cultura Económica / SEP, 1983), pág. 39.

88. Mateo 23:27. Creo que esta descripción —huesos de muertos— se refiere al hecho de que los templos de los vigilantes, carentes del Espíritu Santo, estaban infestados de descarnados, las fundas desechadas de los espíritus desencarnados.

89. Isaías 14:16–19.

90. A menos que se descubra que etimológicamente el término hombre o «varón» se aplicaba, en ciertas instancias, a otros seres además de los terrícolas —es decir, a los extraterrestres o a los dioses nefilim—, la designación «varón» dada a Lucifer sugiere con solidez que Isaías creía que el «arrojado» había encarnado en un hombre mortal.

91. Cipriano, «The Treatises of Cyprian», Ante-Nicene Fathers, 5:556; Afrahat, «Select Demonstrations», en *Gregory the Great, Ephraim Syrus, Aphrahat*, ed. James Barmby y John Gwynn, A Select Library of Nicene and Post-Nicene Fathers of the Christian Church, ed. Philip Schaff y Henry Wace, 2ª serie, 14 vols. hasta la fecha (1890–1899; reimpresión, Grand Rapids, Michigan: Wm. B. Eerdmans, 1979–), 13 (1898): 353.

92. Algunas copias de la Septuaginta griega tradujeron las palabras hebreas «hijos de Dios» (Génesis 6:2) como «ángeles de Dios». Véase Charles, pág. 62.

93. Bernard Jacob Bamberger, *Fallen Angels* (Jewish Publication Society of America, Filadelfia, 1962), págs. 78–79; Julio Africano, «The Extant Fragments [...] of the Chronography of Julius Africanus», *Ante-Nicene Fathers*, 6:131.

94. Judas 6.

95. J. H. Kurtz, *History of the Old Covenant* (Edimburgo: T.&T. Clark, 1859), 1:98. Véase también Job 1:6; 2:1; y los comentarios en 1:6 en la Biblia de Jerusalén y en la Ryrie Study Bible. Cp. Sal. 29–1; 82:1; 89:6. Los «hijos de Dios» en Deuteronomio 32:8 (Biblia de Jerusalén) se interpretan, en la mayoría de los casos, por parte de los académicos, como án-

geles, concretamente los ángeles guardianes asignados a las naciones. Una teoría sostiene que los escribas masoréticos de los siglos VI a X pensaban que esta idea podía desembocar en la veneración a estos ángeles guardianes y, en consecuencia, cambiaron las palabras hebreas originales «hijos de Dios» (que sabían significaban «ángeles») por «hijos de Israel», y de ese modo llegó a la versión King James de la Biblia. Manuscritos premasoréticos descubiertos recientemente demuestran que «hijos de Dios» era el término original en las escrituras hebreas.

Debe considerarse que el término «hijos de Dios» pudo haberse referido originalmente a los hijos de Dios en el cielo, seres crísticos de los que Jesús formaba parte. Algunos de estos hijos de Dios pudieron haber caído a consecuencia de su desviada ambición de crear sobre la Tierra, a partir de su semilla crística, una superraza que pudiera dirigir a los meros terrícolas o a la creación de los nefilim, por los caminos de la justicia y hasta su reunión final con Dios. Aunque bienintencionados en su deseo de elevar las evoluciones del planeta, estos hijos de Dios pudieron no haber contado con aprobación divina. Por tanto, los vigilantes, una vez que cayeron y fueron juzgados como indignos de ascender a Dios, una vez que perdieron el fuego sagrado de su ungimiento original, habrían decidido dominar de todos modos el escenario de la vida terrestre mediante su intelecto superior y su abrumadora presencia, si bien residual, de su estado perdido. Si efectivamente los vigilantes fueron los hijos caídos de Dios, y los nefilim, los ángeles caídos, podemos entender tanto la diferencia en su modus operandi y su razón de ser como la disimilitud de su naturaleza, que sigue siendo perceptible hasta nuestros días.

El que la doctrina de un único Hijo engendrado por Dios haya sido malinterpretada para designar sólo un hijo, esto es, Jesús, el Ungido, hace que esta teoría resulte evidentemente absurda al cristiano de hoy. Sin embargo, cuando se interpreta correctamente, el Cristo, «el único Hijo engendrado por Dios», le revela al alma el Espíritu Santo como el verdadero Yo de cada hijo de Dios, «la Luz que ilumina [enciende la chispa divina en] cada hombre que viene al mundo». Cristo, la Luz, el Verbo, es, por tanto, un cargo y un manto del que el hijo de Dios, por la gracia del Padre, puede «revestirse» y en el que puede «convertirse» integrándose totalmente, y asimilando al único engendrado por Dios hasta que corporice o encarne a ese Cristo (es decir, esa llama crística o conciencia crística que Jesús, en tanto que corporización del Hijo de Dios, tuvo el poder de encender, como escribe Juan: «Mas a todos los que le recibieron, a los que creen en su nombre, les dio potestad de ser hechos hijos* de Dios, los cuales no son engendrados de sangre, ni de voluntad de carne, ni de voluntad de varón, sino de Dios». (Juan 1:12–13)

Creo que Juan y Pablo recibieron esta enseñanza de Jesús. Porque Juan dice también: «Amados, ahora somos hijos de Dios, y aún no se ha manifestado lo que hemos de ser; pero sabemos que cuando él se manifieste, seremos semejantes a él, porque le veremos tal como él es. Y todo aquel que tiene esta esperanza en él se purifica a sí mismo, como él es puro». (1 Juan 3:2–3)

Pablo, quien recibió enseñanza directamente del maestro ascendido Jesucristo, menciona la unidad de Cristo, así como al «hombre interior», en varios pasajes importantes: «para que os dé, conforme a las riquezas de su gloria, el ser fortalecidos con poder en el hombre interior por su Espíritu; para que habite Cristo por la fe en vuestros corazones» (Efesios 3:16–17). «Y por cuanto sois hijos, Dios envió a vuestros corazones el Espíritu de su Hijo, el cual clama: ¡Abba, Padre! Así que ya no eres esclavo, sino hijo; y si hijo, también heredero de Dios por medio de Cristo» (Gálatas 4:6–7). «Y ya no vivo yo, mas vive Cristo en mí» (Gálatas 2:20). «Dios quiso dar a conocer las riquezas de la gloria de este misterio entre los gentiles; que es Cristo en vosotros, la esperanza de gloria» (Colosenses 1:27). «Todos los que son guiados por el Espíritu

---

*Griego, *tekna*: «Hijo» o «descendiente».

de Dios éstos son hijos de Dios. Pues no habéis recibido el espíritu de esclavitud para estar otra vez en temor, sino que habéis recibido el espíritu de adopción, por el cual clamamos: ¡Abba, Padre! El espíritu mismo da testimonio a nuestro espíritu, de que somos hijos de Dios. Y si hijos, también herederos; herederos de Dios y coherederos con Cristo, si es que padecemos juntamente con él seamos glorificados [...]. Porque el anhelo ardiente de la creación es el aguardar la manifestación de los hijos de Dios» (Romanos 8:14–17, 19). «Para que seáis irreprensibles y sencillos, hijos* de Dios sin mancha en medio de una generación maligna y perversa, en medio de la cual resplandecéis como luminares en el mundo» (Filipenses 2:15).

Aunque la Biblia habla distintamente de los hijos de Dios en el cielo y de los ángeles en el cielo, parece que la distinción entre estos dos tipos de seres espirituales sostiene que dos distintos tipos de cargos celestiales se han perdido para la comprensión de los hijos de Dios en la Tierra. Parece que el término «hijo de Dios» designa a alguien de mayor luz y logro, que fue coronado con más gloria y honor que aquel conferido a los ángeles, pero que todavía debe crecer hasta la plenitud de la talla del único Jesucristo elegido por el Padre para ser la encarnación del Verbo, alimento de nuestra alma.

96. Bamberger, pág. 79.
97. Ibíd.
98. Teodoret, *Quaestiones in Gen. Interrogatio XLVII.*
99. San Jerónimo, *Homily 45 on Psalm 132 (133),* traducción al inglés de Marie Liguori Ewald, Fathers of the Church, 48 (1964), págs. 338–39.
100. Mani estaba familiarizado con el Libro de Enoc e incluso se refiere a «Enoc, el apóstol» en su *Libro de los Gigantes.* El libro de Mani, aun cuando ha sobrevivido en forma muy fragmentaria, puede encontrarse en el *Bulletin of the School of Oriental and African Studies,* University of London, 11, pt. 1 (1943), págs. 52–74.

---

*Griego, *tekna*: «Hijo» o «descendiente».

101. Juan Crisóstomo, «Homelies sur la Genèse», *Saint Jean Chrysostome Oeuvres Complètes*, traducción al francés de M. Jeannin y ed. L. Guerin (París, 1865), tomo 5, págs. 136–37.

102. Bamberger, pág. 80.

103. Filastrio, *Liber de Haeresibus*, nº 108.

104. San Agustín, *La ciudad de Dios* (México: Porrúa, Col. Sepan cuantos, 1966), pág. 354.

105. Ibíd., pág. 356.

106. Bamberger, pág. 80.

107. *A Catholic Dictionary of Theology*, voz "devil".

108. *New Catholic Encyclopedia*, voz "demon (theology of)".

109. Bamberger, págs. 204–5.

110. Sínodo de Laodicea, «Cannon XXXV», Nicene and Post-Nicene Fathers, 14:150. Josefo observa que uno de los ritos sagrados de los esenios era su juramento para preservar los nombres de los ángeles (War of the Jews, 2:8).

111. Sínodo de Laodicea, «Cannon XXXV», Nicene and post-Nicene Fathers, 14:150.

112. Ibíd.

113. Philip S. Alexander, "The Targumim and Early Exegesis of 'Sons of God' in Genesis 6", *Journal of Jewish Studies 23* (1972), págs. 60–61.

114. Nicholas de Lange, *Apocrypha: Jewish Literature of the Helenistic Age* (Nueva York: Viking Press, 1978), págs. 9–10.

115. Ibíd., pág. 10.

116. J. T. Milik, ed. y trad., *The Books of Enoch: Aramaic Fragments of Qumran Cave 4* (Oxford: Clarendon Press, 1976).

117. Ibíd., pág. 31.

118. Ibíd.

119. Julian Morgenstern, «The Mythological Background of Psalm 82», *Hebrew Union College Annual 14* (1939), pág. 106.

120. Ibíd., págs. 106–7.

121. Biblia de Jerusalén.

122. Morgenstern, pág. 107.

123. Libro de los Jubileos 7:22; Milik, pág. 178.

124. Morgenstern, págs. 84–85; 106, nº 135; Kurtz, pág. 99.

125. Morgenstern, págs. 106–7, nº 135a.

126. Apocalipsis 12:9

127. 2 Pedro 2:4

128. Daniel 12:1

129. Montague Rhodes James, trad. «The Gospel of Bartholo-mew», en *The Apocrypal New Testament* (Oxford: Claren-don Press, 1924), pág. 178.

130. James, trad., «The Book of John the Evangelist», en *The Apocryphal New Testament*, pág. 189.

131. Delitzsch, 1:225

132. Kurtz, págs. 100–101.

133. Morgenstern, pág. 82.

134. Tertuliano, "The Apparel of Women", pág. 15.

135. Apócrifo, Ezra (4 Ezra) 14.

136. Paul D. Hanson, "Rebellion in Heaven, Azazel, and Euheme-ristic Heroes in 1 Enoch 6–11", *Journal of Biblical Literature* 96, nº 2 (1977), pág. 218.

137. Juan 3:3

138. Juan 8:23

139. Juan 8:38–44, 47.

140. Daniel 12:1–3.

141. Mateo 13:37–43.

142. Enoc 1:2

143. Lucas 11:47–48, 50.

144. Enoc 40:7

145. Salmos 94:3

146. Apocalipsis 6:10

Bibliografía selecta

Alexander, Philip S. "The Targumim and Early Exegesis of 'Sons of God' in Genesis 6." *Journal of Jewish Studies 23* (1972): 60–71.

Bamberger, Bernard Jacob. *Fallen Angels*. Filadelfia: Jewish Publication Society of America, 1962.

Charles, R. H., ed. y trad. *The Book of Enoch*. Oxford: Clarendon Press, 1893.

DeLange, Nicholas. *Apocrypha: Jewish Literature of the Hellenistic Age*. Nueva York: Viking Press, 1978.

James, Montague Rhodes, trad. *The Apocryphal New Testament*. Oxford: Clarendon Press, 1924.

Knibb, Michael A., ed. y trad. *The Ethiopic Book of Enoch*. Oxford: Clarendon Press, 1978.

Kurtz, J. H. *History of the Old Covenant*. Edimburgo: T. & T. Clark, 1859.

Laurence, Richard. *The Book of Enoch the Prophet*. Londres: Kegan Paul, Trench & Co., 1883.

Milik, J. T. *The Books of Enoch: Aramaic Fragments of Qumran Cave 4*. Oxford: Clarendon Press, 1976.

Moore, Thomas, "The Loves of the Angels." (poema)

Morgenstern, Julian. "The Mythological Background of Psalm 82." *Hebrew Union College Annual* 14:29–126.

Potter, Charles Francis. *The Lost Years of Jesus Revealed*. Greenwich, Conn.: Fawcett, 1962.

Roberts, Alexander and Donaldson, James, eds. *The Ante-Nicene Fathers*. 1885–96. Reimpresión en 10 volúmenes. Grand Rapids, Mich.: Wm. B. Eerdmans, 1978–.

Schaff, Philip. *A Select Library of Nicene and Post-Nicene Fathers*. First series. 1886–90. Reimpresión en 14 volúmenes. Grand Rapids, Mich.: Wm. B. Eerdmans, 1978–.

Schaff, Philip and Wace, Henry. *A Select Library of Nicene and Post-Nicene Fathers*. Second series. 1890–1899. Reimpresión en 10 volúmenes. Grand Rapids, Mich.: Wm. B. Eerdmans, 1978–.

Schneweis, Emil. *Angels and Demons According to Lactantius*. Washington, D.C.: Catholic University of America Press, 1944.

Torrey, Charles Cutler. *The Apocryphal Literature: A Brief Introduction*. New Haven: Yale University Press, 1945.

Cuando la humanidad comenzó a multiplicarse sobre la faz de la tierra y les nacieron hijas,

vieron los hijos de Dios [los vigilantes] que las hijas de los hombre les venían bien, y tomaron por mujeres a las que preferían de entre todas ellas.

Entonces dijo el Señor: «No permanecerá para siempre mi espíritu en el hombre, porque no es más que carne; que sus días sean ciento veinte años».

Los nefilim existían en la tierra por aquel entonces (y también después), cuando los hijos de Dios [los vigilantes] se unían a las hijas de los hombres y ellas les daban hijos: estos fueron los héroes de la antigüedad, hombres famosos.

Génesis 6:1–4
Biblia de Jerusalén

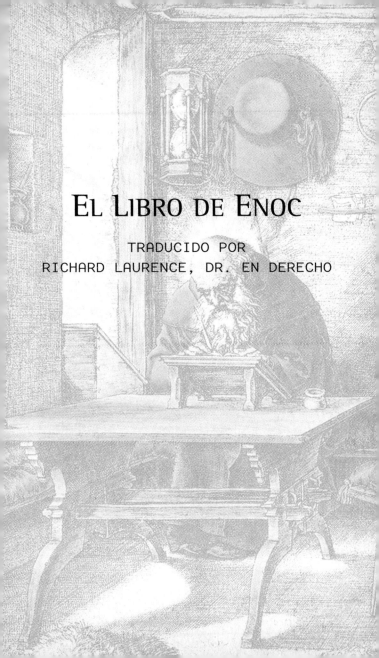

El Libro de Enoc

Traducido por
Richard Laurence, Dr. en Derecho

ÁNGELES PERSIGUIENDO A SATANÁS

EL LIBRO DE ENOC

CAPÍTULO 1

1 Esta es la palabra de bendición de Enoc, de cómo bendijo a los elegidos y a los justos, quienes vivirán en el día de la aflicción, y rechazó a todos los malvados e impíos. Enoc, un hombre justo, que *estaba*[1] con Dios, tomó la palabra y habló, mientras sus ojos permanecían abiertos y tenía una santa visión en los cielos. Eso fue lo que me enseñaron los ángeles.

2 De ellos he oído todas las cosas y he comprendido lo que vi; aquello que no ocurrirá en esta generación sino en la que nos sucederá en un período lejano, con respecto a los elegidos.

3 Es a propósito de ellos que yo hablé y conversé con él, el Santo y Grande, el Dios del mundo, quien saldrá de su morada:

4 quien caminará más allá, hacia el monte Sinaí, aparecerá acompañado por sus huestes y se manifestará desde los cielos a través de la fuerza de su poder.

---

1. Nota: Las palabras en cursiva suplen una omisión en el texto.

5 Y todos se atemorizarán, y los vigilantes se aterrarán.

6 Un gran temor y pavor les asaltará hasta los confines de la Tierra. Las altas montañas se agitarán y las elevadas colinas se hundirán, fundiéndose como un panal en la llama. La tierra quedará sumergida y todo lo que está en ella perecerá, mientras llegará el juicio de todos, incluso sobre los justos:

7 Pero dará paz a los justos: protegerá a los elegidos y tendrá clemencia de ellos.

8 De ese modo, todos ellos pertenecerán a Dios, serán dichosos y benditos y el esplendor de la Deidad los iluminará.

CAPÍTULO 2

Mirad, Él viene con diez mil de sus santos, para juzgarlos y aniquilar a los infames y censurar todo lo carnal, por todo lo que los pecadores y los impíos han hecho y cometido contra Él.[2]

CAPÍTULO 3

1 Todos los que están en los cielos saben lo que allí acontece.

2 *Saben* que las luminarias celestiales no cambian su curso, que cada una se alza y se establece regularmente, cada una en su justo periodo, sin transgredir las órdenes *que han recibido*. Ellos contemplan la Tierra y comprenden todo lo que allí sucede, de principio a fin.

---

2. Citado por Judas, versículos 14, 15.

3 *Ven* que toda obra de Dios permanece invariable durante el periodo de su existencia. Contemplan el verano y el invierno, *así perciben* que toda la Tierra está colmada de agua, y que las nubes, el rocío y la lluvia la refrescan.

CAPÍTULO 4

Ellos advierten y observan todos los árboles, cómo se marchitan y cómo cae cada una de sus hojas, salvo aquellos catorce árboles que no son caducos, sino que esperan con sus hojas viejas el brote de las nuevas, durante dos o tres inviernos.

CAPÍTULO 5

Nuevamente contemplan los días de verano, aquellos en los que el sol está en sus comienzos, mientras buscáis un lugar cubierto y sombreado para protegeros del sol abrasador; mientras la tierra está calcinada por el calor intenso; un calor que os impide andar por el suelo o por las rocas.

CAPÍTULO 6

1 También observan cómo los árboles se cubren de hojas y dan frutos cuando están colmados de hojas verdes; así comprenden todo y saben que Él, que vive eternamente, hace todas esas cosas por vosotros:

2 *que* las obras al inicio de cada año existente, que todas Sus obras le son obedientes e inmutables; tal y como Dios ha señalado sucederán todas las cosas.

3 Y ellos ven, también, cómo los mares y los ríos realizan simultáneamente sus respectivas acciones:

4 *pero* vosotros soportáis impacientes y sin cumplir con los mandamientos del Señor; habéis infringido y calumniado *Su* grandeza y malignas son las palabras contra Su Majestad en vuestra boca corrompida.

5 ¡Egoístas, que no haya paz para vosotros!

6 Por todo ello, maldeciréis vuestros días y los años de vuestra vida perecerán; la execración perpetua se multiplicará sin misericordia para vosotros.

7 En esos días renunciaréis a vuestra paz con las maldiciones eternas de todos los justos, y los pecadores os abominarán eternamente:

8 *os abominarán* junto con los impíos.

9 Los elegidos poseerán luz, alegría y paz, y heredarán la tierra.

10 Pero vosotros, impíos, seréis maldecidos.

11 Por eso, la sabiduría se dará a los elegidos, quienes vivirán sin pecar, ni por impiedad ni por orgullo, pero gracias a la prudencia se humillarán, y no volverán a caer en el pecado.

12 No serán condenados en el transcurso de su vida ni morirán de tormento o indignación, pero la suma de sus días se completará y envejecerán en paz, mientras los años de su felicidad se multiplicarán con alegría y paz, por siempre, mientras dure su existencia.

CAPÍTULO 7

1 Esto sucedió después de que los hijos de los hombres se hubieran multiplicado en esos tiempos, y que les nacieran elegantes y bellas hijas.

2 Y cuando los ángeles[3], los hijos del cielo, las vieron, se enamoraron de ellas, y se dijeron los unos a los otros: Adelante, elijamos nosotros mismos esposas de entre la progenie de los hombres y engendremos hijos.

3 Entonces, su líder, Semiaza, les dijo: Temo que quizá no estéis capacitados para llevar a cabo esta empresa;

4 y que yo solo sufriré por este grave delito.

5 Pero le respondieron diciendo: Jurémoslo todos

6 y obliguémonos mediante execraciones mutuas que no cambiaremos nunca nuestras intenciones, sino que llevaremos a cabo nuestros proyectos.

7 Entonces juraron y se comprometieron todos juntos con execraciones mutuas. Finalmente, fueron doscientos los que descendieron sobre Ardis[4], situado en la cima del monte Hermón.

8 Por eso lo llamaron monte Hermón, porque es sobre él donde juraron[5] y se comprometieron entre ellos con execraciones mutuas.

---

3. Un texto arameo utiliza aquí la palabra «vigilantes» (J. T. Milik, *Aramaic Fragments of Qumran Cave 4* [Oxford: Clarendon Press, 1976], pág. 167).

4. **Sobre Ardis.** O «en los días de Jared» (R. H. Charles, trad. y corr., *The Book of Enoch* [Oxford: Clarendon Press, 1893], pág. 63).

5. Al parecer, el nombre del monte Hermón deriva de la palabra hebrea *herem*, maldición (Charles, pág. 63).

9 Estos son los nombres de sus jefes: Semiaza, que era su líder, Urakabarameel, Kobabiel, Tainiel, Ramuel, Daniel, Azkeel, Saraknial, Asael, Armaros, Batraal, Anane, Zavebe, Samsaveel, Ertael, Turel, Yomyael, Arazyal. Esos fueron los prefectos de los doscientos ángeles, y el resto los acompañaban.[6]

10 Luego tomaron esposas, cada uno escogiendo por sí mismo, a las que primero se aproximaron y con las que convivieron, y les enseñaron brujería, encantamientos y el arte de cortar raíces y árboles.

11 Y estas concibieron, trayendo al mundo gigantes[7],

12 cuya altura era de trescientos codos cada uno. Ellos devoraban todo *lo que* el trabajo de los hombres *producía*, hasta que fue imposible alimentarlos más;

13 cuando (los gigantes) se volvieron contra los hombres para devorarlos,

---

6. Los textos arameos conservan una lista más antigua de los nombres de estos vigilantes: Semîhazha; Artôqoph; Ramtel; Kôkabel; Ramel; Danîel; Zêqîl; Baraql; Asal; Hermonî; Matarl; Ananl; Sótawl; Samsîl; Sahrîl; Tummîl; Tôrîl; Yomîl; Yehaddîl (Milik, pág. 151).

7. Los textos griegos presentan aquí una variación considerable con respecto al texto etíope de aquí. Un manuscrito griego añade a este versículo: «Y ellas [las mujeres] les dieron [a los vigilantes] tres razas: primero, la de los grandes gigantes. Los gigantes dieron lugar a los nefilim y los nefilim a los elioud. Y existieron y aumentó su poder según fuera su grandeza.» Véase el relato en el Libro de los Jubileos en este volumen.

14 y empezaron a herir a pájaros, bestias, reptiles y peces, a comer su carne uno tras otro[8], y a beber su sangre.

15 Entonces la tierra reprendió a los injustos.

CAPÍTULO 8

1 Además Azazel enseñó a los hombres a elaborar espadas, cuchillos, escudos, corazas (para el pecho); (les enseñó) la fabricación de espejos y de brazaletes y adornos, el uso de pintura, el embellecimiento de las cejas, *el empleo de* piedras de los tipos más valiosos y exclusivos, así como de todo tipo de tintes, de modo que el mundo cambió.

2 La impiedad fue en aumento, la fornicación se multiplicó y ellos pecaron y corrompieron todas sus formas.

3 Amiziras instruyó a todos los hechiceros y cortadores de raíces:

4 Armaros *enseñó* la brujería,

5 Baraquiel *instruyó* a los observadores de estrellas[9],

6 Kokabiel *enseñó* los presagios,

7 Tainiel enseñó astronomía,

8 Y Asdariel instruyó sobre el movimiento de la Luna.

9 Y los hombres, al ser destruidos, gritaron y su voz alcanzó el cielo.

---

8. **Su carne uno tras otro.** O «la carne entre ellos». R. H. Charles observa que esta expresión puede referirse a la destrucción de una clase de gigantes por otra (Charles, pág. 65).

9. **Observadores de estrellas.** Astrólogos (Charles, pág. 67).

CAPÍTULO 9

1 Entonces Miguel y Gabriel, Rafael, Surial y Uriel miraron desde el cielo y vieron la cantidad de sangre derramada sobre la tierra y toda la perversidad cometida sobre ella, y se dijeron unos a otros: ésta es la voz de sus llantos;

2 la tierra privada *de sus hijos* ha gritado incluso hasta las puertas del cielo.

3 Y ahora a vosotros, oh santos de los cielos, las almas de los hombres se os lamentan diciendo: obtened justicia para nosotros[10] ante el Altísimo. Entonces ellos dijeron al Señor, al Rey: *Tú eres* Señor de señores, Dios de dioses, Rey de reyes. El trono de tu gloria es por siempre jamás y tu nombre santificado y glorificado por siempre jamás. Eres bendito y glorificado.

4 Has creado todas las cosas; tú posees el poder sobre todas las cosas y todas las cosas son abiertas y se manifiestan ante ti; tú lo ves todo y nada puede ocultársete.

5 Tú has visto lo que ha hecho Azazel, cómo ha enseñado todos los tipos de perversidad en la Tierra y ha revelado al mundo todas las cosas secretas que se llevan a cabo en los cielos;

6 Semiaza, a quien tú habías dado autoridad sobre sus compañeros, también ha enseñado brujería. Han

---

10. **Obtened justicia para nosotros.** Literalmente, «danos el juicio de» (Richard Laurence, trad. y corr., *The Book of Enoch the Prophet* [Londres: Kegan Paul, Trench & Co., 1883], pág. 9).

ido juntos hacia las hijas de los hombres, yacieron con ellas, se corrompieron;

7 y les han revelado todo delito[11].

8 Las mujeres asimismo han traído al mundo gigantes.

9 Por eso toda la Tierra se ha llenado de sangre y perversidad.

10 Y ahora mirad: las almas de aquellos que están muertos gritan.

11 Y se lamentan incluso a las puertas del cielo.

12 Y su gemido asciende; pero no pueden escapar de la injusticia cometida en la Tierra. Vosotros conocéis todas las cosas antes de que estas existan.

13 Vosotros conocéis esas cosas, y lo que ellos han hecho, pero tú no nos hablas.

14 ¿Qué debemos hacerles por todas esas cosas?

CAPÍTULO 10

1 Entonces el Altísimo, el Grande y Santo habló,

2 y envió a Sasaryalyor[12] al hijo de Lámek,

3 diciéndole: dile en mi nombre, ocúltate.

4 Luego explícale la consumación que está a punto de tener lugar, por la que la Tierra entera perecerá: las aguas de un diluvio vendrán sobre toda la Tierra y todas las cosas que están en ella perecerán.

---

11. **Revelado todo delito.** O «revelados estos pecados» (Charles, pág. 70).

12. **Sasaryalyor.** Uno de los textos griegos consigna el nombre de Uriel.

5 Y ahora enséñale cómo puede escapar y cómo su progenie puede perdurar en toda la Tierra.

6 De nuevo el Señor dijo a Rafael: Ata a Azazel, de pies y manos; arrójalo a las tinieblas y, abriendo el desierto que está en Dudael, échalo allí.

7 Lánzale piedras afiladas, y cúbrelo de tinieblas;

8 allí permanecerá eternamente; cúbrele también la faz de modo que no pueda ver la luz.

9 Y en el gran día del juicio, que sea arrojado a las llamas.

10 Regenera la Tierra que los ángeles han corrompido y anuncia la vida en ella, para que yo pueda revivirla.

11 No todos los hijos de los hombres perecerán a consecuencia de cada secreto por el que los vigilantes han destruido y que han enseñado a sus descendientes.

12 Toda la Tierra ha sido corrompida a causa de las enseñanzas de Azazel. Atribuidle, pues, todo delito.

13 El Señor dijo también a Gabriel: acércate a los bastardos, a los depravados, a los hijos de la fornicación y aniquila de entre los hombres a los hijos de la fornicación, los vástagos de los vigilantes; reúnelos y enfréntalos. Deja que mueran unos *a manos* de los otros, y no duren los días para ellos.

14 Te lo suplicarán todo pero no serán concedidos a sus padres *sus deseos* respecto a ellos, pues ellos esperan la vida eterna, y que cada uno de ellos viva quinientos años.

15 Y asimismo el Señor le dijo a Miguel: ve y anuncia *su delito* a Semiaza y a los que están con él, a los que se han juntado con las mujeres para que se corrompan con toda su impureza. Y cuando todos sus hijos hayan sido aniquilados, cuando vean la perdición de sus bienamados, aprisiónalos bajo tierra por setenta generaciones hasta el día del juicio y la consumación, hasta que la sentencia, *cuyo efecto* pervivirá para siempre, se haya cumplido.

16 Después, entre tormentos, serán conducidos al abismo del fuego y serán recluidos para siempre.

17 Inmediatamente después, él[13] será quemado y perecerá con ellos; serán atados hasta la consumación de muchas generaciones.

18 Destruye todas las almas adictas a la concupiscencia[14] y a los descendientes de los vigilantes, pues ellos han tiranizado a los hombres.

19 Haz que todo opresor de la faz de la Tierra perezca;

20 haz que toda obra del mal sea destruida;

21 que la planta de la justicia y de la rectitud aparezca y que su fruto sea una bendición.

22 La justicia y la rectitud serán plantadas con deleite por siempre.

23 Y entonces todos los santos darán gracias y vivirán hasta que hayan engendrado mil *hijos*, mientras

---

13. **Él.** Se refiere a Semiaza.
14. **Concupiscencia.** O «lujuria» (Knibb, pág. 90; compárese con Charles, pág. 76).

toda su juventud y los días de descanso y oración transcurrirán en paz. En estos días, la Tierra entera será cul-
tivada en la justicia y será completamente poblada de
árboles y llenada de bendición; se plantarán sobre ella
árboles de alegría.

24 Se plantarán viñas, y la vid que será plantada
dará fruto hasta la saciedad; y cada semilla sembrada
sobre ella producirá mil medidas por una; y una medida de aceitunas producirá diez lagares de aceite.

25 Purifica la Tierra de toda opresión, de toda injusticia, de todo delito, de toda impiedad y de toda impureza que se ha cometido en ella. Hazlos desaparecer de
la Tierra.

26 Así todos los hijos de los hombres se volverán
justos y todas las naciones me rendirán honores divinos
y me bendecirán, y todos me adorarán.

27 La Tierra quedará limpia de toda corrupción,
de todo delito, de todo castigo y de todo sufrimiento;
y yo no enviaré ningún diluvio más sobre ella por las
generaciones de las generaciones y hasta la eternidad.

28 En esos días abriré los tesoros de bendición que
están en el cielo para hacerlos descender sobre la Tierra,
así como sobre las obras y el trabajo del hombre.

29 La paz y la equidad se unirán con los hijos de los
hombres todos los días del mundo, en cada una de sus
generaciones.

(NO CONSTA EL CAPÍTULO 11)

CAPÍTULO 12

1 Ante esos sucesos, Enoc fue ocultado; y no hay ningún hijo de los hombres que sepa dónde fue escondido, dónde estuvo ni qué sucedió.

2 Él, en sus días, estaba totalmente comprometido con los santos y con los vigilantes.

3 Yo, Enoc, estaba adorando al gran Señor y Rey de la paz.

4 Y he aquí que los vigilantes me llamaron Enoc, el escriba.

5 Entonces *el* Señor me dijo: Enoc, escriba de la justicia, ve y haz saber a los vigilantes del cielo, quienes han abandonado el cielo altísimo y su eterno lugar santo, *aquellos que* se han corrompido con las mujeres.

6 Y que se han comportado como los hijos de los hombres, tomando para sí esposas. *Aquellos que* han resultado sumamente corrompidos sobre la Tierra;

7 que para los que están en la Tierra no habrá paz ni remisión de pecado. Pues no gozarán de sus descendientes: contemplarán la aniquilación de sus bienamados, lamentarán que se destruya a sus hijos y aunque suplicarán eternamente, no obtendrán misericordia ni paz.

CAPÍTULO 13

1 Entonces, Enoc, transmitiendo el mensaje, dijo a Azazel: No tendrás paz. Se ha pronunciado una importante sentencia contra ti. Él te aprisionará;

2 No tendrás alivio ni misericordia ni súplicas, a causa de toda la tiranía que has enseñado;

3 y a causa de cada obra de blasfemia, de tiranía y de pecado que tú has revelado a los hijos de los hombres.

4 Después, alejándome *de él*, les hablé a todos juntos;

5 y todos fueron presa del terror y temblaron.

6 Me rogaron que les escribiera un escrito de súplica, para que pudieran obtener perdón, y que lo hiciera ascender ante el Señor del cielo; porque a partir de entonces no pueden hablarle ni levantar los ojos al cielo, debido a la deshonrosa ofensa por la que fueron juzgados.

7 Entonces escribí su oración y súplica, por su alma, por todo lo que habían hecho y por lo que pedían en sus súplicas, de modo que obtuvieran remisión y paz.

8 Siguiendo mi camino, proseguí por las aguas de Danbadán[15], que está a la derecha hacia el oeste del Hermón, leyendo el escrito de su oración, hasta que me dormí.

9 Y hete aquí que tuve un sueño y que me aparecieron visiones y me rodearon. Caí y vi visiones de castigo, para que pudiera relatarlas a los hijos del cielo, y reprenderlos. Cuando desperté, fui hacia ellos. Agrupados todos juntos lloraban, con el rostro cubierto, en Ublesyael, situado entre el Líbano y Senaser.[16]

---

15. **Danbadán.** Dan en Dan (Knibb, pág. 94).
16. **Libano y Senaser.** Líbano y Senir (cerca de Damasco).

10 En su presencia, narré todas las visiones que había tenido y mi sueño;

11 y me puse a pronunciar esas palabras de justicia, reprendiendo a los vigilantes del cielo.

CAPÍTULO 14

1 Este es el libro sobre las palabras de la justicia y de la reprensión de los vigilantes, que pertenecen al mundo[17], según lo que Él, que es santo y grande, ordenó en esa visión. Me di cuenta en mi sueño de que ahora hablaba gracias a mi aliento y con una lengua de carne humana, la cual el Todopoderoso había puesto en la boca de los hombres para que pudieran hablar entre ellos.

2 Y se comprendan con el corazón. Igual que Dios ha creado y ha otorgado a los hombres *el poder de* comprender la palabra de entendimiento, de igual modo ha creado y me ha otorgado *el poder de* reprender a los vigilantes, los hijos del cielo. He escrito vuestra súplica; y en mi visión se me ha mostrado que vuestra petición no será concedida mientras el mundo perdure.

3 Habéis sido juzgados: *vuestra petición* no os será concedida.

4 De ahora en adelante, jamás ascenderéis al cielo: Él ha ordenado aprisionaros en la Tierra en tanto el mundo perdure.

---

17. **Que pertenecen al mundo.** O «que (existen) desde la eternidad» (Knibb, pág. 95).

5 Pero antes de esto habréis de contemplar la muerte de vuestros amados hijos; no los poseeréis, sino que caerán ante vosotros por la espada.

6 Y no podréis suplicar ni por ellos ni por vosotros mismos;

7 pero sí podréis llorar y suplicar en silencio. Las palabras del libro que he escrito.[18]

8 Y así fue cómo se me apareció la visión.

9 He aquí que, en ella, nubes y bruma me buscaron; estrellas centelleantes y relámpagos me impulsaron y me apresuraron, mientras los vientos de la visión acompañaban mi vuelo y aceleraban mi avance.

10 Me elevaron hacia el cielo. Avancé hasta que llegué a un muro construido de piedras de cristal. Una vibrante llama[19] lo rodeaba y ello empezó a infundirme terror.

11 Entré en la vibrante llama;

12 y me acerqué a una espaciosa morada, construida también con piedras de cristal. Los muros y el suelo estaban asimismo *formados* por piedras de cristal, e igualmente toda la superficie. El techo parecía tener estrellas inquietas y relámpagos; y entre ellos había querubines de fuego en un cielo tormentoso[20].

---

18. **Pero sí podréis llorar [...] que he escrito.** O «y así, pese a vuestras lágrimas y plegarias, no recibiréis una palabra del escrito que yo he escrito» (Charles, pág. 80).

19. **Vibrante llama.** Literalmente, «lenguas de fuego» (Laurence, pág. 18).

20. **En un cielo tormentoso.** Literalmente, «y su cielo era de agua» (Charles, pág. 81).

Una llama ardía alrededor de los muros, y su puerta llameaba en el fuego. Cuando entré en esa casa, ardía como fuego pero, a la vez, estaba helada como el hielo. No *se percibía* en ella rastro alguno de dicha o de vida. El terror me abrumó y un temblor aterrador se apoderó de mí.

13 Nervioso y tembloroso sobremanera, caí sobre mi rostro. En la visión que contemplaba...

14 he aquí que había otra casa más espaciosa que *la primera*, cuyas entradas estaban abiertas ante mí, y erigida *en medio* de una llama vibrante.

15 Sobresalía hasta tal punto en todos los aspectos, en gloria, en magnificencia y en magnitud, que me es imposible describirte su esplendor o su alcance.

16 Su suelo estaba en llamas; más arriba había relámpagos y estrellas centelleantes, mientras que el techo mostraba un fuego abrasador.

17 Atentamente la inspeccioné y pude ver que cobijaba un eminente trono;

18 su apariencia era como la escarcha; aunque su contorno recordaba al orbe del radiante sol; y *allí estaba* la voz de los querubines.

19 Por debajo del imponente trono salían ríos de fuego ardiente.

20 Contemplarlo era imposible.

21 Un gran ser glorioso se sentó en él:

22 aquel cuya túnica era más brillante que el sol y más blanca que la nieve.

23 Ningún ángel fue capaz de entrar para verle la cara al Glorioso y Refulgente; ni ningún mortal pudo contemplarlo. Un fuego ardiente le rodeaba.

24 Un fuego también de grandes dimensiones seguía levantándose ante Él; por eso ninguno de los que le rodeaban era capaz de acercársele, entre las miríadas de miríadas[21] que estaban ante Él. El santo consejo, para Él, era innecesario. De todos modos, los santificados que estaban cerca de Él no se alejaban ni de día ni de noche; ni eran separados de Él. Y yo, tan adelantado hasta entonces, llevaba un velo en mi rostro, pero temblaba. Entonces el Señor con su *propia* boca me llamó y me dijo: Acércate aquí, Enoc, y escucha mi santa palabra.

25 Y me levantó, haciéndome acercar más a la entrada. Dirigí la mirada al suelo.

CAPÍTULO 15

1 Después, dirigiéndome la palabra, habló y me dijo: Escúchame y no temas, oh virtuoso Enoc, escriba de la justicia; acércate aquí y escucha mi voz. Ve y di a los vigilantes del cielo, quienes te han mandado rezar por ellos: sois vosotros quienes debéis rezar por los hombres y no los hombres por vosotros.

2 ¿Por qué habéis abandonado el altísimo y santo cielo, que es eterno, y habéis yacido con las mujeres? ¿Por qué os habéis corrompido con las hijas de los

---

21. **Miríadas de miríadas.** Diez mil veces diez mil (Knibb, pág. 99).

hombres, tomándolas como esposas? ¿Por qué habéis actuado como los hijos de la Tierra y habéis engendrado hijos impíos?[22]

3 Vosotros, que sois espirituales, santos y poseéis una vida eterna, os habéis corrompido con las mujeres; habéis engendrado con sangre carnal; habéis codiciado la sangre de los hombres y os habéis comportado como lo hacen *aquellos que* son carne y sangre.

4 Estos, sin embargo, mueren y perecen.

5 Por eso yo les he dado a ellos mujeres: para que convivan y tengan hijos; y así deberá ejecutarse sobre la Tierra.

6 Pero vosotros, desde los inicios, fuisteis creados como seres espirituales, con una vida eterna, sin vínculo alguno con la muerte.

7 Por ello no creé mujeres para vosotros, porque, en tanto que seres espirituales, vuestro hogar está en el cielo.

8 En cuanto a los gigantes, quienes han nacido de espíritu y de carne, serán llamados sobre la Tierra espíritus malvados y sobre la Tierra estará su morada. Los espíritus malvados han salido de la carne de aquellos, porque fueron creados arriba: su origen y su creación surge de los santos vigilantes. Los espíritus malvados se esparcirán por la Tierra y serán llamados los espíritus de los infames. La morada de los espíritus celestiales

---

22. **Hijos impíos.** Literalmente, «gigantes» (Charles, pág. 82; Knibb, pág. 101).

está en el cielo; pero sobre la tierra está la morada de los espíritus terrestres, nacidos en la Tierra.[23]

9 Y *los espíritus de los gigantes* serán como nubes[24], que oprimen, corrompen, caen, compiten y causan daños en la Tierra.

10 Causarán lamento. No comerán alimento alguno y tendrán sed; serán escondidos y no se elevarán[25] contra los hijos de los hombres ni contra las mujeres; pues vienen durante los días de matanza y destrucción.

CAPÍTULO 16

1 Y en cuanto a la muerte de los gigantes, dondequiera que sus espíritus se separen de sus cuerpos, dejad que su carne, que es perecedera, no sea juzgada[26]; así perecerán hasta el día de la gran consumación del gran mundo. Una destrucción tendrá lugar a causa de los vigilantes y de los impíos.

2 Y ahora, a los vigilantes, quienes te han enviado para que reces por ellos y que al principio estaban en el cielo,

---

23. Nótese las diversas implicaciones de los versículos 3–8 en lo que concierne a la encarnación de los vigilantes y de los espíritus malvados en cuerpos.

24. La palabra griega que significa nubes aquí, *nephelas*, podría disfrazar una lectura más antigua: Napheleim (nefilim). El verbo de Laurence «serán como» no es sino una suposición.

25. **No se elevarán.** Casi todos los manuscritos contienen esta negación pero Charles, Knibb y otros sostienen que el «no» debe ser omitido para que la frase rece «se elevarán».

26. **Que su carne [...] no sea juzgada.** O «que su carne sea destruida antes del juicio» (Knibb, pág. 102).

3 *diles*: en el cielo estabais, pero los secretos no se os han revelado; aunque habéis conocido un misterio fútil.

4 Y lo habéis relatado a las mujeres en el endurecimiento de vuestro corazón, y, debido a ese misterio, las mujeres y los hombres multiplicaron el mal sobre la Tierra.

5 Diles: por ello jamás habrá paz para vosotros.

CAPÍTULO 17

1 Me elevaron a un lugar donde tomaban[27] la apariencia de un fuego ardiente; y cuando les convenía, adoptaban el aspecto de hombres.

2 Me condujeron a un lugar altísimo, a una montaña cuya cima más alta tocaba el cielo.

3 Y yo admiré los receptáculos de luz y del trueno, situados en los extremos de ese lugar, allá donde era más profundo. Había un arco de fuego, con flechas en la aljaba, una espada de fuego y todo tipo de rayos.

4 Más tarde me elevaron hasta un arroyo que hablaba[28] y hasta un fuego en poniente, que recibía todas las puestas de sol. Llegué a un río de fuego, que fluía como el agua y desembocaba en el gran mar que está hacia el oeste.

5 Vi todos los grandes ríos, hasta que alcancé la gran oscuridad. Fui adonde todo ser de carne emigra;

---

27. **Donde tomaban.** O «donde ellos [los ángeles] eran como» (Knibb, pág. 103).
28. **Hasta un arroyo que hablaba.** Literalmente, «las aguas de vida, que hablaban» (Laurence, pág. 23).

y contemplé las montañas de la melancolía que significaba el invierno y el lugar del cual mana el agua en todo abismo.

6 Vi también la boca de todos los ríos de la Tierra y la de las profundidades.

CAPÍTULO 18

1 A continuación, examiné los receptáculos de todos los vientos, y percibí que contribuían a embellecer toda la creación y a *preservar* la creación de la Tierra.

2 Examiné también la piedra *que afianza* las esquinas de la Tierra.

3 Asimismo vi los cuatro vientos que sostienen la Tierra y el firmamento de los cielos.

4 Y contemplé cómo los vientos ocupaban el enaltecido cielo.

5 Aflorando entre el cielo y la tierra y formando los pilares del cielo;

6 vi los vientos que transforman el cielo y delimitan el orbe del Sol y de todas las estrellas. Y, sobre la Tierra, observé los vientos que sostienen las nubes.

7 Distinguí el camino de los ángeles.

8 Percibí, en los confines de la Tierra, el firmamento de los cielos sobre el camino. Después continué en dirección al sur;

9 donde ardían, tanto de día como de noche, seis montañas de piedras gloriosas, tres hacia el este y tres hacia el sur.

10 Las que miraban al este eran de una piedra jaspeada; una de las cuales era de margarita[29] y la otra de antimonio[30]. Las que estaban al sur eran de piedra roja. La del centro se elevaba hasta el cielo como el trono de Dios, *un trono compuesto* de alabastro cuya parte superior era de zafiro. También vi un fuego ardiente que pendía de las montañas.

11 Y allí distinguí un lugar, al otro lado de un extenso territorio, donde se recoge el agua.

12 También divisé fuentes terrestres, en las profundidades de las ardientes columnas del cielo.

13 Y entre las columnas del cielo contemplé fuegos que descendían y cuya altura y profundidad eran inconmensurables. Sobre las fuentes, también percibí un lugar que no estaba cubierto por el firmamento de los cielos, ni había terreno firme bajo él; ni agua ni nada que volase sobre él. Sino que estaba completamente desierto.

14 Y allí contemplé siete estrellas, como grandes montañas resplandecientes y como espíritus que me rogaban.

15 A continuación el ángel dijo: Este lugar, hasta la consumación del cielo y de la tierra, será la prisión de las estrellas y el anfitrión de los cielos.

---

29. **Margarita.** Según la Real Academia de la lengua española es la perla de los moluscos. [N. de la T.]

30. **Antimonio.** Duro, quebradizo y de color azulado, aunque algunas variedades alotrópicas son oscuras o casi negras. Fue utilizado como cosmético. [N. de la T.]

16 Las estrellas que ruedan sobre el fuego son las que transgredieron el mandamiento de Dios antes de que su momento llegase; pues llegaron en una estación no propicia. Por ello, Él se ofendió y las aprisionó hasta que llegue el tiempo de la consumación de su delito, en el año secreto.

CAPÍTULO 19

1 Después Uriel dijo: Aquí es donde los ángeles, que han yacido con las mujeres, nombraron a sus líderes,

2 y al adoptar numerosas apariencias han hecho profanar a los hombres y les hicieron errar para que sacrificaran tanto demonios como dioses. Así, en el gran día *habrá* un juicio con el que serán juzgados hasta que se consuman; y sus mujeres también serán juzgadas, por llevar por el mal camino a los ángeles del cielo, para que las saludasen.

3 Y yo, Enoc, yo solo he visto qué aspecto tenía el fin de todo; y ningún hombre lo ha visto como yo lo he visto.

CAPÍTULO 20

1 Estos son los nombres de los ángeles que vigilan:

2 Uriel, uno de los santos ángeles, que *gobierna* el clamor y el terror.

3 Rafael, uno de los santos ángeles, que gobierna los espíritus de los hombres.

4 Raguel, uno de los santos ángeles, que inflige el castigo al mundo y a las luminarias.

5 Miguel, uno de los santos ángeles, que, *al gobernar* la virtud humana, dirige las naciones.

6 Saraquiel, uno de los santos ángeles, que *gobierna* los espíritus de los hijos de los hombres que pecan.

7 Gabriel, uno de los santos ángeles, que *gobierna* a Ikisat[31], el paraíso y a los querubines.

CAPÍTULO 21

1 Después rodeé un lugar donde todo estaba inacabado.

2 Y allí no pude contemplar ni la esmerada obra de un cielo eminente ni el de una tierra asentada, tan solo un lugar desierto, preparado pero espantoso.

3 También allí atisbé siete estrellas (del cielo), encadenadas juntas, como [si fueran] grandes montañas y como un fuego abrasador. Entonces exclamé: ¿Por qué tipo de delitos han sido encadenadas y por qué han sido trasladadas aquí? Entonces Uriel, uno de los santos ángeles que estaba conmigo y que me guiaba, contestó: Enoc, ¿por qué te formulas esas preguntas y te inquietas de esa forma? Estas son las estrellas que han transgredido la orden del altísimo Dios; y han sido encadenadas aquí hasta que el infinito número por días de sus delitos haya concluido.

4 De allí pasé a otro lugar más espantoso si cabe;

5 en él pude contemplar la combustión de un gran fuego abrasador y chisporroteante, en cuyo centro

31. **Ikisat.** Las serpientes (Charles, pág. 92; Knibb, pág. 107).

había una fisura. Columnas de fuego forcejeaban hacia el abismo, en un descenso profundo. Pero no pude ver ni sus dimensiones ni su magnitud, ni pude percibir su origen. Entonces exclamé: ¡Qué lugar más espantoso y qué difícil es explorarlo!

6 Uriel, uno de los santos ángeles que estaba conmigo, contestó diciendo: Enoc, ¿por qué te alarmas y te asombras al ver este horrible lugar, este *lugar de* sufrimiento? Esta es, explicó, la prisión de los ángeles; y aquí permanecen cautivos para siempre.

CAPÍTULO 22

1 Desde allí proseguí hasta otro lugar: al oeste vi una inmensa y altísima montaña, una roca dura y cuatro agradables parajes.

2 Internamente era honda, espaciosa y muy lisa; tanto que parecía que la hubieran hecho rodar: era a su vez profunda y oscura al contemplarla.

3 Entonces, Rafael, uno de los santos ángeles que estaba conmigo, respondió y me dijo: estos son los apacibles lugares donde los espíritus, las almas de los muertos, serán recogidas; fueron creados para ellas y aquí serán reunidas todas las almas de los hijos de los hombres.

4 Hasta el día del juicio deberán ocupar los lugares en los que ahora residen, hasta entonces y hasta el periodo que les ha sido fijado.

5 Ese periodo (determinado) será largo, [pues se prolongará] hasta el gran juicio. Y vi los espíritus de

los hijos de los hombres que habían muerto, y sus voces alcanzaban el cielo mientras acusaban.

6 Entonces consulté con Rafael, uno de los ángeles que estaba conmigo, y le dije: ¿de quién es ese espíritu cuya voz llega *hasta el cielo* y acusa?

7 Me respondió diciendo: ese es el espíritu de Abel, quien fue asesinado por su hermano Caín; y le acusará hasta que su descendencia sea eliminada de la faz de la Tierra;

8 hasta que su progenie desaparezca de entre la descendencia de los hombres.

9 Por eso, en ese momento pregunté acerca de él y del juicio general: ¿por qué están separados el uno del otro? Me respondió: se han hecho tres *separaciones* entre los espíritus de los muertos, y del mismo modo han sido separados los espíritus de los justos.

10 Concretamente, *por* una sima, *por* el agua y *por* la luz que lo ilumina.

11 Y de igual manera los pecadores son apartados cuando mueren y sepultados bajo tierra; el juicio no les sorprenderá durante su vida.

12 Aquí sus almas son separadas. Y aún más: profundo es su sufrimiento hasta el día del gran juicio, en castigos y tormentos, de aquellos que han execrado perpetuamente, cuyas almas son castigadas y encadenadas aquí para siempre.

13 Y así ha sido desde el principio del mundo. Desde entonces ha existido una división entre las almas de aquellos que se quejan y las de aquellos que

traman su destrucción, para matarlos en los días de los pecadores.

14 Un receptáculo de este tipo ha sido creado para las almas de los hombres injustos y para los pecadores, para aquellos que han cometido delitos y se han juntado con los impíos, a quienes se parecen. Sus almas no serán aniquiladas el día del juicio ni se levantarán de aquí. En ese instante bendije a Dios,

15 y dije: bendito sea mi Señor, Señor de la gloria y de la justicia, quien reina sobre todo por toda la eternidad.

CAPÍTULO 23

1 Desde allí fui a otro lugar, hacia el oeste, hasta los confines de la Tierra.

2 Ahí contemplé un fuego abrasador que avanzaba sin cesar, sin interrumpir su curso ni de día ni de noche, permaneciendo siempre igual.

3 Pregunté diciendo: ¿qué es eso que nunca cesa?

4 Entonces Raguel, uno de los santos ángeles que estaba conmigo, me respondió,

5 diciendo: este fuego abrasador es el que has visto avanzar hacia el oeste, el de todas las luminarias del cielo.

CAPÍTULO 24

1 Fui desde allí a otro lugar y vi una montaña de fuego que ardía día y noche. Me acerqué a ella y atisbé siete espléndidas montañas, diferentes una de otra.

2 Sus piedras eran brillantes y hermosas, todas eran deslumbrantes y un gozo para la vista; su superficie era preciosa. Por el este había tres *montañas*, [y] fortalecidas al estar [situadas] la una contra la otra; y había tres más hacia el sur, reforzadas de igual manera. También había profundos valles, que no se alcanzaban el uno al otro. La séptima montaña estaba en medio de ellas. Por su longitud, todas parecían el asiento de un trono y estaban rodeadas por olorosos árboles.

3 Entre ellos había uno de intenso olor; ninguno de los que había en el Edén era tan aromático como este. Sus hojas, sus flores y su corteza jamás se secaban y su fruto era magnífico.

4 Este se parecía a los racimos de la palmera. Exclamé: ¡Mirad qué maravilloso aspecto tiene ese árbol, qué bellas son sus hojas y qué placentero a la vista es su fruto! Entonces Miguel, uno de los santos y gloriosos ángeles que estaba conmigo, y *el* que los dirigía, me respondió,

5 diciéndome: Enoc, ¿por qué me preguntas sobre el olor de ese árbol?

6 *¿Por qué* tienes tanta curiosidad por saberlo?

7 Entonces yo, Enoc, le respondí: Estoy deseoso por ser instruido en todo, pero sobre todo en lo que concierne a ese árbol.

8 A lo que él respondió diciendo: esa montaña que contemplaste, cuya cima parece el trono del Señor, será donde se sentará el santo y gran Señor de la gloria,

el Rey eterno, cuando descienda y visite la Tierra con bondad.

9 Y ese árbol de agradable olor, no el de *olor* carnal, no está permitido tocarlo hasta el día del gran juicio. Cuando llegue el castigo y todo sea arrasado para siempre, ese árbol será entregado a los justos y a los humildes. Su fruto se dará a los elegidos. Por ello, será plantado hacia el norte, en el santo lugar, hacia la morada del Rey eterno.

10 Entonces [los elegidos] se regocijarán y se alegrarán con el Santo. El dulce olor del árbol penetrará en sus huesos; y vivirán una larga vida en la Tierra, tal y como vivieron tus antepasados; y entonces no estarán aquejados de tristeza, de angustia, de problemas o de penas.

11 Y bendije al Señor de la gloria, el Rey eterno, porque Él ha preparado *este árbol* para los santos, lo ha formado y ha declarado que se lo daría.

CAPÍTULO 25

1 Desde allí me dirigí al centro de la Tierra y contemplé un alegre y fértil lugar, en el que había ramas que brotaban continuamente de los árboles que había allí plantados. También divisé una santa montaña y, bajo esta, agua en el lado este que corría hacia el sur. Por el este vi asimismo otra montaña tan alta como la primera y, entre ellas, había profundos, aunque no anchos, valles.

2 El agua corría hacia la montaña, hacia el oeste; y debajo se erigía igualmente otra montaña.

3 Debajo de esta había un valle, aunque no era profundo; y, entre ellas, en un extremo de las tres montañas, había otros valles profundos y secos. Todos estos valles, profundos y estrechos, eran de roca dura, con un árbol plantado en ellos. Y contemplé la roca y los valles, quedándome sumamente sorprendido.

CAPÍTULO 26

1 Entonces dije: ¿Qué sentido tiene esta tierra bendita, todos estos majestuosos árboles y este maldito valle entre ellos?

2 Entonces Uriel, uno de los santos ángeles que estaba conmigo, replicó: este valle es la maldición eterna de los malditos. Aquí serán reunidos todos aquellos que por su boca profieran un lenguaje impropio contra el Señor, y pronuncien insolencias sobre Su gloria. Aquí se les reunirá. Este será su territorio.

3 En los días postreros, se hará de ellos un ejemplo de juicio sobre justicia, ante los santos, mientras que aquellos que hayan obtenido misericordia loarán por toda la eternidad a Dios, el Rey eterno.

4 Y en el momento del juicio, le bendecirán por su misericordia, pues Él la ha repartido entre ellos. Entonces bendije a Dios, dirigiéndome a Él, y mencioné Su grandeza, como era oportuno.

CAPÍTULO 27

1 Desde allí continué hacia el este, hasta el centro de una montaña en pleno desierto, de la que solo podía percibir la superficie.

2 Estaba llena de árboles de esa semilla citada; y el agua manaba hacia ella.

3 Ahí apareció una catarata que parecía estar formada por muchas otras, hacia el oeste y hacia el este. A un lado había árboles; al otro, agua y rocío.

CAPÍTULO 28

1 Entonces me dirigí hacia otro lugar del desierto, hacia el este de esa montaña, *a la cual* ya me había acercado.

2 Allí contemplé árboles selectos[32], concretamente *aquellos que desprenden* el fragante olor de drogas, incienso y mirra; y árboles distintos los unos de los otros.

3 Y por encima de ellos se elevaba la montaña del este a escasa distancia.

CAPÍTULO 29

1 Asimismo vi otro lugar con valles de agua que nunca se agotaba.

2 *donde* observé un hermoso árbol, cuyo olor recordaba a Zasakinón.[33]

---

32. **Árboles selectos.** Literalmente, «árboles del juicio» (Laurence, pág. 35; Knibb, pág. 117).

33. **Zasakinón.** El árbol del lentisco (Knibb, pág. 118).

3 Y hacia los lados de esos valles, percibí el olor dulce de la canela. Avancé hacia ellos, en dirección al este.

CAPÍTULO 30

1 Entonces contemplé otra montaña con árboles, por la cual corría el agua como Neketro[34]. Su nombre era Sarira y Kalboneba[35]. Y sobre esta montaña vi otra sobre la que había árboles de Alva.[36]

2 Esos árboles estaban llenos, como almendros, y eran robustos; y cuando producían frutos, [su fragancia] superaba todos los perfumes.

CAPÍTULO 31

1 Después de todo ello, cuando examiné las entradas del norte, sobre las montañas, divisé siete montañas repletas de nardo puro, de olorosos árboles, de canela y de papiro.

2 Desde allí franqueé las cumbres de esas montañas, a lo lejos hacia oriente, y crucé el mar Eritreo[37]. Y cuando ya me había alejado de él, pasé por encima del ángel Zotiel, y llegué al jardín de la justicia. Allí, entre otros árboles, contemplé algunos que eran abundantes y grandes, y que allí habían crecido bien.

3 Su fragancia era agradable y fuerte, y de apariencia, eran variados y elegantes. Él árbol de la sabiduría

---

34. **Neketro.** Un néctar (Knibb, pág. 119).
35. **Sarira y Kalboneba.** Sarara y Galbanum (Knibb, pág. 119).
36. **Alva.** Aloe (Knibb, pág. 119).
37. **Mar Eritreo.** Mar Rojo.

también se encontraba allí; aquel que dota de una gran sabiduría a todo el que come de él.

4 Era parecido al árbol del tamarindo, cuyo fruto se asemeja a una uva exquisita; y su fragancia podía captarse desde la lejanía. Y yo exclamé: ¡Qué hermoso es este árbol y qué agradable aspecto tiene!

5 Entonces, el santo Rafael, un ángel que estaba conmigo, me respondió y me dijo: es el árbol de la sabiduría, del cual comieron tu anciano padre y tu anciana madre, quienes te precedieron; y quienes, habiendo obtenido la sabiduría, habiendo sido abiertos sus ojos y sabiendo que estaban desnudos, fueron expulsados del jardín.

CAPÍTULO 32

1 Desde allí, avancé hasta los confines de la Tierra, donde vi grandes bestias, diferentes las unas de las otras, y pájaros de semblantes y formas muy distintos, así como con muy diversos trinos.

2 Al este de esas bestias, percibí los extremos de la Tierra, donde termina el cielo. Las puertas del cielo permanecían abiertas, y pude ver cómo nacen las estrellas celestiales. Las conté tan pronto como cruzaban la puerta, y las anoté todas conforme iban saliendo, según su numeración. *Escribí* sus nombres, sus tiempos y sus estaciones, a medida que Uriel, que estaba conmigo, me las señalaba.

3 Me las enseñó todas y escribió *una explicación sobre* ellas.

4 También me anotó sus nombres, sus leyes y su funcionamiento.

CAPÍTULO 33

1 Desde allí proseguí hacia el norte, hacia los confines de la Tierra.

2 Y allí, en los confines de toda la Tierra, vi un gran y glorioso prodigio.

3 Contemplé las puertas celestiales que se abrían al cielo; tres de ellas claramente separadas. Los vientos del norte proceden de ellas, y soplan frío, granizo, escarcha, nieve, rocío y lluvia.

4 Por una de las puertas soplan gentilmente; pero cuando soplan por las *otras* dos *puertas*, lo hacen con fuerza y violencia. Soplan sobre la tierra con fuerza.

CAPÍTULO 34

1 Desde allí, continué hacia los confines de la Tierra, al oeste;

2 donde vi tres puertas abiertas, tal y como había visto en el norte; siendo las puertas y los pasillos que las traspasaban de igual magnitud.

CAPÍTULO 35

1 Entonces proseguí hacia los confines de la Tierra, al sur; donde vi tres puertas abiertas hacia el sur, de las que manaban el rocío, la lluvia y el viento.

2 Desde allí, fui hacia los límites del cielo, al este; donde vi tres puertas celestiales, abiertas hacia el este, con pequeñas puertas en su interior. Las estrellas del

cielo pasan por cada una de esas pequeñas puertas, en dirección al oeste, y continúan por un camino descubierto por ellas. Cada vez que *aparecen* recorren este camino.

3 Cuando las contemplé, bendije. Cada vez que *aparecían*, bendije al Señor de la gloria, quien hizo estos grandes y magníficos símbolos, los cuales permitirán demostrar la magnificencia de su obra a los ángeles y a las almas de los hombres. Y así estos podrán glorificar todas sus obras y creaciones; podrán contemplar los efectos de su poder; podrán glorificar el gran trabajo de sus manos y, así, bendecirle eternamente.

(NO CONSTA EL CAPÍTULO 36)

CAPÍTULO 37

1 La visión que tuvo, la segunda visión de sabiduría, que tuvo Enoc, hijo de Jared, hijo de Mahalalel, hijo de Quenán, hijo de Enós, hijo de Set, hijo de Adán. Aquí empieza la palabra de sabiduría que recibí para proclamarla y explicarla a los que habitan sobre la Tierra. Escuchad desde el principio y comprended hasta el final, las cosas sagradas que expreso en presencia del Señor de los Espíritus. Antes que *nosotros* ya hubo quienes consideraron correcto decirlas;

2 y no nos permitáis, a los que venimos después, interrumpir los principios de la sabiduría. Hasta ahora, lo que he recibido no se había dado ante el Señor de los Espíritus, una sabiduría de acuerdo con mi capacidad de inteligencia y según la voluntad del Señor de los

Espíritu; lo que yo he recibido de él, una parte de vida eterna.

3 Y obtuve tres parábolas, las cuales anuncié a los habitantes del mundo.

CAPÍTULO 38

1 Primera parábola. Cuando la congregación de los justos aparezca y los pecadores sean juzgados por sus delitos, y se aflijan a la vista del mundo;

2 cuando la justicia se manifieste[38] ante los propios justos, quienes serán elegidos por sus *buenas* obras *debidamente* sopesadas por el Señor de los Espíritus; y cuando la luz de los justos y los elegidos, que habitan sobre la Tierra, aparezca, ¿dónde habitarán los pecadores?, ¿dónde estará el lugar de reposo de los que han renegado del Señor de los Espíritus? Habría sido mejor para ellos no haber nacido.

3 Asimismo, cuando los secretos de los justos sean revelados, los pecadores serán juzgados; y los impíos se afligirán en presencia de los justos y de los elegidos.

4 A partir de ese momento, los que poseen la Tierra dejarán de ser poderosos y eminentes. Tampoco serán capaces de contemplar el rostro de los santos, ya que el Señor de los Espíritus ha visto la luz de los rostros de los santos, los justos y los elegidos.[39]

---

38. **Cuando la justicia se manifieste.** O «cuando el Justo aparezca» (Knibb, pág. 125; compárese con Charles, pág. 112).

39. **Ya que el Señor de los Espíritus [...], los justos y los elegidos.** O «porque es la luz del Señor de los Espíritus la que ha aparecido sobre la faz de los santos, de los justos y de los elegidos» (Knibb, pág. 126).

5 Pero los poderosos reyes de ese periodo todavía no habrán perecido, sino que habrán sido entregados a manos de los justos y de los santos.

6 A partir de ese momento, tampoco nadie podrá obtener la conmiseración del Señor de los Espíritus, porque sus vidas *en este mundo* habrán sido consumadas.

CAPÍTULO 39

1 En esos días, los elegidos y la raza santa descenderán desde los altos cielos y su progenie estará con los hijos de los hombres. Enoc recibió libros de indignación y cólera, así como libros de prisa y agitación.

2 Ellos jamás obtendrán misericordia, dijo el Señor de los Espíritus.

3 Entonces una nube me agarró y el viento me elevó por encima de la superficie de la Tierra, dejándome en la extremidad de los cielos.

4 Y allí tuve otra visión; *vi* las moradas y los lechos de los santos. Allí mis ojos contemplaron sus moradas con sus correspondientes ángeles y lechos con los santos. Ellos estaban rogando, suplicando y orando por los hijos de los hombres, mientras la justicia manaba como agua ante ellos y la misericordia cual rocío *se esparcía* sobre la Tierra. Y así les sucederá por los siglos de los siglos.

5 En ese momento, mis ojos observaron la morada de los elegidos, de verdad, de fe y de justicia.

6 Incontable será el número de santos y de elegidos, en presencia de Dios, por los siglos dc los siglos.

7 Contemplé su residencia bajo las alas del Señor de los Espíritus; todos los santos y los elegidos cantaron ante Él, con apariencia de resplandor de fuego; sus bocas rebosaban bendiciones y sus labios glorificaban el nombre del Señor de los Espíritus. Asimismo, la justicia *moraba* incesantemente ante Él.

8 Allí estaba yo, deseoso por quedarme y mi alma anhelaba esa morada. Ahí se hallaba mi herencia; pues he prevalecido ante el Señor de los Espíritus.

9 En esos días, glorifiqué y ensalcé el nombre del Señor de los Espíritus con bendición y alabanza, porque así lo ha establecido, con bendición y alabanza, de acuerdo con su buena voluntad.

10 Mis ojos contemplaron largamente ese lugar. Bendije y exclamé: Bendito es y bendito sea desde el principio hasta la eternidad. En el origen, antes de que el mundo fuese creado, su conocimiento ya era infinito.

11 ¿Qué es este mundo? De cada generación existente, deberán bendecirte los que no duermen *en el polvo*, pero permanecen ante tu gloria; bendiciendo, glorificando, exaltando y diciendo: el santo, santo, Señor de los Espíritus, llena toda la Tierra de espíritus.

12 Allí mis ojos contemplaron a todos los que, sin dormir, se postran ante él y le bendicen así: Bendito seas y bendito sea el nombre del Señor por los siglos de los siglos. Entonces mi rostro se transformó, hasta que me fue imposible ver.

CAPÍTULO 40

1 Tras eso, vislumbré miles y miles, y miríadas de miríadas, y un infinito número de personas ante el Señor de los Espíritus.

2 En las cuatro alas del Señor de los Espíritus, a los cuatro lados, observé otros tantos, al lado de aquellos que estaban *ante él*. También conozco sus nombres, porque el ángel que caminaba conmigo me los reveló, revelándome cada cosa secreta.

3 Luego oí las voces de aquellos que estaban a los cuatro lados, magnificando al Señor de la Gloria.

4 La primera voz bendijo al Señor de los Espíritus por los siglos de los siglos.

5 Escuché la segunda voz que bendecía al Elegido, y a los elegidos que padecen a causa del Señor de los Espíritus.

6 La tercera voz que oí pedía y rogaba por aquellos que habitan sobre la Tierra y suplicaba el nombre del Señor de los Espíritus.

7 La cuarta voz que oí expulsaba a los ángeles impíos[40], y les prohibía entrar en la presencia del Señor de los Espíritus, por proferir acusaciones contra[41] los habitantes de la Tierra.

8 Después de eso supliqué al ángel de la paz, que andaba conmigo, que me explicase todo aquello que

---

40. **Ángeles impíos.** Literalmente, «los satanes» (Laurence, pág. 45; Knibb, pág. 128). *Ha-satan*, en hebreo (el adversario), fue, originalmente, el título de un cargo, no el nombre de un ángel.

41. **Proferir acusaciones contra.** O «acusar a» (Charles, pág. 119).

estaba oculto. Le dije: ¿quiénes son aquellos *a quienes* he visto a los cuatro lados y cuyas palabras he oído y transcrito? Me contestó: el primero es el misericordioso, paciente y santo Miguel.

9 El segundo es el *que está a la cabeza* de cada enfermedad y cada desgracia de los hijos de los hombres; el santo Rafael. El tercero, *que gobierna* sobre todo lo que es poderoso, es Gabriel. Y el cuarto, *quien gobierna* sobre el arrepentimiento y la esperanza de aquellos que heredarán la vida eterna, es Fanuel. Estos son los cuatro ángeles del Altísimo Dios y suyas, las cuatro voces que yo escuché en aquel entonces.

CAPÍTULO 41

1 Tras esto contemplé los secretos de los cielos y del paraíso, según sus divisiones; y la acción humana, que ellos sopesan con balanzas. Vi las moradas de los elegidos y las de los santos. Y allí mis ojos vieron a todos los pecadores, aquellos que renegaron del Señor de la Gloria y a quienes ellos expulsaban de este lugar y arrastraban, mientras seguían *allí*; ningún castigo sobre ellos procedía del Señor de los Espíritus.

2 Allí mis ojos descubrieron los secretos del rayo y del trueno; y los secretos de los vientos, cómo están distribuidos cuando soplan sobre la tierra: los secretos de los vientos, del rocío y de las nubes. Allí observé el lugar de donde emergieron y se saturaron con el polvo de la tierra.

3 En aquel lugar vi los recipientes de madera desde cuyo interior se separaban ya los vientos; el receptáculo del granizo, el depósito de la nieve, el recipiente de las nubes y la propia nube, *aquella que* continúa sobre la Tierra desde *la creación* del mundo.

4 Divisé los recipientes de la Luna, de dónde salen las lunas y a dónde van, su glorioso regreso, y cómo una se volvió más bella que la otra. *Anoté* su magnífico progreso, su inmutable trayectoria, su desunida trayectoria sin menoscabo; su cumplimiento de una fidelidad mutua por un solemne juramento; su avance hacia el Sol y su adhesión al camino que les *ha sido asignado*[42], en obediencia a las órdenes del Señor de los Espíritus. Poderoso será su nombre por los siglos de los siglos.

5 Después de esto *vi* que el camino oculto y visible de la Luna, así como la trayectoria de su camino, allí se completaba durante el día y durante la noche; mientras tanto, cada uno, con el otro, miraba hacia el Señor de los Espíritus, magnificando y elogiando sin cesar, puesto que para ellos las alabanzas son un descanso; ya que en el espléndido sol hay una frecuente conversión por bendecir y por maldecir.

6 El recorrido de la Luna es luz para los justos, pero tinieblas para los pecadores; en nombre del Señor de los Espíritus, que creó *una división* entre la luz y

---

42. **Su avance hacia [...] que les ha sido asignado.** O «el sol sale primero, y sigue su camino» (Knibb, pág. 129; compárese Charles, pág. 122).

la oscuridad y, al separar los espíritus de los hombres, fortaleció los espíritus de los justos en nombre de su propia justicia.

7 Porque el ángel no puede impedir *esto*, ni está dotado del poder para prevenirlo, ya que el Juez los contempla [a todos] y los juzga a todos en su propia presencia.

CAPÍTULO 42

1 La sabiduría no encontró *un solo* lugar en la Tierra donde pudiera habitar; por ello, su hogar está en los cielos.

2 La sabiduría partió para habitar entre los hijos de los hombres, pero no obtuvo *hogar alguno*. La sabiduría regresó a su lugar y se sentó entre los ángeles. Pero la iniquidad salió tras su regreso, quien sin querer encontró *una morada*, y moró entre ellos, como la lluvia en el desierto y como el rocío en una tierra sedienta.

CAPÍTULO 43

1 Divisé otro esplendor y las estrellas del cielo. Observé que él las llamaba a todas por sus respectivos nombres y que ellas los escuchaban. En un equilibrio justo, vi que él sopesaba según la luz de las estrellas, la anchura de sus espacios y el día de su aparición y su conversión. El esplendor produjo esplendor; y su conversión *fue* [a sumarse] al número de los ángeles y de los fieles.

2 A continuación, pregunté al ángel que me acompañaba y me contó algunos secretos: ¿cuáles eran *sus*

nombres? Me contestó: el Señor de los Espíritus te ha mostrado una parábola de ellos. Son los nombres de los justos que habitan sobre la Tierra y quienes creen en el nombre del Señor de los Espíritus por los siglos de los siglos.

CAPÍTULO 44

También vi otra cosa en cuanto al esplendor: que surge de las estrellas y se convierte en esplendor, incapaz de abandonarlas.

CAPÍTULO 45

1 He aquí la segunda parábola sobre los que reniegan del nombre de la morada de los santos, así como del Señor de los Espíritus.

2 Ellos no ascenderán al cielo ni alcanzarán la tierra. Ese será el destino de los pecadores que han renegado del nombre del Señor de los Espíritus y que, por tanto, están reservados para el día del castigo y de la aflicción.

3 En ese día, el Elegido se sentará en un trono de gloria y escogerá las condiciones de aquellos y sus innumerables lugares de reposo (mientras sus espíritus serán fortalecidos en ellos, tan pronto como ellos vean a mi Elegido), *los escogerá* para aquéllos que corrieron a protegerse en mi santo y glorioso nombre.

4 En ese día, yo haré que mi Elegido habite entre ellos, transformaré *el rostro* del cielo, lo bendeciré y lo iluminaré eternamente.

5 También transformaré *la faz* de la Tierra, la bendeciré y haré que aquellos a los que yo he elegido habiten sobre ella. Pero los que hayan cometido algún pecado o iniquidad no la habitarán, puesto que yo he establecido su juicio. A mis justos yo los compensaré con la paz, colocándolos ante mí; pero la condena de los pecadores se acercará, para que yo pueda destruirlos de la faz de la Tierra.

CAPÍTULO 46

1 Allí contemplé al Anciano de días, cuya cabeza era como la blanca lana; y, con él, otro, cuyo semblante recordaba al de un hombre. Su rostro estaba lleno de gracia, como *la de* uno de los santos ángeles. Después pregunté a uno de los ángeles que iba conmigo y que me mostró todos los secretos, respecto a este Hijo del hombre, quién era él, de dónde venía y por qué acompañaba al Anciano de días.

2 Me respondió diciéndome: este es el Hijo del hombre, a quien pertenece la justicia, con quien habita la justicia y quien revelará todos los tesoros de lo que está oculto, porque el Señor de los Espíritus lo ha escogido y su parte ha superado todo en rectitud eterna ante el Señor de los Espíritus.

3 Este Hijo del hombre, a quien ya has visto, alzará a los reyes y a los poderosos de sus lechos, y a los potentados de sus tronos; y aflojará las bridas de los poderosos y romperá en pedazos los dientes de los pecadores.

4 Derrocará a los reyes de su trono y de sus dominios, porque ellos no le exaltarán ni le glorificarán ni se humillarán *ante él*, el cual les concedió sus reinos. De igual modo, la faz de los fuertes Él echará por tierra, llenándolos de confusión. Las tinieblas serán el hogar de ellos y los gusanos su lecho; y *de* su lecho no albergarán esperanzas de levantarse de nuevo, pues no exaltaron el nombre del Señor de los Espíritus.

5 Estos condenarán las estrellas del cielo, levantarán sus manos contra el Altísimo, caminarán sobre la tierra y habitarán en ella, mostrando todas sus obras de injusticia, incluso sus obras perversas. Su poder residirá en su riqueza, y su fe en los dioses que han creado con sus propias manos. Ellos negarán del nombre del Señor de los Espíritus y lo expulsarán de los templos en los que se reúnen;

6 y *con Él* a los fieles[43], que sufren en nombre del Señor de los Espíritus.

CAPÍTULO 47

1 En ese día, la oración de los santos y los justos, y la sangre de los justos, subirán desde la tierra hasta la presencia del Señor de los Espíritus.

2 Ese día se reunirán los santos, quienes habitan en lo alto de los cielos, y con voz unida pedirán, suplicarán, alabarán y bendecirán el nombre del Señor

---

43. **Y lo expulsarán [...] a los fieles**. O «ellos persiguen sus asambleas; y a los fieles» (Knibb, pág. 132; compárese Charles, pág. 131).

de los Espíritus, debido a la sangre de los justos que ha sido derramada; que la oración de los justos no sea interrumpida ante el Señor de los Espíritus, que por ellos ejecutará la sentencia, y que su paciencia no puede perdurar por siempre.[44]

3 En ese tiempo, vi al Anciano de días, mientras estaba sentado en el trono de su gloria, *mientras* el libro de los vivos estaba abierto ante Él y *mientras* todos los poderes sobre los cielos permanecían ante él y a su alrededor.

4 Luego estaban los corazones de los santos llenos de alegría, porque la consumación de los justos había llegado, la súplica de los santos había sido oída y la sangre de los justos, valorada por el Señor de los Espíritus.

CAPÍTULO 48

1 En ese lugar divisé una fuente de justicia, inagotable y rodeada por muchos manantiales de sabiduría. Todos los sedientos bebían de ellos, de modo que se colmaban de sabiduría y moraban con los justos, los elegidos y los santos.

2 En esa hora fue invocado el Hijo del hombre ante el Señor de los Espíritus, y su nombre, en presencia del Anciano de días.

3 Antes de que el Sol y los signos fuesen creados, antes de que se formasen las estrellas del cielo, su nombre fue invocado ante el Señor de los Espíritus. Los

---

44. **Y que su paciencia no puede perdurar por siempre.** O «(que) su paciencia no haya de durar por la eternidad» (Knibb, pág. 133).

justos y los santos podrán apoyarse en Él, sin caerse; y será la luz de las naciones.

4 Será la esperanza de aquellos cuyos corazones están atormentados. Todos aquellos que habitan en la Tierra se postrarán ante él y lo adorarán; lo bendecirán y lo glorificarán y cantarán alabanzas al nombre del Señor de los Espíritus.

5 Por tanto, el Elegido y Oculto existió en su presencia, antes de que el mundo fuese creado y para siempre.

6 *Existió* en su presencia y ha revelado a los santos y a los justos la sabiduría del Señor de los Espíritus, porque ha protegido a todos los justos, ya que ellos han odiado y despreciado este mundo de injusticia y han detestado todas las obras y actos de este, en nombre del Señor de los Espíritus.

7 Así, ellos serán protegidos en su nombre y su voluntad será la vida de ellos. En esos días, los reyes de la Tierra y los poderosos, quienes han conquistado el mundo gracias a sus logros, se volverán humildes.

8 Porque, en el día de su angustia y de su aflicción, sus almas no se salvarán. Y *estarán* en manos de los que yo he elegido.

9 Los arrojaré al fuego como la paja y al agua como el plomo. Por tanto, arderán en presencia de los justos y se hundirán en presencia de los santos; no se hallará ni una décima parte de ellos.

10 Pero el día de su aflicción, la Tierra hallará tranquilidad.

11 En su presencia ellos caerán y no podrán volver a levantarse; no habrá nadie que pueda arrancarles de sus manos ni levantarlos, puesto que han renegado del Señor de los Espíritus y de su Mesías. Bendito será el nombre del Señor de los Espíritus.

CAPÍTULO 48A[45]

La sabiduría mana como agua y la gloria no falla ante él, por los siglos de los siglos, ya que él es poderoso en todos los secretos de justicia.

Pero la iniquidad desaparece como una sombra y no posee un lugar fijo, porque el Elegido permanece ante el Señor de los Espíritus y su gloria es por los siglos de los siglos y su poder, generación tras generación.

Con él habita el espíritu de la sabiduría intelectual, el espíritu de la instrucción y del poder, y el espíritu de aquellos que duermen en la justicia; él juzgará las cosas secretas.

Tampoco nadie será capaz de pronunciar palabra alguna ante él, puesto que el Elegido está en presencia del Señor de los Espíritus, según su voluntad.

CAPÍTULO 49

En esos días los santos y los elegidos sufrirán un cambio: la luz del día se posará sobre ellos y el esplendor y la gloria de los santos se verá modificada.

---

45. Dos capítulos consecutivos llevan el número 48.

En el día de la aflicción, el mal se amontonará sobre los pecadores, pero los justos triunfarán en el nombre del Señor de los Espíritus.

A otros se les hará ver, para que se arrepientan y renuncien a la obra de sus manos. Y la gloria les espera no ante el Señor de los Espíritus, sino para que sean salvados por su nombre. El Señor de los Espíritus tendrá piedad de ellos, pues su misericordia es inmensa y la justicia está en su juicio y en presencia de su gloria; la injusticia no estará en su juicio. Todo aquel que no se arrepienta ante él perecerá.

De hoy en adelante no me apiadaré de ellos, dijo el Señor de los Espíritus.

CAPÍTULO 50

1 En esos días, la Tierra liberará de sus entrañas y el infierno de las suyas, todo aquello que han recibido; y la destrucción devolverá todo aquello que debe.

2 Él escogerá a los justos y a los santos de entre ellos, porque el día de su salvación se acerca.

3 El Elegido, en esos días, se sentará en su trono, mientras todos los secretos de sabiduría intelectual salen de su boca, porque el Señor de los Espíritus le ha recompensado con ese don y glorificado.

4 En esos días, las montañas brincarán como carneros y las colinas saltarán como ovejas[46] saciadas de leche; y todos *los justos* se convertirán en ángeles del cielo.

---

46. Compárese con Salmo 114:4: «Los montes saltaron como carneros, los collados como corderitos».

5 Su rostro brillará de alegría, porque en esos días el Elegido será ensalzado. La Tierra se regocijará, los justos la habitarán y los elegidos la poseerán.

CAPÍTULO 51

1 Tras ese periodo, en el lugar donde yo había contemplado todas las visiones secretas, me agarró un torbellino de viento y me llevó hacia el oeste.

2 Allí, mis ojos contemplaron los secretos del cielo y todo lo que existía en la tierra: una montaña de hierro, una montaña de cobre, una montaña de plata, una montaña de oro, una montaña de un metal fluido y una montaña de plomo.

3 E interrogué al ángel que iba conmigo, diciéndole: ¿Qué son esas cosas que he contemplado en secreto?

4 Él respondió: Todas esas cosas que has visto estarán bajo el dominio del Mesías, para que pueda dirigir y ser poderoso en la Tierra.

5 Y ese ángel de paz me respondió así: Espera un poco y comprenderás, y te serán reveladas todas las cosas secretas, que el Señor de los Espíritus ha decretado. Esas montañas que tú has divisado —la montaña de hierro, la de cobre, la de plata, la de oro, la de metal fluido y la de plomo—, serán ante el Elegido como un panal ante el fuego y como el agua que desciende de lo alto sobre esas montañas, y se ablandarán ante sus pies.

6 En esos días los hombres no serán salvados ni por el oro ni por la plata.

7 Ni lo tendrán bajo su poder para protegerse y volar.

8 Tampoco habrá hierro para la guerra ni cota de malla para [protegerse] el pecho.

9 El bronce será inútil; inútil incluso aquel que ni se oxida ni se gasta; y el plomo no será codiciado.

10 Todas esas cosas serán rechazadas, y perecerán de la Tierra, cuando el Elegido aparezca ante la presencia del Señor de los Espíritus.

CAPÍTULO 52

1 Allí mis ojos divisaron un valle profundo con ancha entrada.

2 Todos los que habitan en la tierra, en el mar y en las islas le llevarán obsequios, regalos y ofrendas, pero ese profundo valle no estará lleno. Sus manos cometerán injusticias. Cualquier cosa que produzcan con su esfuerzo, los pecadores lo devorarán con violencia. Pero ellos perecerán del rostro del Señor de los Espíritus y de la faz de su tierra. Se levantarán y no caerán por los siglos de los siglos.

3 Contemplé los ángeles del castigo que moraban *ahí* y estaban preparando cada uno de los instrumentos de Satanás.

4 Entonces inquirí al ángel de la paz, que andaba conmigo, para quién estaban preparando esos instrumentos.

5 A lo que él contestó: Lo están preparando para los reyes y los más poderosos de la Tierra, de tal modo que estos perezcan.

6 Tras lo cual, el justo y elegido hogar de su congregación aparecerá, a partir de entonces inmutable, en el nombre del Señor de los Espíritus.

7 Esas montañas tampoco existirán en su presencia, como la tierra y las colinas, como las fuentes de agua *existen*. Y los justos recibirán alivio de la vejación de los pecadores.

CAPÍTULO 53

1 Entonces, miré y me volteé hacia otra parte de la Tierra, donde vi un profundo valle en llamas.

2 A este valle ellos trajeron a monarcas y a los poderosos.

3 Y allí mis ojos observaron los instrumentos que estaban fabricando, grilletes de hierro sin peso.[47]

4 Y pregunté al ángel de paz que me acompañaba, diciéndole: ¿Para quién se preparan estas cadenas e instrumentos?

5 A lo que me contestó: Se preparan para las huestes de Azazel, para que sean entregados y sentenciados con la más baja condena; y para que sus ángeles sean lapidados tal y como ha ordenado el Señor de los Espíritus.

6 Miguel y Gabriel, Rafael y Fanuel serán fortalecidos en ese día y los arrojarán a un horno de fuego abrasador, de modo que el Señor de los Espíritus se vengará de ellos por todos sus delitos; porque ellos se

---

47. **Sin peso.** O «de peso inconmesurable» (Knibb, pág. 138).

convirtieron en pastores de Satanás y sedujeron a aquellos que moraban en la Tierra.

7 En esos días llegará el castigo del Señor de los Espíritus y los depósitos de agua que están sobre los cielos se abrirán, así como las fuentes que están bajo los cielos y bajo la tierra.

8 Todas las aguas, que están en los cielos y sobre ellos, se mezclarán.

9 El agua que está sobre el cielo será el agente.[48]

10 Y el agua que está bajo la tierra será el recipiente[49]: y todos los que habitan sobre la tierra serán destruidos, así como los que moran bajo los confines del cielo.

11 De tal modo que comprenderán la injusticia que han cometido en la Tierra; y de ese modo perecerán.

CAPÍTULO 54

1 Más tarde, el Anciano de días se arrepintió y dijo: En vano he destruido a todos los habitantes de la Tierra.

2 Y juró por su gran nombre, *diciendo*: De ahora en adelante no volveré a actuar de esta forma con los que habitan sobre la tierra,

3 sino que colocaré una señal en los cielos[50] y será un fiel testigo entre yo y ellos para siempre, y durante

---

48. **Agente.** Literalmente, «masculino» (Laurence, pág. 61).

49. **Recipiente.** Literalmente, «femenino» (Laurence, pág. 61).

50. Compárese con Génesis 9:13: «Mi arco he puesto en las nubes, el cual será por señal de mi pacto con la tierra.»

tanto tiempo como los días del cielo y la tierra duren sobre la Tierra.

4 Más tarde, he aquí lo que sucederá según estas mis órdenes: cuando yo esté dispuesto a apoderarme de ellos de antemano, por mediación de los ángeles, en el día de la tribulación y el sufrimiento, mi ira y mi castigo caerán sobre ellos; mi ira y mi castigo, dijo Dios el Señor de los Espíritus.

5 ¡Oh Reyes, oh poderosos, que habitáis el mundo, vosotros veréis a mi Elegido sentado sobre el trono de mi gloria! Y él juzgará a Azazel, a todos sus cómplices y a todas sus huestes, en el nombre del Señor de los Espíritus.

6 Allí también divisé las huestes de ángeles que avanzaban hacia el castigo, aprisionadas en una red de hierro y bronce. Entonces interrogué al ángel de paz que iba conmigo: ¿Hacia quiénes se dirigían aquellos que estaban aprisionados?

7 Me contestó: Hacia cada uno de sus elegidos y sus bienamados[51], para que estos puedan ser arrojados a las fuentes y a profundidades más recónditas del valle.

8 Y ese valle se llenará con sus elegidos y bienamados; los días de su vida serán consumidos, pero los días de sus errores serán incontables.

9 Entonces los príncipes[52] se asociarán y conspirarán juntos. Los jefes del este, de entre los partos y

---

51. **Hacia cada uno de sus elegidos y sus bienamados.** O «cada uno a sus propios elegidos y a sus propios bienamados» (Knibb, pág. 139).
52. **Príncipes.** O «ángeles» (Charles, pág. 149; Knibb, pág. 140).

los medos, destronarán a los reyes, a quienes invadirá un espíritu de inquietud. Los derrocarán de sus tronos, como leones saltando de sus guaridas o como lobos hambrientos en medio de un rebaño.

10 Subirán y andarán por la tierra de sus elegidos. La tierra de sus elegidos aparecerá ante ellos. La era, el sendero y la ciudad de mi justo *pueblo* obstaculizarán *el avance* de sus caballos. Ellos se levantarán para destruirse; su mano derecha será fortalecida; no habrá hombre capaz de reconocer a su amigo o su hermano;

11 ni el hijo a su padre ni a su madre, hasta que el número de cadáveres sea *completo*, por su muerte y castigo. Nada de eso será en vano.

12 En esos días, la boca del infierno se abrirá y en ella se sumergirán; el infierno destruirá y se tragará a los pecadores de la faz de los elegidos.

CAPÍTULO 55

1 Tras eso, divisé otro ejército de carros, sobre los que había hombres montados.

2 Y ellos se toparon con los vientos del este, del oeste y del sur.[53]

3 Se oía el ruido de sus carros.

4 Y cuando se produjo este tumulto, los santos fuera del cielo lo percibieron; el pilar de la Tierra tembló desde su base; y el ruido se oyó desde las extremidades de la Tierra hasta las extremidades del cielo a la vez.

---

53. **Del sur.** Literalmente, «hasta el mediodía» (Laurence, pág. 63).

5 Después, todos cayeron y adoraron al Señor de los Espíritus.

6 Aquí finaliza la segunda parábola.

CAPÍTULO 56

1 Y empecé a pronunciar la tercera parábola relativa a los santos y a los elegidos.

2 Bienaventurados sois vosotros, ¡oh santos y elegidos!, pues glorioso es vuestro destino.

3 Los santos existirán en la luz del sol y los elegidos, en la luz de una vida eterna, y los días de su vida nunca terminarán, ni los días de los santos serán numerados, quienes buscan la luz y encuentran la justicia junto al Señor de los Espíritus.

4 ¡Que la paz sea con los santos en nombre del Señor del Mundo!

5 De ahora en adelante se dirá a los santos que busquen en el cielo los secretos de la justicia, una parte de la fe; porque se ha alzado como el sol sobre la tierra, mientras la oscuridad ha desaparecido. Habrá luz inagotable: tampoco podrán entrar en la enumeración del tiempo, pues la oscuridad será destruida previamente y la luz aumentará ante el Señor de los Espíritus; ante el Señor de los Espíritus la luz de la rectitud aumentará para siempre.

CAPÍTULO 57

1 En esos días mis ojos contemplaron los secretos de los rayos y de los esplendores, así como la sentencia que les pertenece.

2 Ellos relampaguean para una bendición y para una maldición, según la voluntad del Señor de los Espíritus.

3 Y allí vi los secretos del trueno, cuando retumba en lo alto del cielo y se oye su ruido.

4 También se me mostraron las moradas de la Tierra. El sonido del trueno se debe a la paz y a la bendición, así como a la maldición, de acuerdo a la palabra del Señor de los Espíritus.

5 Después de aquello, pude ver cada secreto de los esplendores y de los rayos. Relampaguean para la bendición y para la fertilidad.

CAPÍTULO 58

1 En el año quinientos, en el séptimo mes, el decimocuarto *día* del mes de la vida de Enoc, en esta parábola, vi que el cielo de los cielos se estremecía; que se sacudía violentamente y que los poderes del Altísimo y los ángeles —miles y miles y miríadas de miradas—, fueron agitados con gran excitación. Y cuando miré, el Anciano de días estaba sentado sobre el trono de su gloria, mientras los ángeles y los santos permanecían a su alrededor. Un gran temblor me alcanzó y el terror se apoderó de mí. Mi espalda se encorvó y se aflojó; mis riñones se descompusieron y caí sobre mi cara. El

santo Miguel, otro santo ángel, uno de los santos, fue mandado para levantarme.

2 Y cuando me levantó, mi espíritu regresó, pues yo era incapaz de soportar esas imágenes de violencia, ni su agitación ni la conmoción del cielo.

3 Entonces el santo Miguel me dijo: ¿Por qué te inquietan estas imágenes?

4 Hasta ahora ha existido el día de la misericordia y él ha sido misericordioso y paciente con todos los que habitan en la Tierra.

5 Pero cuando llegue el día, el poder, el castigo y el juicio *tendrán lugar*, aquel que el Señor de los Espíritus ha preparado para aquellos que se han postrado ante la sentencia de la justicia, para aquellos que reniegan de esa sentencia y para aquellos que toman el nombre de Él en vano.

6 Ese día ha sido preparado para los elegidos *como un día de* alianza y para los pecadores como un día de inquisición.

7 Ese día se distribuirán dos monstruos *como alimento*[54]: un monstruo hembra, cuyo nombre es Leviatán, que habitará en las profundidades del mar, encima de los manantiales de las aguas;

8 y un *monstruo* macho, cuyo nombre es Behemoth, que posee, *agitándose* en su pecho, la naturaleza invisible.

---

54. **Distribuirán [...] como alimento.** O «separados» (Knibb, pág. 143).

9 Su nombre era Dondaín al este del jardín, donde habitarán los elegidos y los justos, donde *lo* recibió de mi antepasado, que era hombre, de Adán, el primero de los hombres[55], que hizo el Señor de los Espíritus.

10 Después le pedí a otro ángel que me enseñara el poder de esos monstruos, cómo fueron separados el mismo día, *quedando* uno en las profundidades del mar y el otro en el seco desierto.

11 Y me dijo: Tú, hijo del hombre, estás deseoso de comprender todas las cosas secretas.

12 Y el ángel de paz, que iba conmigo, explicó: Estos dos monstruos están por obra de Dios preparados para devenir alimento, de modo que el castigo de Dios no sea en vano.

13 Entonces los niños serán asesinados con sus madres y los hijos varones, con sus padres.

14 Y cuando el castigo del Señor de los Espíritus prosiga, sobre ellos continuará, para que el castigo del Señor de los Espíritus no tenga lugar en vano. Después de esto, el juicio existirá con misericordia y paciencia.

CAPÍTULO 59

1 Luego, otro ángel que me acompañaba me habló;

2 y me enseñó el primer y último secreto, en lo alto del cielo y en la profundidad de la tierra:

---

55. **Lo recibió de [...] el primero de los hombres.** O «De mi [bis] abuelo, el séptimo después de Adán» (Charles, pág. 155). Esto sugiere que este capítulo del libro fue escrito por Noé, descendiente de Enoc, más que por Enoc. Algunos estudiosos han conjeturado que esta parte del libro podría contener fragmentos del perdido Apocalipsis de Noé.

3 en los confines del cielo y en su base, y en los receptáculos de los vientos.

4 *Me mostró* cómo sus espíritus fueron divididos, cómo fueron pesados y cómo tanto los manantiales como los vientos fueron contados según la fuerza de su espíritu.

5 *Me mostró* el poder de la luz de la Luna, que es justo, así como las divisiones de las estrellas, según sus respectivos nombres;

6 *que* toda división es dividida; que el rayo destella;

7 que sus tropas obedecen inmediatamente y que el cese tiene lugar durante el estruendo continuado del trueno. Ni el trueno ni el rayo están separados, ni ninguno de los dos se desplaza con un espíritu; aún no están separados.

8 Pues cuando el rayo relampaguea, el trueno retumba, y el espíritu se detiene en un momento concreto, produciendo una división idéntica entre ellos; porque el depósito, del cual dependen sus periodos de tiempo, es *suelto* como la arena. Cada uno de ellos, en una estación concreta, está sujeto por una brida; y es girado por la fuerza del espíritu, que así *los* impulsa según la espaciosa extensión de la tierra.

9 Asimismo el espíritu del mar es potente y vigoroso y, como un gran poder lo hace retroceder, de igual modo es alejado y esparcido contra las montañas de la Tierra. El espíritu de la escarcha tiene su ángel; en el espíritu del granizo hay un buen ángel; el espíritu de la nieve cesa por su propia fuerza y habita en él un

espíritu solitario, que asciende de él como el vapor y se denomina refrigeración.

10 También el espíritu de la niebla habita con ellos en su receptáculo, pero tiene un recipiente particular, porque su recorrido está en el esplendor,

11 en la luz y en la oscuridad, en invierno y en verano. Su recipiente es brillante y hay un ángel *en él*.

12 El espíritu del rocío *tiene* su morada en los confines del cielo, con relación a los recipientes de la lluvia; y su recorrido tiene lugar en invierno y en verano. La nube que produce y la nube de la niebla están unidas —una da a la otra—, y cuando el espíritu de la lluvia se activa en su recipiente, los ángeles se acercan y, abriendo su recipiente, lo hacen salir.

13 Y cuando la lluvia rocía toda la tierra, forma una unión entre cada clase de agua que hay en el suelo; pues las aguas permanecen en el suelo, porque nutren la tierra desde el Altísimo, que está en el cielo.

14 Por este motivo la cantidad de lluvia, que reciben los ángeles, está regulada.

15 Yo vi todas estas cosas; todas ellas, incluso el paraíso.

CAPÍTULO 60

1 Durante esos días vi unas largas cuerdas dadas a esos ángeles, que ataron a sus alas y volaron, avanzando hacia el norte.

2 Y yo inquirí al ángel, diciéndole: ¿Por qué han cargado esas cuerdas y se han ido? Él me contestó: Se han marchado para medir.

3 El ángel que iba conmigo me dijo: Esas son las medidas de los justos y las cuerdas traerán a los justos, para que crean en el nombre del Señor de los Espíritus por los siglos de los siglos.

4 Los elegidos empezarán a habitar con los elegidos.

5 Y esas medidas son las que serán dadas a la fe y *las que* fortalecerán las palabras de la justicia.

6 Esas medidas revelarán todos los secretos de las profundidades de la tierra.

7 Y *sucederá que* los que han sido destruidos en el desierto y los que han sido devorados por los peces del mar y por las bestias salvajes, volverán y creerán en el día del Elegido, porque nadie perecerá ante el Señor de los Espíritus ni nadie será susceptible de perecer.

8 Entonces todos *los que estaban* arriba, en el cielo, recibieron la orden; se les dio la suma del poder, de la voz y del esplendor, como fuego.

9 Primero, con *su* voz, lo bendijeron y lo exaltaron, lo glorificaron con sabiduría y se la atribuyeron con la palabra y con el aliento de la vida.

10 Luego, el Señor de los Espíritus sentó en el trono de su gloria al Elegido;

11 el cual juzgará todas las obras de los santos, arriba en el cielo, y con una balanza pesará sus actos. Y cuando él levante su rostro para juzgar sus conductas secretas en la palabra del nombre del Señor de los Espíritus, y su trayectoria en el camino del juicio justo del Altísimo Dios,

12   ellos hablarán al unísono y bendecirán, glorificarán, exaltarán y alabarán en el nombre del Señor de los
Espíritus.

13   Él clamará a todos los poderes del cielo, a todos
los santos en las alturas y al poder de Dios. Los querubines, los serafines y los ofanines, todos los ángeles de
poder y todos los ángeles de los Señores, esto es, del
Elegido y del otro Poder, que *estaba* sobre la tierra y
por encima del agua ese día,

14   alzarán su voz unida y bendecirán, glorificarán,
alabarán y exaltarán con el espíritu de la fe, con el espíritu de la sabiduría y de la paciencia, con el espíritu
de la misericordia, con el espíritu del juicio y de la paz
y con el espíritu de la bondad; todos dirán con una sola
voz: Bendito es Él y bendito sea el nombre del Señor
de los Espíritus, por siempre jamás; todos los que no
duermen lo bendecirán en lo alto del cielo.

15   Todos los santos que están en el cielo lo bendecirán; todos los elegidos que moran en el jardín de la
vida, y todo espíritu de luz capaz de bendecir, glorificar, exaltar y alabar tu santo nombre; y todo hombre
mortal[56], más que los poderes *del cielo*, glorificará y
bendecirá tu nombre por los siglos de los siglos.

16   Porque inmensa es la misericordia del Señor de
los Espíritus; es tardo en airarse; y todas sus obras, su
poder, son tan grandes como las cosas que ha creado y
ha revelado a los santos y a los elegidos, en el nombre
del Señor de los Espíritus.

---

56. **Todo hombre mortal.** Literalmente, «toda carne» (Laurence, pág. 73).

CAPÍTULO 61

1 Así ordenó el Señor a los reyes, a los príncipes y a los glorificados y a los que habitan la Tierra, diciendo: Abrid los ojos y elevad vuestros cuernos si sois capaces de reconocer al Elegido.

2 Y el Señor de los Espíritus se sentó en el trono de su gloria.

3 El Espíritu de la justicia se derramó sobre Él.

4 La palabra de su boca destruirá a todos los pecadores y todos los impíos, quienes perecerán en su presencia.

5 En ese día, todos los reyes, los príncipes, los glorificados y aquellos que poseen la Tierra se levantarán, observarán y percibirán que está sentado en el trono de su gloria, que ante él los santos serán juzgados en justicia;

6 y que nada de aquello que sea dicho ante él será *pronunciado* en vano.

7 Las preocupaciones caerán sobre ellos, como en una mujer parturienta, cuyo parto es arduo, cuando su hijo asoma por la boca del útero y ella tiene dificultades para dar a luz.

8 Una parte de ellos mirará a la otra. Estarán estupefactos y se tornarán humildes;

9 y la angustia se apoderará de ellos cuando contemplen a este Hijo de mujer sentado sobre el trono de su gloria.

10 Entonces los reyes, los príncipes y aquellos que poseen la Tierra glorificarán al que reina sobre todas

las cosas, el que estaba oculto; porque, si bien desde siempre ha existido en secreto, pues el Altísimo lo guardaba en presencia de su poder, luego fue revelado a los elegidos.

11 Él reunirá a la congregación de los santos y de los elegidos, y todos los elegidos estarán ante él ese día.

12 Todos los reyes, los príncipes, los glorificados y aquellos que gobiernan sobre la Tierra caerán sobre su rostro ante él y lo adorarán.

13 Y pondrán sus esperanzas en este Hijo del hombre, le rezarán y le pedirán misericordia.

14 Entonces el Señor de los Espíritus se apresurará para expulsarlos de su presencia. Sus rostros se llenarán de confusión y las tinieblas cubrirán sus caras. Los ángeles los conducirán al castigo, para que la venganza recaiga sobre quienes han oprimido a sus hijos y a sus elegidos. Y ellos devendrán un ejemplo para los santos y sus elegidos. A través de ellos serán felices, porque la cólera del Señor de los Espíritus pesará sobre ellos.

15 Más tarde la espada del Señor de los Espíritus se embriagará con su sangre, pero ese día los santos y los elegidos serán salvados y nunca más verán el rostro de los pecadores y de los impíos.

16 El Señor de los Espíritus permanecerá sobre ellos:

17 y ellos habitarán, comerán, se acostarán y se levantarán con este Hijo del hombre por los siglos de los siglos.

18 Los santos y los elegidos se han levantado de la tierra, han dejado de abatir su rostro y han sido vestidos con el traje de la vida. Estas prendas de la vida están con el Señor de los Espíritus, en cuya presencia vuestro vestido no envejecerá ni vuestra gloria disminuirá.

CAPÍTULO 62

1 En esos días, los reyes que poseen la Tierra serán castigados por los ángeles de su ira, allá donde sea que les liberen, y así él les dará paz durante un tiempo; para que se postren y oren ante el Señor de los Espíritus y así confiesen sus pecados ante Él.

2 Y bendecirán y glorificarán al Señor de los Espíritus, diciendo: Bendito es el Señor de los Espíritus, el Señor de los reyes, el Señor de los príncipes, el Señor de los ricos, el Señor de gloria y el Señor de sabiduría.

3 Él iluminará toda cosa secreta.

4 Tu poder es de generación en generación y tu gloria, por los siglos de los siglos.

5 Profundos e innumerables son todos tus secretos, y tu justicia es incalculable.

6 Ahora sabemos que debimos glorificar y bendecir al Señor de los reyes, a él que es el Rey sobre todas las cosas.

7 Ellos también dirán: ¿Quién nos ha proporcionado reposo para glorificar, alabar, bendecir y confesar en presencia de su gloria?

8 Y ahora poco es el reposo que anhelamos, pero no lo encontramos; lo rechazamos sin poseerlo. La luz

se desvanece ante nosotros y la oscuridad *ha cubierto* nuestros tronos por los siglos de los siglos.

9 Porque no nos hemos confesado ante Él; no hemos glorificado el nombre del Señor de Reyes; no hemos glorificado a nuestro Señor en todas sus obras, sino que hemos creído en el cetro de nuestro mando y de nuestra gloria.

10 El día de nuestra tribulación y de nuestro sufrimiento, no nos salvará ni seremos capaces de hallar descanso. Confesamos que nuestro Señor es fiel en todos sus juicios y en todas sus sentencias y en su justicia.

11 En sus juicios no se congracia con personas; y debemos alejarnos de su presencia, a causa de nuestros actos malvados.

12 Todos nuestros pecados son realmente incontables.

13 Después ellos mismos se repetirán: Nuestras almas están colmadas de armas criminales;

14 pero estas no nos impiden descender a las entrañas llameantes del infierno.

15 Después, sus semblantes se cubrirán de oscuridad y de confusión ante el Hijo del hombre, y serán expulsados de su presencia y la espada permanecerá ante él para expulsarlos.

16 Así habló el Señor de los Espíritus: Este es el decreto y la sentencia contra los príncipes, los reyes, los glorificados y los que poseen la Tierra, ante el Señor de los Espíritus.

CAPÍTULO 63

También vi otros rostros en ese lugar secreto. Oí la voz de un ángel que decía: Éstos son los ángeles que han descendido del cielo a la tierra y han revelado secretos a los hijos de los hombres, y les han seducido para que cometieran pecados.

CAPÍTULO 64[57]

1 En esos días, Noé vio que la Tierra se iba inclinando y que se acercaba la destrucción.

2 Luego se puso en marcha y se dirigió a los confines de la Tierra, hacia la morada de su bisabuelo Enoc.

3 Y Noé gritó con voz amarga: «Escúchame, escúchame, escúchame», tres veces. Y dijo: Dime qué es lo que se está tramando sobre la Tierra, porque agoniza y se tambalea violentamente. Sin duda yo también pereceré con ella.

4 Tras ello hubo una gran sacudida en la tierra y una voz se oyó desde el cielo. Caí sobre mi rostro, cuando mi bisabuelo Enoc vino y permaneció junto a mí.

5 Me dijo: ¿Por qué me has gritado con esa amarga voz, lamentándote?

6 El Señor ha pronunciado un mandamiento contra aquellos que habitan la Tierra, de que van a ser aniquilados, puesto que conocen todos y cada uno de los secretos de los ángeles, cada poder tiránico y secreto

---

57. Los capítulos 64, 65, 66 y el primer versículo del 67 evidentemente consignan la visión de Noé y no la de Enoc (Laurence, pág. 78).

de los demonios[58], y cada poder de los que practican la brujería, así como de los que funden las *imágenes* de metal por toda la tierra.

7 *Saben* cómo se produce la plata con el polvo de la tierra y que el *metal* fundido existe en la Tierra; porque el plomo y el estaño no se obtienen de la tierra, como fuente primaria de su producción.

8 Hay un ángel que permanece a su lado y este ángel lucha por prevalecer.

9 A continuación, mi bisabuelo Enoc me agarró con su mano, me levantó, y me dijo: Vete, porque he preguntado al Señor de los Espíritus sobre esta agitación de la tierra y me ha contestado: A causa de su impiedad sus innumerables juicios han sido consumados ante mí. En cuanto a las lunas, han preguntado y han sabido que la Tierra perecerá con aquellos que la habitan[59] y que para estos *no* habrá jamás *lugar* alguno en el que refugiarse.

10 Ellos han descubierto secretos y *son ellos* quienes han sido juzgados; pero no tú, hijo mío. El Señor de los Espíritus sabe que tú eres puro y bueno, *libre* de este reproche de *revelar* los misterios.

11 Él, el Santo, consagrará tu nombre entre los santos y te protegerá de los que habitan en la Tierra. Implantará tu progenie en la justicia, con dominio y gran

---

58. **Los demonios.** Literalmente, «los satanes» (Laurence, pág. 78).
59. **En cuanto a las lunas, [...] que la habitan.** O «debido a los sortilegios que ellos han buscado y aprendido, la tierra será destruida con los que la habitan» (Knibb, pág. 155).

gloria[60]; y de tu progenie brotarán un sinnúmero de hombres justos y santos, por siempre jamás.

CAPÍTULO 65

1 Después de esto él me mostró los ángeles del castigo, que estaban preparados para venir y abrir las poderosas aguas bajo la tierra:

2 para que juzguen y destruyan a todos aquellos que permanecen y habitan en la Tierra.

3 Y el Señor de los Espíritus ordenó a los ángeles que salían que no tomasen a los hombres, [sino] que *los* protegieran.

4 Porque los ángeles *gobernaban* todas las poderosas aguas. Entonces yo me separé de la presencia de Enoc.

CAPÍTULO 66

1 En esos días la palabra de Dios se me reveló y me dijo: Noé, he aquí que tu destino ha ascendido hasta mí, un destino en el que no hay reproche, un destino de amor y de rectitud.

2 Entonces los ángeles trabajarán en los bosques[61], pero cuando pasen a esto, yo extenderé mi mano sobre ello y yo lo guardaré.

3 Y la semilla de la vida saldrá de ahí y habrá un cambio para que la tierra firme no quede deshabitada.

---

60. **Con dominio y gran gloria.** Literalmente, «para la realeza y para grandes honores» (Laurence, pág. 79).

61. **Los ángeles trabajarán en los bosques.** O «hacen (una estructura) de madera» (Knibb, pág. 156).

Y yo asentaré tu progenie ante mí por los siglos de los siglos, y la semilla de aquellos que habitan contigo en la superficie de la Tierra. Será bendita y se multiplicará en presencia de la tierra, en el nombre del Señor.

4 Y ellos encerrarán a aquellos ángeles que se han mostrado irreverentes. En ese valle ardiente *es donde serán encerrados*, el que primeramente mi bisabuelo Enoc me había mostrado en el oeste, donde había montañas de oro, de plata, de hierro, de metal fundido y de estaño.

5 Contemplé ese valle donde había una gran agitación y *donde* las aguas estaban agitadas.

6 Y cuando todo eso tuvo lugar, de la masa fluida de fuego y de la perturbación que se imponía[62] en ese lugar, emanó un fuerte olor de azufre, que se mezcló con las aguas; y el valle de los ángeles, acusados de seducción, ardió por debajo de su suelo.

7 Por ese valle también manaban ríos de fuego, adonde serán condenados los ángeles que han seducido a los habitantes de la Tierra.

8 Durante esos días, esas aguas serán para los reyes, los príncipes, los glorificados y los que habitan la Tierra, para la curación del alma y del cuerpo y para el juicio del espíritu.

9 Sus espíritus estarán repletos de jolgorio[63], de manera que serán juzgados en sus cuerpos, porque han

---

62. **La perturbación que se imponía.** Literalmente, «las agitaba» (Laurence, pág. 81).
63. **Jolgorio.** O «lujuria» (Knibb, pág. 157).

renegado del Señor de los Espíritus y, *aunque* ellos ven su condena día tras día, no creen en su nombre.

10 Y dado que la inflamación de sus cuerpos será inmensa, sus espíritus sufrirán un cambio por los siglos de los siglos.

11 Porque ninguna palabra pronunciada ante el Señor será en vano.

12 La sentencia ha caído sobre ellos, porque creyeron en la voluptuosidad de su carne y renegaron del Señor de los Espíritus.

13 En esos días las aguas de ese valle serán modificadas, porque cuando los ángeles sean juzgados, el calor de esos manantiales experimentará un cambio.

14 Y cuando los ángeles asciendan, el agua de los manantiales sufrirá *una vez más* un cambio y se congelará. Entonces escuché al santo Miguel que contestaba diciendo: Esta sentencia, con la que los ángeles serán juzgados, supondrá un testimonio contra los reyes, los príncipes y aquellos que poseen la Tierra.

15 Pues estas aguas de juicio servirán para su curación y para la muerte[64] de sus cuerpos. Pero ellos no percibirán ni creerán que estas aguas cambiarán y se convertirán en un fuego que arderá para siempre.

CAPÍTULO 67

1 Después de aquello, me proporcionó las señales características[65] de todas las cosas secretas en el libro de

---

64. **Muerte.** O «lujuria» (Charles, pág. 176; Knibb, pág. 158).
65. **Señales características.** Literalmente, «los signos» (Laurence, pág. 83).

mi bisabuelo Enoc y en las parábolas que le habían sido reveladas, intercalándolas entre las palabras del libro de las parábolas.

2 En ese instante, el santo Miguel contestó diciéndole a Rafael: El poder del espíritu me aleja y me impulsa. La gravedad de la sentencia, de la sentencia secreta de los ángeles, ¿quién será capaz *de mantener* la mirada —resistir esa grave sentencia que ha tenido lugar y ha devenido permanente— sin derretirse al contemplarla? El santo Miguel tomó de nuevo la palabra y le contestó al santo Rafael: ¿Existe alguien cuyo corazón no se ablande con eso y cuyos riñones no se turben por ello?

3 El juicio se ha pronunciado sobre ellos, por aquellos que una vez los sacaron a rastras, y sucedió cuando ellos estuvieron ante el Señor de los Espíritus.

4 De la misma manera, el santo Rakael le explicó a Rafael: Ellos no estarán ante los ojos del Señor[66], ya que el Señor de los Espíritus se ha ofendido con ellos; porque se han comportado como si fueran Señores[67]. Por eso, les llevará una sentencia secreta por los siglos de los siglos.

5 Así no habrá ángel ni hombre que reciba una parte de ello; pero individualmente recibirán su sentencia por los siglos de los siglos.

---

66. **Ellos no estarán ante los ojos del Señor.** O «Yo no seré para ellos, a los ojos del Señor» (Knibb, pág. 159).
67. **Como si fueran Señores.** O «ellos se conducen como si ellos fueran el Señor» (Knibb, pág. 159).

CAPÍTULO 68

1 Tras esa sentencia ellos estarán atónitos e irritados, porque se exhibirá a los habitantes de la Tierra.

2 He aquí los nombres de esos ángeles. Estos son sus nombres: el primero de ellos es Semiaza; el segundo, Arstiquifa; el tercero, Armen; el cuarto, Kokabel; el quinto, Turel; el sexto, Rumial; el séptimo, Daniel; el octavo, Kael; el noveno, Baraquiel; el décimo, Azazel; el undécimo, Armaros; el duodécimo, Batarial; el décimo tercero, Basasael; el décimo cuarto, Hananel; el décimo quinto, Turial; el décimo sexto, Simapisel; el décimo séptimo, Yetariel; el décimo octavo, Tumael; el décimo noveno, Tariel; el vigésimo, Rumael y el vigésimo primero Azaziel.

3 Estos son los jefes de sus ángeles y los nombres de los líderes de sus centenas, los jefes de sus cincuentenas y los líderes de sus decenas.

4 El nombre del primero es Yeqon[68], el que sedujo a todos los hijos de los santos ángeles, y les causó el descenso a la Tierra, llevando por mal camino a los descendientes de los hombres.

5 El nombre del segundo es Kesabel, quien dio un mal consejo a los hijos de los santos ángeles y les indujo a corromper sus cuerpos al engendrar la humanidad.

6 El tercero es Gadriel: él divulgó a los niños de los hombres cada golpe mortal.

7 Él sedujo a Eva y mostró a los hijos de los hombres los instrumentos de la muerte, la cota de malla, el

---

68. Quizás **Yeqon** significa sólo «el rebelde» (Knibb, pág. 160).

escudo y la espada para la matanza; todos los instrumentos de muerte a los hijos de los hombres.

8 De su mano obtuvieron *esas cosas* los que habitan en la Tierra, desde ese momento y para siempre.

9 El nombre del cuarto es Panemue: él mostró a los hijos de los hombres la amargura y la dulzura;

10 y les enseñó cada uno de los secretos de su sabiduría.

11 Enseñó a los hombres a leer y *el uso de* la tinta y el papel.

12 Así, numerosos son los que se han desviado en cada época del mundo hasta el día de hoy.

13 Porque los hombres no nacieron para esto, más que para dejar constancia de su fe con la pluma y la tinta;

14 pues los hombres no fueron creados, salvo como los ángeles, para permanecer justos y puros.

15 Tampoco la muerte, que todo lo destruye, los ha afectado;

16 pero debido a ese conocimiento perecen, y por eso también *su* poder *los* devora.

17 El nombre del quinto es Kasiade: éste reveló a los hijos de los hombres los golpes malvados de los espíritus y de los demonios:

18 los golpes que atacan al embrión en el vientre para que *este* sucumba[69]; el golpe del espíritu *por* la

---

69. **Los golpes [...] para que este sucumba.** O «los golpes (que atacan) el embrión en el seno para que éste sea abortado» (Knibb, pág. 162).

picadura de la serpiente y el golpe *dado* a mediodía por el hijo de la serpiente, cuyo nombre es Tabaet.[70]

19 Este es el turno de Kasbel, la parte principal del juramento que el Altísimo, que vive en la gloria, reveló a los santos.

20 Su nombre es Beka. Este habló con el santo Miguel para revelarles el sagrado nombre, para que ellos pudieran entender el nombre secreto y así recordar el juramento, y para que aquellos que han revelado cada secreto a los hijos de los hombres tiemblen ante este nombre y este juramento.

21 Así es el poder de ese juramento: poderoso y fuerte.

22 Y él dispuso este juramento de Akae por mediación del santo Miguel.

23 Estos son los secretos de este juramento, y gracias a él se confirmaron.

24 El cielo quedó a expensas *de él* antes de que el mundo fuera creado, para siempre.

25 Según él, la Tierra ha sido creada a partir del diluvio, mientras las agitadas aguas salían de las partes ocultas de las montañas, desde la creación del mundo hasta la eternidad.

26 Según este juramento, el mar ha sido creado, así como sus orígenes.

27 Durante el tiempo de *su* cólera, él le ha colocado la arena, que sigue inalterable para siempre; y por este

---

70. **Tabaet.** Literalmente, 'macho' o 'fuerte' (Knibb, pág. 162).

juramento, el abismo ha sido fortalecido, y no se puede quitar de su ubicación por los siglos de los siglos.

28 Según este juramento, el Sol y la Luna completan su curso, sin cambios bruscos, siguiendo la orden que se les dio, por siempre jamás.

29 Y por este juramento, las estrellas cumplen su curso;

30 y cuando se las llama por su nombre, ellas regresan y responden, eternamente.

31 Así, *en* los cielos *se producen* los soplos de los vientos: todos tienen aliento[71] y *llevan a cabo* una completa combinación de respiros.

32 Allí se guardan los tesoros del trueno y la luz resplandeciente del rayo.

33 Allí se guardan los tesoros del granizo y de la escarcha, los tesoros de la nieve, los tesoros de la lluvia y del rocío.

34 Todos estos se confiesan y alaban ante el Señor de los Espíritus.

35 Ellos se glorifican con todo el poder de la alabanza, y los sustenta en toda esa *acción de* gracias, mientras ellos loan, glorifican y exaltan el nombre del Señor de los Espíritus, por siempre jamás.

36 Y con ellos él establece este juramento, por el cual ellos y sus senderos están protegidos; su curso no perecerá.

37 Inmensa era su alegría.

---

71. **Aliento.** O «espíritus» (Laurence, pág. 87).

38 Ellos bendijeron, glorificaron y alabaron porque les había sido revelado el nombre del Hijo del hombre.

39 Se sentó sobre el trono de su gloria; y la parte principal del juicio se le asignó a él, Hijo del hombre. Los pecadores desaparecerán y perecerán de la faz de la Tierra, mientras que los que los sedujeron serán encadenados por los siglos de los siglos.

40 Serán encarcelados según su grado de corrupción y todas sus obras desaparecerán de la faz de la Tierra. Y a partir de entonces no habrá nadie a quien corromper, pues el Hijo del hombre ha sido visto sentado en el trono de su gloria.

41 Y todo lo perverso desaparecerá y se alejará de su presencia; y la palabra del Hijo del hombre devendrá poderosa ante el Señor de los Espíritus.

42 Esta es la tercera parábola de Enoc.

CAPÍTULO 69

1 Después de eso el nombre del Hijo del hombre, que vivía junto al Señor de los Espíritus, fue alabado por los habitantes de la Tierra.

2 Y fue glorificado en los carruajes del Espíritu; y el nombre salió entre ellos.

3 Desde ese día ya no fui atraído hacia ellos, pero él me sentó entre dos espíritus, entre el norte y el oeste, donde los ángeles recibieron sus cuerdas con el fin de medir un lugar para los elegidos y los justos.

4 Allí contemplé a los padres de los primeros hombres y a los santos, que residen en ese lugar por siempre.

CAPÍTULO 70

1 Después mi espíritu fue ocultado y ascendió a los cielos. Contemplé a los hijos de los santos ángeles que caminaban sobre un fuego llameante y cuyos trajes y túnicas eran blancos y cuyos rostros eran transparentes como el cristal.

2 Vi dos ríos de fuego que brillaban como el jacinto.

3 Después caí sobre mi rostro ante el Señor de los Espíritus.

4 Y Miguel, uno de los arcángeles, me agarró la mano derecha, me levantó y me condujo *hasta* donde *había* todos los secretos *de* misericordia y *de* justicia.

5 Él me enseñó todos los secretos de los confines del cielo, todos los depósitos de estrellas y todo su resplandor, de donde salieron ante el rostro de los santos.

6 Y él escondió el espíritu de Enoc en el cielo de los cielos.

7 Allí descubrí, en medio de esa luz, una construcción erigida con bloques de hielo;

8 y entre esos bloques [había] vibraciones[72] de fuego vivo. Mi espíritu vio, alrededor del círculo de esa estancia llameante, en uno de sus extremos, *que había* ríos llenos de fuego vivo que la rodeaban.

9 Entonces, los serafines, los querubines y los ofanines[73] la rodearon: estos son los que nunca duermen, pero vigilan el trono de su gloria.

---

72. **Vibraciones.** Literalmente, «lenguas» (Laurence, pág. 90).
73. **Ofanines.** Las ruedas de Ezequiel 1:15–21 (Charles pág. 162).

10 Vi innumerables ángeles, miles de miles y miríadas de miríadas, rodear esa casa.

11 Miguel, Rafael, Gabriel, Fanuel y los santos ángeles que estaban arriba en los cielos, entraban y salían de ella. Miguel, Rafael y Gabriel, e incontables santos ángeles salieron de esa morada.

12 Con ellos estaba el Anciano de días, cuya cabeza *era* blanca y pura como la lana y sus vestidos *eran* indescriptibles.

13 Caí sobre mi rostro, mientras todo mi cuerpo se disolvía y mi espíritu se transformaba.

14 Grité con una voz fuerte, con un poderoso espíritu, bendiciendo, glorificando y exaltando.

15 Y esas bendiciones, que salieron de mi boca, resultaron aceptables en presencia del Anciano de días.

16 El Anciano de días vino con Miguel y Gabriel, Rafael y Fanuel y miles de miles y miríadas de miríadas [de ángeles] innumerables.

17 Posteriormente, ese ángel vino a mí y me saludó con la voz, diciéndome: Tú eres el Hijo del hombre[74], que ha nacido para la justicia, y esta descansa en ti.

18 La justicia del Anciano de días no te abandonará.

19 Dijo: A ti te confiará la paz en nombre del mundo existente, porque de ahí ha salido la paz desde que el mundo fue creado.

74, 75. **Hijos del hombre.** La traducción original de Laurence dice: «descendiente del hombre». Knibb (pág. 166) y Charles (pág. 185) indican que debe ser «Hijo del hombre» en correspondencia con las demás apariciones de ese término en el Libro de Enoc. (Véase *Los misterios prohibidos de Enoc*, pág. 23)

20 Y así te sucederá, por los siglos de los siglos.

21 Todo el que exista y todo el que ande sobre tu camino de justicia no te abandonará jamás.

22 Contigo estarán sus moradas, contigo su destino; de ti no serán separadas, por los siglos de los siglos.

23 Y así la duración de los días será con el Hijo del hombre.[75]

24 La paz será para los justos y estos perseguirán el sendero de la integridad, en nombre del Señor de los Espíritus, eternamente.

CAPÍTULO 71

1 El libro de las revoluciones de las luminarias del cielo, según cada una de sus categorías, de sus respectivos poderes, de su correspondiente período, de sus respectivos nombres, los lugares donde iniciaron su trayectoria y sus meses correspondientes, los cuales Uriel, el santo ángel que estaba conmigo, me explicó; él es el que las guía. Su entera explicación, según todos los años del mundo para siempre, hasta que sea realizada una nueva obra, que será eterna.

2 Esta es la primera ley de las luminarias. El sol y la luz llegan a las puertas del cielo, situadas al este, y a su oeste en las puertas occidentales del cielo.

3 He contemplado las puertas que están donde sale el sol y las puertas donde el sol se pone;

4 En esas puertas también sale y se pone la luna, y *vi* los guías de las estrellas, entre los que las preceden; *había* seis *puertas* en el nacimiento del sol y otras seis a poniente.

5 Todas ellas, respectivamente, una tras otra, están a la misma altura; y había numerosas ventanas a derecha e izquierda de esas puertas.

6 La primera procede de esa gran luminaria, denominada Sol, cuya esfera es la esfera del cielo, y está completamente repleta de un espléndido y llameante fuego.

7 El viento azota su carruaje, al ascender.

8 El sol se pone en el cielo, y, regresando por el norte para ir al este, es guiado de manera que entre por la puerta e ilumine la faz del cielo.

9 Igualmente sale en el primer mes por una gran puerta.

10 Pasa por la cuarta de esas seis puertas que están en el amanecer del sol.

11 En esta cuarta puerta, por la que sale el sol con la luna, durante la primera parte de ese mes[76], hay doce ventanas abiertas, por donde sale una llama, cuando se abren en sus correspondientes tiempos.

12 Cuando el sol sale en el cielo, pasa por esta cuarta puerta durante treinta días, y por la cuarta puerta al oeste del cielo a la par con esta, desciende.

13 Durante ese período, el día se alarga con el día y la noche se acorta con la noche durante treinta días. Y después, el día se alarga dos veces más que la noche.

14 El día tiene exactamente diez partes y la noche tiene ocho partes.

---

76. **Por la que sale el sol [...] parte de este mes.** O «por donde sale el sol durante el primer mes» (Knibb, pág. 168).

15 El sol cruza esta cuarta puerta y se pone en ella, y se voltea hacia la quinta puerta durante treinta días; tras eso, nace y se pone por esta quinta puerta.

16 Entonces el día se alarga en una segunda parte, así tiene once partes; mientras que la noche se acorta y tiene solo siete partes.

17 *Ahora* el sol vuelve al este y entra en la sexta puerta y nace y se pone por la sexta puerta durante treinta y un días, según sus signos.

18 Durante ese período, el día es más largo que la noche, siendo el doble *de largo que* la noche y posee así doce partes;

19 pero la noche se acorta y tiene seis partes. Entonces el sol se eleva, para que el día se acorte y la noche se alargue.

20 Y el sol regresa al este y entra en la sexta puerta, donde sale y se pone durante treinta días.

21 Cuando se completa el período, el día se acorta exactamente una parte, para tener once partes, mientras la noche posee siete partes.

22 Luego el sol sale del oeste, por esa sexta puerta, y va al oriente, para salir por la quinta puerta durante treinta días, poniéndose de nuevo en occidente por la quinta puerta del oeste.

23 En esa época, el día se acorta dos partes, y tiene diez partes, mientras que la noche tiene ocho partes.

24 Entonces el sol sale de la quinta puerta y se pone por la quinta puerta al oeste; y nace por la cuarta puerta durante treinta y un días, a causa de sus signos, y se pone por el oeste.

25 En esa época, el día es igual a la noche y, al ser iguales, la noche es de nueve partes y el día de nueve partes.

26 A continuación el sol sale por esa puerta pues se pone por el oeste, y, al volver al este, sigue por la tercera puerta durante treinta días y se pone al oeste por la tercera puerta.

27 En esa época, la noche es más larga que el día durante treinta mañanas, y el día se reduce del día durante treinta días; la noche tiene exactamente diez partes y el día, ocho.

28 El sol sale por esa tercera puerta y se pone por la tercera puerta al oeste; pero al regresar al este, sale por la segunda puerta del este durante treinta días.

29 De igual modo se pone por la segunda puerta al oeste del cielo.

30 Y en esa época la noche tiene once partes y el día, siete.

31 Entonces el sol sale en esa época por esa segunda puerta y se pone por la segunda puerta al oeste; pero regresa al este, desde la primera puerta, durante treinta y un días.

32 Y se pone al oeste por la primera puerta.

33 En ese período la noche vuelve a ser tan larga como el día.

34 Mide doce partes exactamente, mientras el día tiene seis partes.

35 El sol ha completado *así* sus inicios, y vuelve una segunda vez sobre sus inicios.

36 En esa [primera] puerta entra durante treinta días y se pone por el oeste, por la parte opuesta *del cielo*.

37 Durante esa época la noche se acorta un cuarto; es decir, una parte, para pasar a poseer once partes.

38 El día posee siete partes.

39 Entonces el sol regresa y entra en la segunda puerta al este.

40 Vuelve sobre sus orígenes durante treinta días, saliendo y poniéndose.

41 En ese tiempo, la noche acorta su duración. Pasa a poseer diez partes y el día, ocho partes. Entonces, el sol nace por esa segunda puerta y se pone por el oeste, pero vuelve al este y sale por el este, por la tercera puerta, treinta y un días, y se pone por el oeste del cielo.

42 Durante ese período, la noche se acorta; tiene nueve partes. Y la noche es igual al día. El año tiene exactamente trescientos sesenta y cuatro días.

43 La duración del día y de la noche, así como la contracción del día y de la noche, sirven para diferenciarse la una de la otra, por la trayectoria del Sol.

44 Es por esa trayectoria que el día se alarga diariamente y la noche se acorta mucho más.

45 He ahí la ley y la trayectoria del Sol, y su rotación cuando regresa, girando sesenta días[77], y saliendo. Esta es la grande y eterna luminaria, que él denomina Sol, por los siglos de los siglos.

_____

77. Es decir que está 60 días en las mismas puertas, o sea 30 días dos veces cada año (Laurence, pág. 97).

46 Y esto también es todo lo que sale de una gran luminaria y que es nombrado según su propia apariencia, como lo ha ordenado Dios.

47 Y así entra y sale, sin aflojar ni reposar, sino continuando en su carruaje de día y de noche. Brilla con la séptima parte de luz de la luna[78], pero las dimensiones de ambos son iguales.

CAPÍTULO 72

1 Tras esa ley vi otra ley de una luminaria inferior cuyo nombre es Luna y cuya esfera es como la del cielo.

2 El viento azota el carro, *que* secretamente hace ascender, y la luz le es dada midiéndola.

3 Cada mes, a su salida y entrada, cambia y sus ciclos son como los del sol. Y cuando, de igual manera, su luz llega a existir[79], su luz es una séptima parte de la luz del sol.

4 Así, sale y en sus inicios va hacia el este durante treinta días.

5 En ese momento aparece y es para vosotros el principio del mes. Treinta días está con el sol, en la puerta por donde este sale.

---

78. **Brilla con la séptima parte de luz de la luna.** O «y su luz brilla siete veces más que la de la luna» (Knibb, pág. 171.) Los textos arameos describen con mayor claridad la forma en que la luna crece y mengua en un rango de medio séptimo cada día. Aquí, en la versión etíope, la luna es concebida como hecha de dos mitades, cada una de las cuales está dividida en siete partes. De ahí las catorce partes de 72:9–10 (Knibb, pág. 171).

79. **Su luz llega a existir,** esto es, «cuando la luna está llena» (Knibb, pág. 171).

6 La mitad de ella tiene siete partes de extensión, una *mitad*; y toda su esfera está vacía de luz, salvo una séptima parte de las catorce partes de su luz. Y en un día recibe una séptima parte de su luz, o la mitad *de esa parte*. Su luz es de siete en siete, por una parte, y por la mitad *de una parte*. Se pone con el sol.

7 Y cuando el sol sale, la luna asoma con él, y recibe media parte de luz.

8 Esa noche, cuando inicia su ciclo, previamente al día del mes, la luna se pone con el sol.

9 Y durante esa noche está oscura *en* sus catorce partes; es decir, *en cada* mitad; pero ese día sale con un séptimo exactamente, y durante su recorrido mengua a salir el sol.

10 Durante el resto de su ciclo, su luz aumenta hasta catorce partes.

CAPÍTULO 73

1 A continuación contemplé otra trayectoria y otra regulación que Él realizó en la ley de la luna. Uriel, el santo ángel que las guía a todas, me mostró la trayectoria de las lunas y todo lo *relacionado con ellas*.

2 Anoté sus posiciones tal y como él me las enseñó.

3 Escribí sus meses conforme ocurrían y el aspecto de su luz, hasta que se completa en quince días.

4 En cada una de sus dos porciones de siete partes, ella completa toda su luz al salir y al ponerse.

5 Y en determinados meses, ella cambia sus puestas; y en determinados meses, ella realiza su recorrido *a*

través de cada puerta. En dos puertas, la luna se pone con el sol; *a saber*: en las dos puertas que están en el medio, en la tercera y cuarta puertas. *Desde la tercera puerta* sale durante siete días y hace su recorrido.

6 Regresa de nuevo a la puerta por donde sale el sol y en ella completa la totalidad de su luz. Después, ella se aleja del sol y tras ocho días entra en la sexta puerta *y regresa en siete días* a la tercera puerta, por donde sale el sol.

7 Cuando el sol sale por la cuarta puerta, la *luna* sale durante siete días, hasta que pasa por la quinta *puerta*.

8 De nuevo regresa tras siete días a la cuarta puerta y completa toda su luz, mengua y pasa por la primera puerta tras ocho días.

9 Y en siete días vuelve a la cuarta puerta, por la cual sale el sol.

10 Así he contemplado sus estaciones: cómo, de acuerdo con el orden fijo de los meses, el sol sale y se pone.

11 En esos días, hay treinta días de excedente que pertenecen al sol cada cinco años; todos los días de cada año de estos cinco años, al completarse, suman trescientos sesenta y cuatro días; al Sol y a las estrellas les pertenecen seis días; seis días en cada uno de los cinco años; *por lo que* treinta días son suyos.

12 De este modo, la luna tiene treinta días menos que el sol y las estrellas.

13 La Luna progresa exactamente igual todos los años, de modo que sus posiciones ni se avancen ni se retrasen un solo día, para que los años puedan ser cambiados con una precisión absoluta cada trescientos sesenta y cuatro días. En tres años, habrá mil noventa y dos días; en cinco años, mil ochocientos veinte, y en ocho años, dos mil novecientos doce días.

14 Solo a la Luna, en tres años, le pertenecen mil sesenta y dos días; en cinco años, tendrá cincuenta días menos *que el Sol*, a causa de una suma que se hizo de *mil sesenta y* dos días, en cinco años habrá mil setecientos setenta días; y los días de la Luna tras ocho años alcanzarán los dos mil ochocientos treinta y dos días.

15 Pues, tras ocho años, tendrá ochenta días menos *que el Sol*; *y son* ochenta los días que disminuye en ocho años.

16 Entonces el año deviene totalmente completo según las posiciones de las lunas y la posición del sol, los cuales salen por *diferentes* puertas, los cuales salen y se ponen durante treinta días.

CAPÍTULO 74

1 *Estos son* los líderes de los jefes de los millares, quienes *gobiernan* toda creación y todas las estrellas, con los cuatro *días* que son añadidos y jamás separados del lugar que les ha sido conferido, conforme al cómputo completo del año.

2 Y estos sirven cuatro días, que no se suman al cómputo del año.

3 Por su causa los hombres yerran enormemente, pues estas luminarias realmente sirven en la mansión del mundo, un día en la primera puerta, uno por la tercera puerta, uno por la cuarta puerta y uno por la sexta puerta.

4 Y la armonía del mundo resulta completa a cada trescientas sesenta y cuatro estaciones del mundo. Porque los signos,

5 las estaciones,

6 los años,

7 y los días, me mostró Uriel, el ángel a quien el Señor de la gloria ha designado sobre todas las luminarias.

8 Del cielo en el cielo y en el mundo, para que reinen en la faz del cielo y sean vistos sobre la tierra, devengan

9 guías de los días y de las noches: el Sol, la Luna y las estrellas y todos los pastores del cielo, que realizan su curso con todos los carruajes del cielo.

10 Así Uriel me enseñó doce puertas abiertas para las rutas de los carruajes del Sol en los cielos, desde los cuales brotan los rayos del sol.

11 De ellas procede el calor sobre la tierra, cuando se abren en sus respectivas estaciones. Ellas sirven a los vientos, y al espíritu del rocío, cuando son abiertas en sus estaciones, abiertas en los cielos, en *sus* extremidades.

12 Contemplé doce puertas en el cielo, en los confines de la Tierra, a través de las cuales el Sol, la Luna y las estrellas y todas las obras del cielo, salen y se ponen.

13 También hay numerosas ventanas abiertas a derecha y a izquierda.

14 Una ventana en *determinada* estación se calienta mucho. También hay puertas de donde las estrellas salen en cuanto se les ordena y en ellas se ponen según su número.

15 Asimismo he visto los carros de los cielos que recorren el mundo por encima de esas puertas, en las cuales las estrellas giran y nunca se ponen. Hay una mayor que las demás, que da la vuelta al mundo entero.

CAPÍTULO 75

1 Y en los confines de la Tierra, observé doce puertas abiertas para todos los vientos, de las cuales salían y soplaban sobre la Tierra.

2 Tres de ellas están abiertas frente al cielo, tres al oeste, tres a la derecha del cielo y otras tres a la izquierda. Las tres primeras son las que se encuentran hacia el este, tres están hacia el norte, tres están detrás de las de la izquierda, hacia el sur, y tres al oeste.

3 Por cuatro de ellas avanzan vientos de bendición y de curación; y por ocho salen vientos de castigo cuando son enviados para destruir la Tierra y el cielo que está sobre ella, a todos sus habitantes y a todos los que están en el agua o sobre tierra firme.

4 El primero de estos vientos proviene de la puerta denominada oriental, a través de la primera puerta, denominada oriental, por la primera puerta al este, que mira hacia el sur. Por ella salen la destrucción, la sequía, el calor y la perdición.

5 Por la segunda puerta, la del medio, sale la equidad. De ella salen la lluvia, la fecundidad, la salud y el rocío; y por la tercera puerta hacia el norte salen el frío y la sequía.

6 Tras estos, avanzan los vientos del sur por las tres puertas principales; por su primera puerta, que se inclina hacia el este, surge un cálido viento.

7 Pero, por la puerta del medio emana un agradable olor, el rocío, la lluvia, la salud y la vida.

8 Por la tercera puerta, que está del lado oeste, salen el rocío, la lluvia, las plagas y la destrucción.

9 Tras estos están los vientos hacia el norte, denominados mar. *Estos salen* de tres puertas. La primera[80] puerta es la que está al este, que se inclina hacia el sur; de ella provienen el rocío, la lluvia, las epidemias y la destrucción. De la puerta central salen la lluvia, el rocío, la vida y la salud. Y por la tercera puerta, que está hacia el oeste, y se inclina al sur, salen la niebla, la escarcha, la nieve, la lluvia, el rocío y las epidemias.

10 Tras estas, *en el* cuarto están los vientos al oeste. De la primera puerta, inclinada hacia el norte, salen el rocío, la lluvia, la escarcha, el frío, la nieve y las bajas temperaturas; por la puerta central salen la lluvia, la salud y la bendición;

11 y de la última puerta, que está al sur, proceden la sequía, la destrucción, el calor abrasador y la perdición.

12 El *relato de las* doce puertas de los cuatro cuartos de los cielos ha terminado.

---

80. **Primera.** O «séptima» (Knibb, pág. 178).

13 Te he enseñado todas sus leyes, todas sus *imposi-ciones* de castigo y la curación *que producen*, ¡hijo mío, Matusalén![81]

CAPÍTULO 76

1 El primer viento se llama del este, porque es el primero.

2 El segundo se llama del sur, porque el Altísimo desciende allí, y a menudo desciende también *aquel que* es bendito por siempre.

3 El viento del oeste se denomina disminución, porque allí menguan y descienden todas las luminarias del cielo.

4 El cuarto viento, cuyo nombre es norte, se divide en tres partes: una de ellas es para que habiten los hombres; otra, para mares de agua, con valles, bosques, ríos, lugares sombríos y nieve; y la tercera parte *encierra* el paraíso.

5 He contemplado siete altas montañas, más altas que todas las montañas de la Tierra, de las que procede la escarcha, mientras los días, las estaciones y los años pasan.

6 He visto siete ríos sobre la tierra, más grandes que todos los ríos, y el curso de uno de ellos viene del oeste; su agua desemboca en un gran mar.

---

81. **Mathusala.** El hijo de Enoc, Matusalén. Compárese con Génesis 5:21: «Enoc tenía sesenta y cinco años cuando engendró a Matusalén».

7 Dos provienen del norte hasta el mar; sus aguas desembocan en el mar Eritreo[82] al este. Y en cuanto a los otros cuatro, inician su curso en la cavidad del norte, dos a su mar, al mar Eritreo, y [los otros] *dos* son vertidos a un gran mar, donde también se dice que *hay* un desierto.

8 Divisé siete grandes islas en el mar y en la tierra. Siete en el gran mar.

CAPÍTULO 77

1 Estos son los nombres del Sol: uno es Oryares y el otro, Tomás.

2 La Luna tiene cuatro nombres. El primero es Asonya; el segundo, Ebela; el tercero, Benase y el cuarto, Erae.

3 Estas son las dos grandes luminarias, cuyas esferas son como las del cielo, y las dimensiones de ambas son iguales.

4 En la esfera del Sol *hay* una séptima parte de luz que le es añadida de la Luna[83]. Le es introducida a medida, hasta que una séptima parte *de la luz del* sol ha salido. Se ponen, entran por la puerta oeste, recorren el norte y por la puerta este avanzan hacia la faz del cielo.

5 Cuando la luna sale, aparece en el cielo, y la mitad de una séptima parte de luz es todo *lo que hay* en ella.

---

82. El Mar Rojo.
83. **Una séptima [...] de la Luna.** O «siete partes de luz que le son añadidas de más que a la luna» (Knibb, pág. 182).

6 En catorce *días* la totalidad de su luz está completa.

7 La luz es introducida *en* tres quíntuplos, hasta que, *en* quince *días*, su luz se completa, según los signos del año; está compuesta de tres quíntuplos.

8 La luna tiene la mitad de una séptima parte.

9 Cuando mengua, el primer día decrece una catorceava parte; el segundo día decrece una treceava parte; el tercer día, una doceava parte; el cuarto día, una onceava parte; el quinto día, una décima parte; el sexto día, una novena parte; el séptimo día decrece una octava parte; el octavo día decrece una séptima parte; y el noveno día decrece una sexta parte; y el décimo día decrece una quinta parte; y el undécimo día decrece un cuarto; y el duodécimo día decrece un tercio; el decimotercer día decrece la mitad; el decimocuarto día decrece la mitad de su séptima parte, y el decimoquinto día es consumido lo que queda de su luz.

10 En determinados meses, la luna tiene veintinueve días.

11 También tiene ciclos de veintiocho días.

12 Asimismo, Uriel me mostró otra ley, cuando la luz es vertida en la luna, cómo se vierte en ella desde el sol.

13 Siempre que la luna avanza con su luz, esta es vertida *en* ella en presencia del sol, hasta que tras catorce días *su* luz está completa en el cielo.

14 Y cuando está completamente apagada, su luz es consumida en el cielo; y el primer día es llamada luna nueva, porque ese día la luz se recibe en su interior.

15 Deviene totalmente completa el día en que el sol desciende al oeste, mientras la luna asciende por la noche desde el este.

16 Entonces la luna brilla durante toda la noche hasta que el sol sale ante ella y la luna, a su vez, desaparece frente al sol.

17 Por donde la luz llega a la luna, por ahí de nuevo decrece, hasta que toda su luz es consumida y los días de la luna pasan.

18 Entonces su esfera permanece sola, sin luz.

19 Durante tres meses, actúa los treinta días *de cada mes* de su ciclo, y durante tres meses *más* ella actúa durante veintinueve días. *Estas son las veces* que realiza el decrecimiento en el primer ciclo, y en la primera puerta; es decir, en ciento setenta y siete días.

20 Y en el momento de su salida, durante tres meses aparece durante treinta días, y durante tres meses *más* aparece durante veintinueve días.

21 Por la noche, aparece cada veinte *días como el rostro de* un hombre; y de día, como el cielo; porque ella no es otra cosa que su luz.

CAPÍTULO 78

1 Y ahora, hijo mío, Matusalén, te he enseñado todo, y *el relato de* cada una de las leyes de las estrellas en los cielos ha terminado.

2 Él me mostró las leyes que lo regulan, *que funcionan* en todas las estaciones bajo toda influencia, todos los años, y por su fin y según las reglas de cada

uno, de todos los meses y todas las semanas. *Me mostró* también el decrecimiento de la luna, que se realiza por la sexta puerta, porque por esa sexta puerta se consume su luz.

3 Allí se inicia el mes, y su disminución se lleva a cabo por la sexta puerta en su ciclo, hasta que se completen ciento setenta y siete días o, según el cómputo por *semanas*, veinticinco semanas y dos días.

4 *Su ciclo* es menor que el del sol, según la ley de las estrellas, cada cinco días en medio año[84] exactamente.

5 Cuando eso sucede, *su* situación visible está completa. Tal es la apariencia y el parecido de cada luminaria que me mostró Uriel, el gran ángel que las guía.

CAPÍTULO 79

1 Esos días, Uriel respondió diciéndome: ¡He aquí que te he enseñado todas las cosas, oh, Enoc!;

2 y todas las cosas te las he revelado a ti. Viste el Sol, la Luna y los que guían las estrellas del cielo, que dirigen todas sus acciones, estaciones, llegadas y regresos.

3 En los días de los pecadores, los años se acortarán.

4 Su progenie regresará a su prolífica tierra, y todo lo que se haya hecho en la tierra será subvertido y desaparecerá en su estación. La lluvia será moderada y el cielo estará quieto.

---

84. **En medio año.** Literalmente, «en un tiempo» (Laurence, pág. 110).

5 Esos días, el fruto de la tierra llegará tarde y no florecerá en su estación; y en sus estaciones los frutos de los árboles serán ocultados.

6 La Luna cambiará sus leyes y no aparecerá más a su debido tiempo. Pero esos días el cielo será visto y la aridez tendrá lugar en las extremidades de los grandes carros al oeste. *El cielo* brillará más que *cuando es iluminado por* orden de la luz; mientras muchos jefes de entre las estrellas del orden errarán, pervirtiendo así sus caminos y sus obras.

7 Estos no aparecerán en su época, quienes los dirigen, y todas las clases de estrellas serán acalladas contra los pecadores.

8 Los pensamientos de los que viven en la tierra pecarán dentro de ellos y se pervertirán de todas las formas.

9 Pecarán y se[85] considerarán dioses, mientras el mal se multiplicará entre ellos.

10 El castigo caerá sobre ellos, de tal forma que todos serán aniquilados.

CAPÍTULO 80

1 Él me dijo: Oh, Enoc, mira el libro que el cielo ha arrojado gradualmente[86], y cuando leas lo que está escrito en él, comprenderás cada una de sus partes.

---

85. **Se.** O «les», es decir, los jefes de las estrellas (versículo 6) (Knibb, pág. 186).

86. **El libro que el cielo ha arrojado gradualmente.** O «El libro de las tablillas del cielo» (Knibb, pág. 186).

2 Entonces miré todo lo que estaba escrito y lo comprendí todo, al leer el libro y todas las cosas escritas en él, todas las obras del hombre;

3 y de todos los hijos de carne que están sobre la tierra, durante las generaciones del mundo.

4 Inmediatamente después, bendije al Señor, el Rey de la gloria, quien ha creado para siempre todas las obras del mundo.

5 Y glorifiqué al Señor por su paciencia, y le bendije por los hijos del mundo.

6 Entonces dije: Dichoso es el hombre que morirá justo y bueno, cuya lista de delitos aún no se ha escrito y en quien no se halla injusticia.

7 Entonces esos tres santos me obligaron a acercarme y me dejaron en la tierra ante la puerta de mi casa.

8 Y me dijeron: Explícaselo todo a Matusalén, tu hijo, e informa a todos los niños de que ningún ser de carne será justificado ante el Señor, porque él es su Creador.

9 Durante un año, te dejaremos con tus hijos hasta que recuperes fuerzas, para que instruyas a tu familia, escribe todo esto y explícaselo a todos tus hijos. Pero en un año más te retirarán de entre ellos y tu corazón será fortalecido, porque los elegidos señalarán la justicia a los elegidos; los justos se alegrarán con los justos, congratulándose unos a otros, pero los pecadores morirán con los pecadores,

10 y los depravados serán hundidos con los depravados.

11 Asimismo los que actúen justamente morirán por las obras de los hombres y serán reunidos por las acciones de los malvados.

12 En esos días ellos dejaron de conversar conmigo.

13 Y regresé con los míos, bendiciendo al Señor de los mundos.

CAPÍTULO 81

1 Ahora, hijo mío, Matusalén, te digo todas estas cosas y te las escribo. Por ti he revelado todo y te he entregado los libros de todo.

2 Conserva, oh, hijo mío, Matusalén, los libros escritos por tu padre, porque los transmitirás a futuras generaciones.

3 Te he dado la sabiduría, a tus hijos, y tus descendientes, que ellos deberán transmitir a sus hijos, durante generaciones y para siempre, esta sabiduría en sus pensamientos; y que aquellos que la comprendan no duerman, sino que escuchen con sus oídos, pues aprenderán esta sabiduría y serán juzgados dignos de *este* saludable alimento.

4 Dichosos todos los justos, dichosos todos los que recorren *los senderos de* la justicia, en quienes no *se encuentra* delito alguno, al contrario que en los pecadores, cuando todos sus días son contados.

5 Respecto a la trayectoria del Sol en el cielo, este entra y sale *por cada* puerta durante treinta días, con

los líderes de las mil clases de estrellas, con los cuatro que le son añadidas y que pertenecen a los cuatro cuartos del año, que las guían y las acompañan durante los cuatro períodos,

6 En cuanto a estos, los hombres yerran enormemente y no los cuentan dentro del cómputo de cada era, porque los hombres yerran enormemente respecto a ellos; ni los hombres saben con precisión que pertenecen al cómputo del año. Pero realmente están señalados para siempre, uno en la primera puerta, uno en la tercera, uno en la cuarta y uno en la sexta:

7 de esta forma el año se completa con trescientos sesenta y cuatro días.

8 La verdad ha sido revelada, y exactamente computado todo lo que está anotado; así, Uriel me ha explicado, las luminarias, los meses, las fiestas, los años y los días, y me lo ha transmitido; el Señor de toda la creación le ha ordenado, en cuanto a mí, (según el poder del cielo y el poder que posee tanto de noche como de día) que explique a los hombres *las leyes de* la luz, del Sol, de la Luna y de las estrellas y de todos los poderes del cielo que giran sobre sus respectivas esferas.

9 Esta es la ley de las estrellas que se colocan en sus lugares, en sus estaciones, en sus ciclos, en sus días y en sus meses.

10 Estos son los nombres de los que las guían, de los que las observan y entran en su estación, de acuerdo con las leyes en sus ciclos, en sus meses, en *los tiempos* de su influencia y en sus estaciones.

11 Primero entran sus cuatro guías, quienes separan los cuatro cuartos del año. Después de estos, [hay] doce guías de sus categorías, que separan los meses y el año *en* trescientos sesenta y cuatro *días*, junto con los líderes de un millar, quienes distinguen entre los días, al igual que entre los cuatro que le son añadidos, y quienes, *en tanto* que guías, dividen los cuatro cuartos del año.

12 Estos líderes del millar se encuentran entre los guías, y los guías son añadidos cada uno tras su estación, y sus guías realizan la separación. He aquí los nombres de los guías que separan los cuatro cuartos del año y que *les son* asignados: Melquiel, Elimelek,

13 Melayal y Narel.

14 Y los nombres de los que los guían son: Adnarel, Iyasusael e Iyelumiel.

15 Estos son los tres que siguen a los guías de las clases *de estrellas*; cada uno de ellos viene detrás de los tres guías de ellas, quienes siguen a los guías de las estaciones que separan las cuatro estaciones del año.

16 En la primera parte del año se levanta y reina Melquiel, cuyo nombre es Tamani y Zahay.[87]

17 Todos los días de su poder, *durante* los cuales él gobierna, son noventa y un días.

18 Y estas son las señales de los días que se observan sobre la Tierra. Los días en que él rige *hay* sudor, calor y problemas. Todos los árboles producen fruto, las hojas salen en todos los árboles, se cosecha el maíz,

---

87. **Tamani y Zahay.** O «el sol del sur» (Knibb, pág. 190).

la rosa y todas las flores brotan en los campos y los árboles de invierno se secan.

19 Así se llaman los guías que están por debajo de ellos: Berquiel, Zalbesael, y otro guía más de un millar, llamado Heloyaseph, cuyos días de dominio terminaron. El siguiente guía tras estos *es* Elimelek, llamado también el brillante Zahay.[88]

20 Todos los días de su luz suman noventa y un días.

21 Y estas son las señales de los días que se observan sobre la tierra: calor y sequía; mientras tanto los árboles maduran sus frutos, frescos y a punto, y los ofrecen para secarlos.

22 Los rebaños siguen y conciben[89]. Todos los frutos de la Tierra se recogen, con todo lo que hay en los campos y las vides, pisadas. Todo esto se lleva a cabo bajo su influencia.

23 Estos son sus nombres y órdenes, y *los nombres* de los guías que están a sus órdenes, de los que son líderes de un millar: Gedael, Keel y Heel.

24 Y el nombre del otro líder del millar es Asfael.

25 Los días de su dominio han finalizado.

CAPÍTULO 82

1 Y ahora te he enseñado, hijo mío, Matusalén, cada visión que he tenido previa a tu nacimiento. Te contaré otra visión que tuve antes de casarme; se parecen la una a la otra.

---

88. **Zahay.** O «sol» (Knibb, pág. 191).
89. **Siguen y conciben.** Se aparean y dan a luz.

2 La primera se produjo cuando estaba estudiando un libro y la otra antes de casarme con tu madre. Tuve una poderosa visión;

3 y sobre ella supliqué al Señor.

4 Yo estaba descansando en la casa de mi abuelo, Mahalalel, *cuando* tuve la visión del cielo purificándose y arrebatado.[90]

5 Y cuando se abalanzaba sobre la tierra[91], vi también cómo esta era engullida por un gran abismo; las montañas suspendidas sobre las montañas.

6 Las colinas hundiéndose sobre las colinas; enormes árboles eran separados de sus troncos, y era como si fuesen proyectados y sumergidos en el abismo.

7 *Alarmado ante* estas cosas, mi voz se quebró[92]. Grité y dije: ¡La tierra está destruida! Entonces mi abuelo, Mahalalel, me levantó y me dijo: ¿Por qué gritas y por qué te lamentas así, hijo mío?

8 Le conté toda la visión que había tenido. Me explicó: confirmado está todo lo que tú has visto, hijo mío;

9 y poderosa es la visión de tu sueño sobre todos los pecados secretos de la Tierra. Su sustancia se hundirá en el abismo y tendrá lugar una gran destrucción.

---

90. **Purificándose y arrebatado.** O «arrojado y removido» (Knibb, 192).

91. **Y cuando se abalanzaba sobre la tierra.** O «y cuando hubo caído sobre la tierra» (Knibb, pág. 192).

92. **Mi voz se quebró.** Literalmente, «una palabra cayó en mi boca» (Laurence, pág. 118).

10 Ahora, hijo mío, levántate y ruega al Señor de gloria (tú que eres fiel), para que queden unos cuantos sobre la Tierra y para que Él no la destruya por completo. Hijo mío, toda esta *calamidad* sobre la Tierra proviene del cielo; y sobre la Tierra habrá una inmensa destrucción.

11 Entonces me levanté, recé y supliqué; y escribí mi oración para las generaciones del mundo, explicándolo todo a mi hijo Matusalén.

12 Cuando descendí y miré hacia el cielo, contemplé el sol saliendo del este, la luna descender por el oeste, algunas estrellas *dispersas* y todo lo que Dios ha conocido desde el principio; bendije al Señor del juicio y le exalté porque ha traído al sol por los aposentos[93] del este, de manera que, al subir y al bajar por la faz del cielo, se alce y prosiga el camino, que le ha sido señalado.

CAPÍTULO 83

1 Y elevé mis manos en la justicia y bendije al Santo y Grande. Hablé por el aliento de mi boca y con la lengua de carne, que Dios ha proporcionado a todos los hijos de los mortales para que hablen con ella, dotándolos de aliento, de una boca y una lengua para conversar.

2 Bendito seas, ¡oh, Señor!, Rey, magno y fuerte en tu grandeza, Señor de todas las criaturas del cielo, Rey

---

93. **Aposentos.** Literalmente, «ventanas» (Laurence, pág. 119).

de reyes y Dios de todo el mundo, cuyo imperio, cuyo reino y cuya grandeza permanecen por los siglos de los siglos.

3 De generación en generación *existe* tu dominio. Todos los cielos son tu trono por siempre y la Tierra entera es tu escabel por siempre jamás.

4 Porque tú *los* has hecho y reinas sobre todo. No hay obra, sea cual sea, que supere tu poder. Contigo la sabiduría es inmutable, no hay sabiduría alguna que se aparte de tu trono ni de tu rostro. Tú lo conoces, lo ves y lo oyes todo, y no hay nada que pueda ocultársete porque ves todas las cosas.

5 Los ángeles de tus cielos han pecado, y tu ira permanecerá sobre la carne mortal, hasta el día del gran juicio.

6 Por eso ahora, ¡oh, Dios, Señor y magnánimo Rey!, te suplico y te ruego que aceptes mi oración, para dejarme descendientes sobre la Tierra y para que no perezca toda la raza humana;

7 para que no dejes a la Tierra desamparada ni la desolación sea eterna.

8 ¡Oh, Señor mío!, deja que la raza humana que te ha ofendido perezca, pero establece una raza de justicia y de rectitud para la posteridad[94] por siempre. No ocultes tu rostro, oh Señor, de la oración de tus siervos.

---

94. **Para la posteridad.** Literalmente, «una planta cuyo germen sea eterno» (Laurence, pág. 121).

CAPÍTULO 84

1 Después de esto, tuve otro sueño y te lo explico todo, hijo mío. Enoc se levantó y le dijo a su hijo Matusalén: Quiero hablarte, a ti, hijo mío; escucha mi palabra y presta mucha atención al sueño visionario de tu padre. Antes de casarme con tu madre Edna, tuve una visión en mi lecho[95];

2 y contemplé una vaca que era expulsada de la tierra;

3 y esta vaca era blanca.

4 A continuación, salió una vaquilla hembra y tras ella, otra[96]: una de ellas era negra y la otra, roja.[97]

5 Entonces, la vaquilla negra golpeó a la roja, y la persiguió por toda la tierra.

6 Desde ese día, ya no volví a ver a la vaquilla roja, pero la negra engordó y una vaquilla vino con ella.

7 Tras esto, vi que aparecían numerosas vacas, que se le parecían y la seguían.

8 La primera hembra, más joven, también salió en presencia de la primera vaca y buscó la vaquilla roja, pero no la encontró.

9 Y ella se lamentaba con grandes quejidos mientras la buscaba.

---

95. La segunda visión de Enoc parece representar, en un lenguaje simbólico, la historia del mundo en su totalidad desde tiempos de Adán hasta el juicio final y el establecimiento del Reino Mesiánico (Charles, pág. 227).

96. **Otra.** Aquí el sentido parece obligar al pasaje a consignar otras dos vaquillas (Laurence, pág. 121).

97. Caín y Abel.

10 Observé hasta que esa primera *vaca* se le aproximó, momento en que enmudeció y cesaron los quejidos.

11 A continuación ella parió otra vaca blanca.

12 Y siguió pariendo numerosas vacas y vaquillas negras.

13 En mi sueño vi también un toro blanco, que crecía de igual manera, y se convertía en un gran toro blanco.

14 Le seguían numerosas vacas blancas que se le parecían.

15 Y ellas comenzaron a dar a luz a muchas *otras* vacas blancas que se les parecían y se seguían las unas a las otras.

CAPÍTULO 85

1 Observé de nuevo cuidadosamente, mientras dormía, y exploré el cielo en lo alto.

2 Y contemplé una estrella que caía del cielo.

3 Esta, una vez levantada, comió y se alimentó entre esas vacas.

4 Seguidamente divisé *otras* vacas grandes y negras, y observé cómo todas ellas cambiaban sus establos y pastos, mientras sus crías comenzaban a lamentarse las unas con las otras. Miré nuevamente *mi* visión, e inspeccioné el cielo, cuando he aquí que vi numerosas estrellas que descendían y se proyectaban desde el cielo hasta donde se encontraba la primera estrella,

5 entre esas vaquillas; mientras las vacas estaban con ellas y pacían entre ellas.

6 Y las miré y las observé, cuando de repente todas empezaron a actuar como caballos y comenzaron a acercarse a las vaquillas; todas ellas se preñaron y parieron elefantes, camellos y asnos.

7 Todas estas vacas se alarmaron y se aterraron, en tal grado que empezaron a morder, a tragar y a golpear con sus cuernos.

8 Incluso empezaron a devorar a las vacas y he aquí que todos los hijos de la Tierra empezaron a temblar, a estremecerse de terror ante ellos y de repente huyeron.

CAPÍTULO 86

1 Los observé nuevamente, cuando empezaron a cornearse y a devorarse los unos a los otros, y la tierra se puso a gritar. Elevé mis ojos al cielo una segunda vez y contemplé en la visión que salía del cielo algo semejante a hombres blancos. Uno salió de ese lugar, y tres con él.

2 Esos tres que salieron últimos me tomaron de la mano; y levantándome por encima de las generaciones de la tierra, me elevaron hasta un lugar alto.

3 Me enseñaron una elevada torre sobre la tierra, mientras todas las otras colinas empequeñecían. Y me dijeron: Estate aquí hasta que hayas visto lo que ha de sucederles a estos elefantes, a estos camellos y a estos asnos, a las estrellas y a todas las vacas.

CAPÍTULO 87

Miré hacia uno de los cuatro *hombres blancos* que habían salido primero.

Éste cogió la primera estrella que había caído del cielo.

Y, atándola de pies y manos, la lanzó a un valle; un valle estrecho, profundo, descomunal y lúgubre.

Después, uno de ellos sacó su espada y se la dio a los elefantes, a los camellos y a los asnos, quienes empezaron a golpearse entre ellos. Y toda la tierra tembló por esto.

Y cuando observaba la visión, he aquí que uno de esos cuatro ángeles que había venido, arrojado desde el cielo, reunió y tomó todas las grandes estrellas, cuya forma se asemejaba parcialmente a la de los caballos; y atándolas todas de manos y pies, las lanzó a las cavidades de la Tierra.

CAPÍTULO 88

1 Luego uno de esos cuatro se aproximó a las vacas blancas y les enseñó un misterio. Mientras la vaca temblaba, nació y se convirtió en hombre[98] y se construyó una gran barca. En ella vivía; y tres vacas[99] moraban con él en esta barca, que las cubría.

2 Elevé de nuevo mis ojos hacia el cielo y vi un techo elevado. Sobre este había siete cataratas, que vertían mucha agua sobre un determinado pueblo.

---

98. Noé.
99. Sem, Cam y Jafet.

3 Volví a mirar y he aquí que aparecieron fuentes que brotaban del suelo en ese pueblo.

4 Y esa agua empezó a hervir y a elevarse por encima del suelo, de modo que el pueblo desapareció, porque toda su superficie quedó anegada por el agua.

5 Lo cubrían muchísima agua, oscuridad y nubes. También pude examinar la altura de esa agua, que se elevaba por encima del pueblo.

6 Creció por encima del pueblo y se mantuvo por encima del suelo.

7 Todas las vacas que habían sido agrupadas allí, cuando las miré, habían muerto ahogadas, tragadas y aniquiladas por esa agua.

8 Pero la barca flotaba sobre ella. Todas las vacas, los elefantes, los camellos y los asnos se ahogaron en la tierra, al igual que todas las reses. No pude divisarlos. Tampoco ellos pudieron salir, de modo que perecieron y se hundieron en el abismo.

9 Observé de nuevo dentro de la visión hasta que las cataratas de ese techo elevado fueron expulsadas, y las fuentes de la tierra se nivelaron, mientras se abrían otras profundidades;

10 y el agua empezó a descender, hasta que apareció la tierra firme.

11 La barca reposó en la tierra, la oscuridad se retiró y se hizo la luz.

12 Entonces la vaca blanca que se había convertido en hombre salió de la barca, junto con las tres vacas.

13 Una de las tres vacas era blanca, se parecía a esa vaca; y una de ellas era roja como la sangre, y la otra era negra. Y la vaca blanca las abandonó.

14 Empezaron las bestias y los pájaros a dar a luz.

15 De todos ellos, aunque de diferentes tipos, se parecían: leones, tigres, lobos, perros, jabalís, zorros, conejos,

16 halcones, buitres, milanos, águilas y cuervos.

17 Luego, en medio de ellos nació una vaca blanca.[100]

18 Y empezaron a morderse entre ellos, cuando la vaca blanca, que había nacido entre ellos, parió a la vez un asno salvaje y otra vaca blanca y, *después de eso*, muchos asnos salvajes. A continuación, la vaca blanca[101] que había nacido dio a luz un cerdo negro salvaje y una oveja blanca.[102]

19 Ese cerdo salvaje también parió numerosos cerdos;

20 y esa oveja dio a luz doce ovejas.[103]

21 Y cuando esas doce ovejas hubieron crecido, entregaron una de ellas[104] a los asnos.[105]

22 Esos asnos, a su vez, entregaron esa oveja a los lobos[106],

23 y esta creció entre ellos.

---

100. Abraham.
101. Isaac.
102. Esaú y Jacob.
103. Los doce patriarcas.
104. José.
105. Los midianitas.
106. Los egipcios.

24 Después, el Señor condujo a las *otras* once ovejas para hacer que habitaran y paciesen con él entre los
lobos.

25 Se multiplicaron, y había suficiente pasto para
ellas.

26 Pero los lobos empezaron a atemorizarlas y a
oprimirlas, mientras aniquilaban a sus crías.

27 Y dejaron a sus crías en torrentes de aguas profundas.

28 Y las ovejas se pusieron a gritar por sus pequeños y huyeron hacia su Señor en busca de refugio. Pero
una[107] oveja que había escapado de los lobos huyó y
fue hacia los asnos salvajes.

29 Contemplé a las ovejas quejándose, llorando y
suplicando al Señor,

30 con todas sus fuerzas, hasta que el Señor de las
ovejas descendió al oír a las ovejas, desde *su* elevada
morada; fue hasta ellas y las examinó.

31 Llamó a esa oveja que había huido secretamente
de entre los lobos y le dijo que hiciese entender a los
lobos que no debían tocar a las ovejas.

32 La oveja regresó donde los lobos con la palabra
del Señor, y otra fue a su encuentro[108] y continuó con
ella.

33 Ambas entraron en la morada de los lobos; y
conversando con ellos les hicieron entrar en razón, pues
desde ese momento ya no tocarían más a las ovejas.

---

107. Moisés.
108. Aarón.

34 Más tarde aprecié que los lobos se imponían fuertemente y con todas sus fuerzas sobre las ovejas. Las ovejas gritaron y el Señor fue a su lado.

35 Empezó a golpear a los lobos, quienes iniciaron un amargo lamento; pero las ovejas estaban calladas y desde entonces no gritaron más.

36 Las contemplé cuando se alejaban de los lobos. Los ojos de estos estaban ciegos, esos que antes salieron y las persiguieron con todas sus fuerzas. Pero el Señor de las ovejas salió con ellas y las guió.

37 Todas sus ovejas lo seguían.

38 Su rostro *era* maravilloso y espléndido y su aspecto, glorioso. Sin embargo, los lobos empezaron a perseguir a las ovejas, hasta que las alcanzaron cerca de un lago de agua.[109]

39 Pero ese lago resultó dividido; el agua se mantuvo elevada a un lado y a otro ante su rostro.

40 Y mientras su Señor las guiaba, él se colocó entre ellas y los lobos.

41 No obstante, los lobos no vieron las ovejas, así que fueron al centro del lago, siguiéndolas y persiguiéndolas hasta el lago.

42 Pero cuando vieron al Señor de las ovejas, se giraron para huir ante su rostro.

43 El agua del lago volvió, de repente, a su estado natural. Se llenó y se elevó hasta que cubrió a esos lobos. Pude contemplar cómo todos aquellos que habían seguido a las ovejas perecían ahogados.

---

109. El Mar Rojo.

44 Pero las ovejas pasaron por encima del agua, en dirección a un desierto, sin agua ni hierba. Y empezaron a abrir los ojos y a ver.

45 Admiré al Señor de las ovejas examinándolas, dándoles agua y hierba.

46 Aquella oveja *ya mencionada* avanzaba *con ellas* y las guiaba.

47 Y cuando esta hubo ascendido a la cima de una elevada roca, el Señor de las ovejas se la envió.

48 Después, vi a su Señor ante ellas, con aspecto magnánimo y severo.

49 Y cuando todas le vieron, se aterrorizaron al ver su rostro.

50 Todas ellas se alarmaron y temblaron. Gritaron a esa oveja y a la otra que había estado con él y que se hallaba entre ellas, *diciendo*: No somos capaces de permanecer ante nuestro Señor, ni siquiera de mirarle.

51 A continuación, la oveja que las guiaba se marchó y subió a la cima de la roca.

52 Entonces el *resto de las* ovejas empezaron a quedarse ciegas y a desviarse del camino que ella les había enseñado, pero esa oveja lo ignoraba.

53 Sin embargo, su Señor se indignó mucho con ellas, y cuando esa oveja se enteró *de lo que había sucedido*

54 descendió de la cima de la roca y conforme se iba acercando descubrió que eran muchas

55 las que se habían quedado ciegas

56 y se habían desviado de su camino. Tan pronto como la vieron, temieron y temblaron ante su rostro;

57 deseando volver a su redil.

58 Después, esa oveja, tomando consigo otras ovejas, se acercó a aquellas que se habían desviado.

59 Luego, empezó a matarlas. Estaban aterradas por su semblante. Hizo que aquellas que se habían desviado, regresaran y volvieran a su redil.

60 Asimismo, en mi visión contemplé que esa oveja se convertía en un hombre, que construía una casa[110] para el Señor de las ovejas, y que las hizo permanecer a todas en esa casa.

61 También pude ver que la oveja que había llegado para conocer a esta oveja, su guía, había muerto. Y también vi que todas las ovejas más grandes habían muerto, mientras que las más pequeñas se habían levantado en su lugar, habían entrado en un pastizal y se habían acercado a un río.[111]

62 Después, esa oveja, la que las guiaba, que se había convertido en hombre, fue separada de ellas y murió.

63 Todas las ovejas la buscaron y lloraron por ella con amargo lamento.

64 También advertí que dejaron de llorar por esa oveja y atravesaron el río.

---

110. **Una casa.** Un tabernáculo (Milik, pág. 205).
111. El río Jordán.

65 Se levantaron otras ovejas, todas ellas guiándo-
las[112], en lugar de las que habían muerto y que las habían guiado *anteriormente*.

66 Vi que las ovejas entraban en un hermoso lugar,
una tierra placentera y gloriosa.

67 Contemplé cómo se saciaban, que su casa estaba
en medio de un territorio exuberante, y que de vez en
cuando sus ojos se abrían, otras veces se cegaban; hasta
que otra oveja[113] se levantó y las guió. Las trajo a todas
de vuelta y sus ojos se abrieron.

68 Los perros, los zorros y los jabalís empezaron
a devorarlas, hasta que, *una vez más*, otra oveja[114]
se puso en pie para guiarlas, la líder del rebaño, una
de ellas, un carnero. Este empezó a dar topetazos por
todos lados a los perros, a los zorros y a los jabalís,
hasta que todos ellos perecieron.

69 Entonces la *primera* oveja abrió los ojos y vio
al carnero entre ellas, quien había dejado de lado su
gloria.

70 Y él empezó a golpear a las ovejas, pisoteándolas
y comportándose indignamente.

71 Entonces el Señor de las ovejas envió a la *primera* oveja *una vez más* hacia una nueva oveja[115], y
la crió para que fuera un carnero, para que las guiara
en sustitución de aquella oveja que había perdido su
gloria.

---

112. Los jueces de Israel.
113. Samuel.
114. Saúl.
115. David.

72 Acercándose a él, hablando solamente con él, crió al carnero y lo hizo príncipe y líder del rebaño. [Ahora bien,] en el momento en el que los perros[116] molestaban a las ovejas,

73 el primer carnero mostraba respeto al segundo carnero.

74 Luego, el segundo carnero se levantó y se alejó de su presencia. Y contemplé que esos perros hacían caer al primer carnero.

75 Pero el segundo carnero se levantó y condujo a las pequeñas ovejas.

76 Ese carnero engendró numerosas ovejas, y murió.

77 Entonces había una pequeña oveja[117], un carnero, en su lugar, que se convirtió en príncipe y líder, conductor de las ovejas.

78 Y esas ovejas crecieron y se multiplicaron.

79 Y todos los perros, los zorros y los jabalís le temieron y huyeron lejos de él.

80 Ese carnero pegó y mató a todas las bestias salvajes, de modo que no pudieron imponerse más entre las ovejas ni arrebatarlas nunca más.

81 Y esa casa se construyó grande y espaciosa; con una torre elevada construida encima de ella por las ovejas, para el Señor de las ovejas.

82 La casa era baja, pero la torre, elevada y altísima.

---

116. Los filisteos.
117. Salomón.

83 Después, el Señor de las ovejas permaneció sobre esa torre, e hizo colocar ante él una mesa repleta.

84 Nuevamente contemplé que esas ovejas se extraviaban e iban por multitud de caminos, incluso abandonaban su casa.

85 Y su Señor llamó a algunas ovejas de entre ellas y se las envió.[118]

86 Pero las ovejas empezaron a matarlas. Y cuando una de entre ellas sobrevivió a la matanza[119], saltó y gritó a aquellos que estaban deseosos de matarla.

87 Pero el Señor de las ovejas la salvó de entre sus pezuñas y la hizo ascender y permanecer con Él.

88 Le envió también muchas otras, para testificar, con lamentos para gritar contra ellas.

89 Asimismo vi como algunas de ellas abandonaban la casa de su Señor y su torre, deambulando por todas partes y quedándose ciegas.

90 Y vi que el Señor de las ovejas hacía una gran matanza entre ellas en sus pastos, hasta que estas le gritaron a consecuencia de esa carnicería. Entonces él partió *de su morada* y las dejó en poder de leones, tigres, lobos, hienas, zorros y de todas las bestias.

91 Y esas bestias salvajes empezaron a descuartizarlas.

92 También lo observé abandonar la casa de sus padres y su torre; entregándolas a los leones, para que ellos las descuartizaran y las devoraran; a todas las bestias.

---

118. Los profetas.
119. Elías.

93 Y yo me puse a gritar con todas mis fuerzas, implorando al Señor de las ovejas y mostrándole cómo las ovejas estaban siendo devoradas por todas las bestias carroñeras.

94 Pero observó en silencio, regocijándose de que fueran devoradas, tragadas y llevadas, dejándolas en poder de todas las bestias hambrientas. Él llamó a setenta pastores y les asignó *el cuidado* de las ovejas para que las vigilaran;

95 les dijo a los pastores y a los compañeros de estos: Cada uno de vosotros de ahora en adelante vigilará a las ovejas, y fuere lo que fuere lo que yo os ordene, hacedlo; y os *las* entregaré numeradas.

96 Os diré cuáles deben ser asesinadas; esas, matadlas. Y Él les entregó las ovejas.

97 Después llamó a otro y le dijo: Comprende y observa todo lo que los pastores harán a esas ovejas, porque perecerán muchas más de las que yo he ordenado.

98 *Se realizará* un recuento de todo exceso y matanza que los pastores cometan: cuántas perecerán por orden mía; cuántas matarán por su propia decisión.

99 Toda destrucción *acarreada por* cada uno de los pastores será anotada; y según el número convocaré que se haga una lectura ante mí: cuántas habrán destruido por propia voluntad y cuántas entregaron para la destrucción; para que pueda tener esta prueba contra ellos, para saber todos sus actos; y, al entregarles *las ovejas*, sabré lo que harán; tanto si actúan como yo les he mandado como si no.

100 Sin embargo, *esto* lo ignorarán, y tú no les podrás dar ninguna explicación ni podrás reprenderles; pues para ello se anota toda la destrucción *hecha* por ellos, en sus respectivas estaciones. Y empezaron a matar y a destruir más de lo que se les había ordenado.

101 Y dejaron a las ovejas en poder de los leones, de modo que muchas de ellas fueron devoradas y tragadas por los leones y los tigres, y los jabalís se alimentaron de ellas. Quemaron la torre y derrumbaron la casa.

102 Me apené profundamente por la torre y porque la casa de las ovejas había sido derrumbada.

103 Y desde entonces ya no pude controlar si entraban *nuevamente* en la casa.

104 Asimismo los pastores y sus compañeros las entregaron a todas las bestias salvajes, para que las devoraran. Cada una de ellas en su estación, según su número, era entregada. Cada una de ellas, la una con la otra, fue anotada en un libro, cuántas habían sido destruidas, cuántas de ellas, la una con la otra, en un libro.

105 Sin embargo, se destruyó mucho más de lo que se había mandado.

106 Era totalmente indignante y me puse a llorar por las ovejas.

107 Igualmente en la visión observé al que escribía, él anotaba lo que los pastores destruían día tras día. Él ascendió, permaneció y expuso cada uno de sus libros al Señor de las ovejas, *que contenían* todo lo que

habían hecho y todo lo que cada uno de ellos había hecho desaparecer;

108 y todo lo que ellos habían entregado para ser destruido.

109 Él tomó el libro en su mano, lo leyó, lo selló y lo guardó.

110 Tras eso, observé a los pastores vigilando durante doce horas.

111 Vi que tres de esas ovejas[120] salieron, llegaron, entraron y se pusieron a reconstruir todo lo que se había caído de esa casa.

112 Pero los jabalís[121] entorpecieron [el trabajo], pese a que ya no imperaban.

113 Retomaron la construcción, como antes, y elevaron esa torre, que se denominó la alta torre.

114 Nuevamente, colocaron una mesa ante la torre, con todo tipo de pan sobre ella, impuro y sucio.

115 Por otro lado, todas las ovejas estaban ciegas y no podían ver; y de igual modo sus pastores.

116 Así, para una mayor destrucción, fueron entregadas a los pastores, quienes las pisotearon y las devoraron.

117 Pero el Señor de las ovejas permanecía callado, hasta que todas las ovejas en el campo fueron destruidas. Los pastores y las ovejas se mezclaron, pero no se salvaron del poder de las bestias.

---

120. Zerubabel, Josué y Nehemías.
121. Los samaritanos.

118 El que había escrito el libro ascendió, se lo mostró y, en su morada, se lo leyó al Señor de las ovejas. Él le suplicó por ellas, y oró, señalando cada uno de los actos de los pastores y testificando en su contra ante Él. Y tomando su libro, lo dejó en sus manos y partió.

CAPÍTULO 89

1 Y durante el tiempo observé que treinta y siete[122] pastores estaban vigilando, cada uno de los cuales terminó, a su respectivo momento, como el primero. Otros los recibieron en sus manos, para que los vigilaran en su momento; cada pastor en su momento.

2 Después de esto, observé en mi visión que todos los pájaros del cielo se aproximaban; águilas, buitres, milanos y cuervos. El águila los guiaba a todos.

3 Empezaron a devorar las ovejas, a picotearles los ojos y a engullir sus cuerpos.

4 Las ovejas gritaron porque las aves estaban devorando sus cuerpos.

5 Incluso yo grité y gemí dormido, contra ese pastor que vigilaba el rebaño.

6 Y miré, mientras los perros, las águilas y los milanos comían las ovejas. Estos apenas dejaron nada de su cuerpo, ni de su piel ni de sus músculos, hasta que solo quedaron sus huesos; hasta que sus huesos cayeron al suelo. Y las ovejas disminuyeron.

---

122. **Treinta y siete.** Aparentemente, esta cifra constituye un error y debería decir treinta y cinco (véase versículo 7). Los reyes de Judea e Israel (Laurence, pág. 139).

7 También observé entonces que veintitrés pastores[123] estaban vigilando, quienes sumaban en sus respectivos tiempos cincuenta y ocho períodos.

8 Luego nacieron unos pequeños corderos de estas ovejas blancas, quienes empezaron a abrir los ojos y a ver, gritando a las ovejas.

9 Sin embargo, las ovejas no les gritaron a ellos, ni siquiera oyeron lo que les decían; estaban sordas, ciegas y eran obstinadas en grado sumo.

10 Observé en la visión que los cuervos descendían sobre esos corderos;

11 que alcanzaban a uno de ellos y, despedazándolo, lo devoraban.

12 También vi que a esos corderos les crecían cuernos; y los cuervos se posaban en sus cuernos.

13 Asimismo, vi que un gran cuerno retoñó en un animal entre las ovejas, y que los ojos de estas fueron abiertos.

14 Él las miró; los ojos de ellas estaban completamente abiertos; y gritó a las ovejas.

15 Y el dabela[124] lo vió; todos ellos [los corderos] corrieron hacia él.

16 Y a pesar de esto, todas las águilas, los buitres, los cuervos y los milanos seguían llevándose ovejas,

---

123. Los reyes de Babilonia, etc., durante y después de la captura. Las cifras *treinta y cinco* y veintitrés suman cincuenta y ocho y no treinta y *siete* como se consigna erróneamente en el primer versículo (Laurence, pág. 139).

124. **Dabela.** El carnero que probablemente simboliza a Alejandro Magno (Laurence, pág. 140).

descendiendo sobre ellas y devorándolas. Las ovejas permanecían en silencio, pero el dabela se lamentaba y gritaba.

17 Los cuervos se enfrentaron a ellos y lucharon contra ellos.

18 Deseaban quebrar sus cuernos, pero no lograron imponerse sobre él.

19 Los observé, hasta que vinieron los pastores, las águilas, los buitres y los milanos.

20 Quienes gritaron a los cuervos para que rompieran el cuerno del dabela, para que combatieran contra Él y que lo mataran. Pero él luchó con ellos, y él gritó para que le socorrieran.

21 Advertí que venía el hombre que había anotado los nombres de los pastores y que había ascendido ante el Señor de las ovejas.

22 Traía ayuda e hizo que todos lo vieran descender para ayudar al dabela.

23 También advertí que, enfurecido, se aproximaba a ellas el Señor de las ovejas, mientras todos aquellos que lo veían escapaban; todos cayeron en su tabernáculo ante su rostro; mientras tanto, todas las águilas, los buitres, los cuervos y los milanos se congregaron y llevaron consigo todas las ovejas del prado.

24 Vinieron todos juntos y se esforzaron por romper el cuerno del dabela.

25 Observé que el hombre que había escrito el libro según la palabra del Señor abrió el libro de la destrucción, esa destrucción que habían causado los

doce últimos pastores[125], y señaló ante el Señor de las ovejas que ellos habían destruido mucho más que sus predecesores.

26 Asimismo vi que el Señor de las ovejas se acercaba a ellas y, tomando con su mano el cetro de su ira, golpeó la tierra, la cual se partió en dos; y todas las bestias y los pájaros del cielo cayeron desprendiéndose de las ovejas y fueron engullidos por la tierra, que se cerró sobre ellos.

27 También pude ver que una gran espada era entregada a las ovejas, quienes se dirigieron contra todas las bestias del páramo para matarlas.

28 Pero todas las bestias y las aves del cielo huyeron de delante de su rostro.

29 Y vi cómo se erigía un trono en una agradable tierra.

30 En él se sentó el Señor de las ovejas, quien recibió todos los libros sellados;

31 los cuales se abrieron ante Él.

32 El Señor llamó a los siete primeros hombres blancos y les ordenó que trajeran, ante Él, la primera de las primeras estrellas, la que precedía a las estrellas, cuya forma se asemejaba en parte a la de los caballos; la primera estrella, la que primero cayó; y ellos las trajeron todas ante Él.

33 Él habló al hombre que escribía ante su presencia, que era uno de los siete hombres blancos, dicién-

---

125. Los príncipes nativos de Judea, después de su liberación del yugo sirio.

dole: Toma estos setenta pastores, a quienes yo había encomendado las ovejas y *quienes*, después de haberlas recibido, mataron muchas más de lo que yo había ordenado. Y he aquí que los vi a todos encadenados y de pie ante Él. Primero tuvo lugar el juicio de las estrellas, las cuales, tras ser juzgadas y consideradas culpables, se dirigieron al lugar del castigo. Las lanzó a *un paraje* profundo y lleno de un fuego llameante y de pilares de fuego. Después, los setenta pastores fueron juzgados; tras ser considerados culpables, fueron lanzados también a ese abismo ardiente.

34 En ese momento, percibí asimismo que un abismo se abría en medio de la tierra, y que estaba lleno de fuego.

35 Y ahí se condujo a las ovejas ciegas, quienes, tras ser juzgadas y halladas culpables, fueron arrojadas a este abismo de fuego de la tierra, y ardieron.

36 Ese abismo se encontraba a la derecha de esa casa.

37 Y vi arder a esas ovejas, y sus huesos consumirse.

38 Permanecí contemplando cómo Él hundía esa vieja casa, mientras ellos se llevaban todas las columnas, todas las plantas, y todo el marfil que contenía. Se lo llevaron todo y lo depositaron en un lugar a la derecha de la tierra.

39 También divisé al Señor de las ovejas construyendo una nueva casa, más grande y más alta que la primera, y que encerró en ese primer lugar circular.

Todas sus columnas eran nuevas, igual que su marfil, y era más abundante que el primer *marfil* antiguo que se había llevado.

40 Y mientras todas las ovejas que quedaban estaban en el centro de esta, todas las bestias de la tierra, y todas las aves del cielo, se postraron y las adoraron, suplicándoles y obedeciéndolas en todo.

41 Luego, aquellos tres que estaban vestidos de blanco y que, tomándome de la mano, me habían elevado al principio mientras la mano de aquel *que* habló me sujetaba, me hicieron subir y me colocaron en medio de estas ovejas, antes de que tuviera lugar el juicio.

42 Esas ovejas eran todas blancas, de larga y pura lana. Todas aquellas que habían perecido y habían sido destruidas, cada bestia de la tierra y cada ave del cielo se reunió en esa casa; mientras, el Señor de las ovejas se regocijaba con gran alegría porque todos eran buenos y habían regresado a su casa.

43 Vi que habían dejado en el suelo la espada que había dado a las ovejas, y la devolvieron a su casa, sellándola en presencia del Señor.

44 Todas las ovejas habrían sido encerradas en esa casa si hubiera habido suficiente espacio; los ojos de todas se abrieron, mirando fijamente al Bueno; no había ninguna que no lo contemplase.

45 Vi que esa casa era grande y espaciosa y estaba totalmente llena. También me di cuenta de que había nacido una vaca blanca, con grandes cuernos; y que

todas las bestias de la tierra y todas las aves del cielo le temían y le suplicaban continuamente.

46 Observé que su aspecto iba mutando y que todas se convertían en vacas blancas.

47 Y que la primera, *que* estaba entre ellas, habló cuando la palabra se convirtió[126] en una gran bestia, sobre cuya cabeza sobresalían dos cuernos negros.

48 Mientras tanto el Señor de las ovejas se alegraba por ellos y por todas las vacas.

49 Me acosté entre ellas: me desperté y lo vi todo. Esta es la visión que tuve, acostado y despierto. Después bendije al Señor de la justicia y lo glorifiqué.

50 Después de esto lloré abundantemente, y mis lágrimas no cesaron, porque era incapaz de soportarlo. Mientras estaba mirando, brotaban por todo lo que había visto, por todo lo que había llegado y se había ido; yo había contemplado cada acto individual sobre la conducta de los hombres.

51 Esa noche recordé mi primer sueño, y por eso lloré y me turbé, porque había tenido esa visión.

CAPÍTULO 90

1 Y ahora, hijo mío Matusalén, convócame a tus hermanos y reúne a todos los hijos de tu madre, pues una voz me llama y el espíritu se ha vertido sobre mí, para que yo te muestre todo lo que te sucederá por la eternidad.

---

126. **Habló cuando la palabra se convirtió.** O «se convirtió en un búfalo y este búfalo era...» (Knibb, pág. 216).

2 Entonces Matusalén se fue, convocó a todos sus hermanos junto a él y reunió a sus parientes.

3 Y conversó con todos sus hijos con sinceridad,

4 *Enoc* dijo: Oíd, hijos míos, cada palabra de vuestro padre y escuchad con rectitud la voz de mi boca, porque yo quiero captar vuestra atención, mientras os hablo. Bienamados, aferraos a la integridad y andad con ella.

5 No alcancéis la integridad con doble corazón, ni os juntéis con hombres de doble ánimo, sino caminad, hijos míos, en la justicia, que os llevará por los buenos senderos; y sea la verdad vuestra compañera.

6 Pues sé que la tiranía existirá y se impondrá en la Tierra; que finalmente un gran castigo tendrá lugar y que se consumará toda la injusticia, que será cortada de raíz, y que toda estructura *erigida por* ella perecerá. La injusticia, con todo, volverá a renovarse y a consumirse en la Tierra. Todo acto delictivo, y toda obra de tiranía y de injusticia será aceptada por segunda vez.

7 Por tanto, cuando la injusticia, el pecado, la blasfemia, la tiranía y toda obra *maligna* hayan aumentado, y *cuando* la desobediencia, la impiedad y la impureza se hayan también incrementado, *entonces* caerá sobre ellos un gran castigo infligido desde el cielo.

8 El santo Señor montará en cólera e impondrá sobre todos el gran castigo del cielo.

9 El santo Señor se enfurecerá y castigará, para así ejecutar la sentencia sobre la Tierra.

10 En esos días, la violencia será cortada de raíz y la injusticia con engaño también será erradicada, desapareciendo de debajo del cielo.

11 Todo lugar de fortaleza[127] será entregado con sus habitantes; será quemado con fuego. Ellos serán traídos de todas las partes de la Tierra y arrojados a un juicio de fuego. Y perecerán por la cólera y por una abrumadora sentencia para siempre.

12 La justicia se despertará de su letargo, y la sabiduría surgirá y les será concedida.

13 Entonces, las raíces de la injusticia serán cortadas, los pecadores perecerán a espada y los blasfemos serán aniquilados por doquier.

14 Los que meditan la tiranía y los que blasfeman morirán por la espada.

15 Y ahora, hijos míos, os describiré y os mostraré el camino de la justicia y el camino de la tiranía.

16 Volveré a mostrároslos, para que sepáis qué está por venir.

17 Escuchadme ahora, hijos míos, y caminad por los senderos de justicia y rehuid los de la tiranía, pues todos aquellos que caminan por el sendero de la maldad perecerán para siempre jamás.

CAPÍTULO 91

1 Aquello que escribió Enoc. Escribió toda esa doctrina de sabiduría para cada hombre de dignidad y

---

127. **Todo lugar de fortaleza.** O «todos los ídolos de las naciones» (Knibb, pág. 218).

para cada juez de la tierra: Para todos mis hijos, quienes habitan en la Tierra, y para las generaciones futuras, para que se conduzcan recta y pacíficamente.

2 No permitáis que vuestro espíritu se aflija a causa de los tiempos, pues el Santo, el Altísimo, ha determinado un período para todos.

3 Dejad que el hombre justo despierte de su letargo; dejad que se levante y avance por el camino de la justicia, por todos sus caminos, y permitidle avanzar en la bondad y en la clemencia eterna. La misericordia será mostrada al hombre justo; a él se les concederá la integridad y el poder para siempre. Él existirá en la bondad y en la justicia y caminará con luz imperecedera; pero el pecado perecerá en la oscuridad eterna y no aparecerá más desde este día hasta la eternidad.

CAPÍTULO 92

1 Tras esto, Enoc empezó a hablar de un libro.

2 Y Enoc dijo: A propósito de los hijos de la justicia, a propósito de los elegidos del mundo y a propósito de la planta de la justicia y la integridad:

3 *Respecto a* estas cosas os hablaré y *estas cosas* os explicaré, hijos míos, yo, *que* soy Enoc. Como consecuencia de lo que me ha sido mostrado, por mi celestial visión y por la voz de los santos ángeles[128], he

---

128. **Santos ángeles.** Un texto de Qumrán reza «Vigilantes y santos», lo que denota claramente la presencia de vigilantes celestiales que no caen junto con los malvados (Milik, pág. 264). Véase también Daniel 4:13: «[...] un vigilante y santo descendía del cielo». 4:17: «[...] los vigilantes... los santos».

adquirido conocimiento; y de las tablillas del cielo, he adquirido entendimiento.

4 Enoc comenzó luego a hablar de un libro y dijo: Yo nací el séptimo la primera semana, cuando el juicio y la justicia aguardaban con paciencia.

5 Pero detrás de mí, en la segunda semana, aflorará una gran maldad y surgirá el engaño.

6 Durante esa semana tendrá lugar el final de la primera, en la que la humanidad estará a salvo.[129]

7 Pero cuando *la primera* se haya completado, la injusticia crecerá y Él ejecutará un decreto sobre los pecadores.[130]

8 A continuación, en la tercera semana, casi al finalizar, un hombre[131] de la planta del juicio justo será elegido, y tras él crecerá la planta de justicia para siempre.

9 Posteriormente, en la cuarta semana, durante su culminación, las visiones de los santos y de los justos se revelarán, la orden de las generaciones tras generaciones *tendrá lugar* y se les preparará una morada. Y después, al finalizar la quinta semana, la casa de la gloria y de la dominación[132] será erigida para la eternidad.

10 A continuación, en la sexta semana, todos los que están en ella se oscurecerán, al corazón de todos

---

129. **La humanidad estará a salvo.** O «un hombre será salvado» (Knibb, pág. 224).

130. El diluvio.

131. Abraham.

132. El Templo de Salomón.

ellos le costará recordar la sabiduría, y por ella un hombre[133] ascenderá.

11 Y a su fin, Él incendiará la casa de dominación y toda la raza del linaje elegido será dispersada.[134]

12 Después, en la séptima semana, surgirá una generación perversa; numerosos y perversos serán sus actos. Al término de esta, los justos serán elegidos de la eterna planta de justicia y a ellos se les dará la séptupla doctrina de toda su creación.

13 Y después habrá otra semana, la octava de justicia, a la cual se entregará una espada para que ejecute la sentencia y la justicia sobre todos los opresores.

14 Los pecadores serán entregados a manos de los justos, quienes, al alcanzar su fin, adquirirán morada gracias a su justicia; y la casa del gran Rey se dispondrá para las celebraciones por siempre. Y después, en la novena semana, el juicio de justicia será revelado a todo el universo.

15 Todas las obras de los impíos desaparecerán de la totalidad de la Tierra; el mundo será acusado de destrucción; y todos los hombres estarán atentos al camino de la integridad.

16 Y tras ello, en el séptimo día de la décima semana, tendrá lugar un perpetuo juicio que será ejecutado sobre los vigilantes y un espacioso cielo eterno emergerá en medio de los ángeles.

---

133. Nabucodonosor.
134. El cautiverio babilónico.

17 El primer cielo desaparecerá y pasará, y un nuevo cielo aparecerá y todos los poderes celestiales brillarán con un esplendor siete veces mayor por siempre. A continuación, llegarán igualmente muchas semanas que transcurrirán aparentemente con bondad y justicia.

18 El pecado no será mencionado ahí por los siglos de los siglos.

19 ¿Quién, de todos los hijos de los hombres, puede oír la voz del Santísimo sin emocionarse?

20 ¿Quién hay capaz de pensar sus pensamientos? ¿Quién puede contemplar todas las obras del cielo? ¿Quién puede comprender los actos del cielo?

21 Ese podrá ver su actividad, pero no su espíritu. Podrá hablar *de ello*, pero no ascender *a ello*. Podrá ver todos los límites de estas cosas y meditar sobre ellas, pero no podrá realizar nada que se les parezca.

22 ¿Quién, de todos los hombres, puede entender la anchura y la longitud de la Tierra?

23 ¿Y quién ha observado las dimensiones de todas estas cosas? ¿Acaso todos los hombres pueden comprender la extensión del cielo, saber cuál es su altura y dónde se apoya?

24 ¿Qué cantidad de estrellas hay y dónde reposan las luminarias?

CAPÍTULO 93

1 Ahora, hijos míos, dejad que os invite a amar a la justicia y a caminar en ella, porque los caminos de

la justicia son dignos de ser seguidos; en cambio, los caminos de la iniquidad se quebrarán y desaparecerán de repente.

2 Los caminos de la tiranía y de la muerte son revelados a los hombres ilustres de su generación, pero ellos se alejan de ellos y no los siguen.

3 Ahora dejad que os aliente también a los *que sois* justos, para que no andéis por los caminos de maldad y tiranía, ni por los caminos de muerte. No os aproximéis a ellos, pues pereceréis; codiciad

4 y elegid vosotros mismos la justicia y la vida plácida.

5 Caminad por los senderos de paz para poder vivir y ser digno. Retened mis palabras en lo más profundo de vuestros pensamientos y no las borréis jamás de vuestro corazón, porque sé que los pecadores aconsejan astutamente a los hombres para que cometan delitos. No se encuentran en todas partes, ni todos sus consejos poseen algo de ellas.[135]

6 Ay de aquellos que alimentan la iniquidad y la tiranía, y que cimientan el engaño, porque serán derrumbados súbitamente y jamás hallarán la paz.

7 Desdichados aquellos que construyen sus casas mediante el delito, porque serán derruidas desde sus cimientos y *ellos mismos* caerán por la espada. También aquellos que se han apoderado del oro y de la plata perecerán de repente y justamente. Pobres de vosotros que sois ricos, porque habéis confiado en vuestras riquezas,

---

135. **No se encuentran [...] algo de ellas.** Esto es, sus palabras.

pero por ellas seréis apartados, porque no os habéis acordado del Altísimo en los días de vuestra prosperidad: [seréis apartados, porque no os habéis acordado del Altísimo en los días de vuestra prosperidad].[136]

8 Habéis cometido blasfemia e iniquidad y estáis destinados al día de la efusión de sangre, al día de las tinieblas y al día del gran juicio.

9 Esto os manifiesto y os anuncio: que el que os ha creado os destruirá.

10 Cuando caigáis, Él no tendrá piedad de vosotros, mas vuestro Creador se regocijará en vuestra destrucción.

11 Dejad que aquellos que sean justos entre vosotros durante esos días detesten a los pecadores y a los impíos.

CAPÍTULO 94

1 ¡Oh, cuánto no fueron mis ojos nubes de agua, lloré por vosotros y derramé lágrimas como lluvia y me deshice de la tristeza de mi corazón!

2 ¿Quién os ha permitido odiar y pecar? El juicio os alcanzará, pecadores.

3 Los justos no deben temer a los malvados, porque Dios los entregará de nuevo a vuestro poder para que os venguéis de ellos a vuestro gusto.

4 Desdichados vosotros, que seréis atados por las execraciones de las cuales no podréis liberaros; el re-

---

136. Estas líneas constituyen evidentemente una repetición de las precedentes, lo que deriva de un error de transcripción (Laurence, pág. 154).

medio quedará bien alejado de vosotros, por culpa de vuestros pecados. Pobres de vosotros que pagáis con el mal a vuestro prójimo, porque seréis recompensados según vuestros actos.

5 Infelices vosotros, falsos testigos, que agraváis la injusticia, porque pereceréis repentinamente.

6 Ay de vosotros, pecadores, porque rechazáis a los justos, porque recibís o rechazáis *a placer* a aquellos que *cometen* la injusticia, y su yugo os dominará.

CAPÍTULO 95

1 Tened confianza, oh, justos, porque los pecadores serán repentinamente aniquilados ante vosotros y deberéis ejercer el poder sobre ellos, según vuestra voluntad.

2 En el día de la aflicción de los pecadores, vuestros descendientes serán elevados y ascendidos como águilas. Vuestro nido será más elevado que el del buitre; subiréis y penetraréis en las cavidades de la tierra y por las grietas de las rocas para siempre, como los conejos, a la vista de los impíos;

3 quienes gemirán por vosotros y llorarán como sirenas.

4 No debéis temer a aquellos que os turban, porque el restablecimiento será vuestro; una deslumbrante luz brillará a vuestro alrededor y la voz de la paz se oirá desde el cielo. Desdichados vosotros, pecadores, porque vuestra riqueza os hace parecer santos, pero vuestros corazones os reprochan *porque saben* que sois

pecadores. Este mundo testificará en contra de vosotros, en recuerdo de vuestro delito.

5 Infelices vosotros que os alimentáis de la gloria del trigo y bebéis la fortaleza del manantial más profundo, y en *el orgullo de* vuestro poder pisoteáis a los humildes.

6 Ay de vosotros que bebéis agua a placer, porque en el momento menos pensado seréis recompensados, consumidos y ajados, porque habéis abandonado la fuente de la vida.

7 Desdichados vosotros que actuáis injusta, fraudulentamente y blasfemando; pues se os recordarán todos los males.

8 Pobres de vosotros, poderosos, que mediante el poder oprimís al justo, porque el día de vuestra destrucción llegará; *mientras que*, en ese mismo momento, habrá una parte de los numerosos y buenos días para los justos, incluso el día de vuestro juicio.

CAPÍTULO 96

1 Los justos confían en que los pecadores serán desgraciados y perecerán en el día de la injusticia.

2 Vosotros mismos seréis conscientes de ello, porque el Altísimo se acordará de vuestra destrucción y los ángeles se regocijarán en ella. ¿Qué haréis, pecadores, y a dónde volaréis el día del juicio, cuando oigáis las palabras de la oración de los justos?

3 No sois como ellos que en este asunto testificarán en contra de vosotros; sois cómplices de los pecadores.

4 En esos días, las oraciones de los justos se acercarán al Señor. Cuando llegue el día de vuestro juicio, y cada acto de vuestra injusticia sea narrado ante el Grande y Santo,

5 vuestros rostros se cubrirán de humillación, mientras cada acto, fortalecido por el delito, será rechazado.

6 ¡Ay de vosotros, pecadores, que estáis en medio del mar y en tierra firme! ¡Aquellos contra quienes existe un registro de maldad! Desdichados vosotros que malgastáis la plata y el oro, adquiridos injustamente y decís: Somos ricos, poseemos riqueza y hemos logrado todo cuanto podemos desear.

7 Ahora llevaremos a cabo lo que sea que estemos dispuestos a hacer, porque hemos acumulado plata; nuestras alacenas están llenas y los cabezas de nuestras familias son como agua desbordada.

8 Como el agua, pasará vuestra falsedad, porque vuestra riqueza no será permanente, sino que de repente ascenderá de vosotros, porque la habéis adquirido injustamente; y vosotros seréis entregados a una potente maldición.

9 Y ahora os juro, a vosotros los astutos al igual que a los ingenuos, que, al contemplar a menudo la Tierra, vosotros, *que sois* hombres, os vestís con más elegancia que las mujeres casadas y los dos juntos aún con mayor elegancia que la de las mujeres solteras[137],

---

137. **Que las mujeres casadas [...] solteras**. O «que una mujer y más coloridos (vestidos) que una chica...» (Knibb, pág. 230).

ataviándoos con majestuosidad en cualquier lugar, con magnificencia, con autoridad y con plata; pero el oro, la púrpura, el honor y la riqueza se escurren como el agua.

10 Por eso ni la erudición ni la sabiduría son suyas. Por eso perecerán, junto con sus riquezas, con toda su gloria y con sus honores.

11 En la desgracia, en la masacre y en una penuria extrema, su espíritu será lanzado a un horno de fuego.

12 Os he jurado, pecadores, que no ha habido ni habrá montaña ni colina alguna subordinada[138] a ninguna mujer.

13 Tampoco el delito nos ha sido enviado de esta forma sobre la Tierra, sino que lo han maquinado los hombres por voluntad propia; y aquellos que lo han cometido serán sumamente execrados.

14 La esterilidad no será impuesta *a priori* a la mujer, pero a causa de la obra de sus manos ella morirá sin hijos.

15 Os juré, pecadores, por el Santo y Grande, que todas vuestras malas obras son reveladas en los cielos y que ninguno de vuestros actos tiránicos permanece oculto ni en secreto.

16 No penséis en vuestra mente ni digáis a vuestro corazón que algún delito no se manifiesta ni se ve. En el cielo se escribe diariamente ante el Altísimo. De ahora en adelante se manifestará, pues cada acto de tiranía

---

138. **Subordinada.** Literalmente, «servidoras». Quizás para proveerlas de tesoros para adornarse (Laurence, pág. 159).

que cometáis se registrará diariamente, hasta el día de vuestro juicio.

17 ¡Desdichados vosotros, ingenuos, pues pereceréis en vuestra ingenuidad! No escucharéis a los sabios y lo que es bueno no obtendréis.

18 Por lo tanto, sabed ahora, que estáis destinados al día de la destrucción; no esperéis que vivan los pecadores; mas al pasar el tiempo moriréis, porque no estáis calificados para la redención.

19 Porque estáis destinados al día del gran juicio, al día de la aflicción y al gran oprobio de vuestra alma.

20 ¡Pobres de vosotros, obstinados de corazón, que hacéis el mal y os alimentáis de sangre! ¿De dónde *es que* coméis cosas buenas, bebéis y os saciáis? ¿No es acaso porque nuestro Señor, el Altísimo, ha provisto abundantemente la tierra de buenas cosas? Para vosotros no existirá la paz.

21 Infelices vosotros, que amáis los actos injustos. ¿Por qué esperáis aquello que es bueno? Sabed que seréis entregados a manos de los justos, quienes os cortarán el cuello, os matarán y no tendrán piedad de vosotros.

22 Ay de vosotros que os regocijáis en la aflicción de los justos, pues no os será cavada ninguna tumba.

23 Desdichados vosotros que frustráis la palabra de los justos, porque para vosotros no habrá esperanza de vida.

24 Desgraciados vosotros que escribís palabras de falsedad y la palabra de los impíos, porque ellos

anotan sus mentiras para que escuchen y no olviden sus locuras.

25 No habrá un momento de paz para ellos, pero sin duda morirán por una muerte repentina.

CAPÍTULO 97

1 Desdichados aquellos que actúan impíamente, quienes alaban y honran la palabra de falsedad. Os habéis abandonado a la perdición y no habéis llevado jamás una vida virtuosa.

2 Ay de vosotros, que tergiversáis las palabras de integridad. Transgreden el decreto perpetuo.[139]

3 Y hacen que la cabeza de quienes no son pecadores sea pisoteada sobre la tierra.

4 En esos días, ¡oh, justos!, seréis dignos de que vuestras oraciones se eleven en recuerdo; y serán depositadas como testimonio ante los ángeles, porque los pecados de los pecadores se registrarán ante la presencia del Altísimo.

5 En esos días, las naciones serán derrocadas, pero sus familias se levantarán de nuevo en el día de la perdición.

6 En esos días, las que queden preñadas saldrán, se llevarán a sus hijos y los abandonarán. Sus vástagos se les deslizarán, mientras los amamantan ellas los abandonarán; y jamás volverán a ellos, y jamás enseñarán a sus bienamados.

---

139. **Transgreden el decreto perpetuo.** O «distorsionan la ley eterna» (Knibb, pág. 232).

7 Nuevamente os juro, pecadores, que el pecado está listo para el día en que la sangre no cesará.

8 Ellos adorarán las piedras, e imágenes grabadas en oro, plata y madera. Adorarán espíritus impuros, demonios y toda clase de ídolos en los templos; pero ninguna ayuda provendrá de ellos. Sus corazones devendrán impuros a causa de su locura y sus ojos, cegados por la superstición mental[140]. En sus sueños visionarios, serán impíos y supersticiosos, pues han mentido en todos sus actos y han adorado las piedras. Por esto perecerán.

9 Pero, en esos días, serán dichosos, todos a los que la palabra de la sabiduría es entregada, los que señalan y siguen el camino del Altísimo, los que van por el camino de la justicia y los que no actúan impíamente con los impíos.

10 Ellos serán salvados.

11 Desdichados vosotros que extendéis el delito de vuestro prójimo, pues seréis asesinados en el infierno.

12 Ay de vosotros que sembráis la semilla del pecado y del engaño, que sois amargos en la Tierra, pues por ello seréis consumidos.

13 Pobres de vosotros que edificáis vuestras casas gracias al trabajo de los demás, cada parte de la cual está hecha de ladrillo y de la piedra del pecado. Os digo que no obtendréis un momento de paz.

---

140. **Superstición mental.** Literalmente, «la pusilanimidad de su corazón» (Laurence, pág. 162).

14 Infelices vosotros que menospreciáis el alcance de la herencia eterna de vuestros padres, mientras vuestra alma sigue a los ídolos, porque no habrá calma para vosotros.

15 Desgraciados los que cometen injusticia y prestan su ayuda a la blasfemia, quienes matan a su prójimo hasta el día del gran juicio, pues vuestra gloria caerá; Él infundirá malicia en vuestro corazón y el espíritu de su ira os sacudirá hasta que todos perezcáis por la espada.

16 Entonces todos los justos y los santos recordarán vuestros delitos.

CAPÍTULO 98

1 Y en esos días, los padres serán golpeados con sus hijos los unos en presencia de los otros y los hermanos caerán muertos con sus hermanos hasta que como un río corra su sangre.

2 Porque el hombre no refrenará su mano sobre su hijo ni sobre el hijo de su hijo, su misericordia será matarlos.

3 El pecador tampoco refrenará su mano sobre su honrado hermano. Desde el amanecer hasta la puesta del sol, se prolongará la matanza. El caballo vadeará hasta su lomo y el carruaje se hundirá hasta el eje con la sangre de los pecadores.

CAPÍTULO 99

1 En esos días, los ángeles descenderán a lugares ocultos y todos los que han participado en el pecado se reunirán en un mismo sitio.

2 Ese día el Altísimo se levantará para llevar a cabo el gran juicio sobre todos los pecadores y asignará el cuidado de todos los justos y los santos a los santos ángeles, para que los protejan como a la niña de sus ojos hasta que todo mal y todo pecado sea destruido por completo.

3 Si los justos duermen de forma segura *o no*, es algo que los sabios perfectamente detectarán.

4 Y los hijos de la Tierra comprenderán cada palabra de ese libro y reconocerán que sus riquezas no pueden salvarlos en la ruina de sus pecados.

5 Desdichados vosotros, pecadores, si os afligís por los justos en el día de la gran penuria, arderéis en el fuego y recibiréis la recompensa según vuestros actos.

6 Pobres de vosotros, corazones descarriados, que veláis por conseguir un fiel conocimiento del mal y por descubrir la violencia. Nadie os socorrerá.

7 Ay de vosotros, pecadores, que con las palabras de vuestra boca y por las obras de vuestras manos habéis actuado impíamente, porque arderéis en la llama de un fuego abrasador.

8 Y ahora sabed que los ángeles investigarán vuestra conducta en el cielo; al Sol, a la Luna y a las estrellas *preguntarán* sobre vuestros pecados, porque en la Tierra tenéis jurisdicción sobre los justos.

9 Cada nube testificará contra vosotros, la nieve, el rocío y la lluvia, porque todos ellos se os ocultarán, para que no desciendan sobre vosotros ni devengan cómplices de vuestros pecados.

10 Ahora traed ofrendas a la lluvia, para que, sin ocultarse, descienda sobre vosotros, y al rocío, si ha recibido de vosotros oro y plata. Pero cuando la escarcha, la nieve, el frío y todo viento nevado y todas las calamidades que les pertenezcan, caigan sobre vosotros, esos días seréis totalmente incapaces de manteneros en pie ante ellos.

CAPÍTULO 100

1 Pensad atentamente en el cielo, hijos del cielo, y en toda la obra del Altísimo; temedle y no os comportéis de modo criminal ante Él.

2 Si Él cierra las ventanas del cielo, restringiendo la lluvia y el rocío, de modo que no caiga sobre la tierra por vuestra culpa, ¿qué haréis?

3 Y si Él envía su ira contra vosotros y contra todas vuestras obras, no sois quienes para suplicarle; vosotros quienes pronunciáis contra su justicia palabras orgullosas y poderosas. No habrá paz para vosotros.

4 ¿No veis a los capitanes de las embarcaciones, cómo sus navíos son zarandeados por las olas, hechos añicos por los vientos y expuestos al mayor de los peligros?

5 ¿Acaso temen por eso, porque han embarcado con ellos todas sus posesiones al océano y porque ellos prohíben el mal en sus corazones porque puede tragarlos y pueden perecer en él?

6 ¿Acaso no es todo el mar y todas sus aguas y toda su conmoción obra del Altísimo, de quien ha

sellado todos sus esfuerzos y los ha ceñido a cada lado con arena?

7 ¿Acaso su reprimenda *no se* seca y se alarma, mientras todos sus peces con todo lo que *conlleva* perecen? Y vosotros, pecadores, que estáis sobre la Tierra, ¿no le teméis? ¿Acaso no es Él el creador del cielo y de la tierra y de todo lo que en ellos hay?

8 ¿Y quién ha dado la erudición y la sabiduría a todo lo que se mueve en *progresión* sobre la tierra y por el mar?

9 ¿Y no temen los capitanes de los navíos al océano? ¿Y no deberían los pecadores temer al Altísimo?

(NO CONSTA EL CAPÍTULO 101)

CAPÍTULO 102

1 En esos días, cuando Él lance sobre vosotros las calamidades del fuego, ¿dónde huiréis y cómo estaréis a salvo?

2 Y cuando Él envíe su palabra contra vosotros, ¿no seréis salvados y estaréis aterrados?

3 Todas las luminarias se inquietan con gran temor y la tierra entera es salvada, mientras tiembla y se turba.

4 Todos los ángeles cumplen las órdenes que *han recibido* y están deseosos de ser ocultados de la presencia de la Gran gloria, mientras los hijos de la Tierra se alarman y se angustian.

5 Pero vosotros, pecadores, estáis malditos para siempre; no habrá paz para vosotros.

6 No temáis, almas de los justos, mas esperad con paciente esperanza el día de vuestra muerte con justicia. No os lamentéis, porque vuestras almas descienden con gran angustia, con sollozos, lamentos y pesar al receptáculo de los muertos. En vuestra vida, vuestros cuerpos no han recibido ninguna recompensa proporcional a vuestra bondad, pero durante el periodo de vuestra existencia ha habido también pecadores, en el periodo de la execración y del castigo.

7 Y cuando morís, los pecadores dicen de vosotros: «Cuando nosotros morimos, los justos mueren. ¿Qué provecho sacan ellos de sus obras? Mirad que, igual que nosotros, ellos espiran con dolor y en las tinieblas. ¿En qué nos aventajan? Desde ahora somos iguales. ¿Qué habrá al alcance de su mano y qué ante sus ojos para siempre? Porque mirad que han muerto y nunca más volverán a ver la luz». Yo os digo, pecadores: Os habéis saciado de comida y bebida, de robar y asaltar a los hombres, de pecar, de adquirir riquezas y de contemplar días dichosos. ¿No habéis distinguido a los justos, quienes tienen su final en paz?, pues no se ha hallado ninguna violencia en ellos hasta el día de su muerte. Perecen, y lo hacen como si no sucediera, mientras sus almas caen con aflicción en el receptáculo de los muertos.

CAPÍTULO 103

1 Pero ahora os juro, justos, por la grandeza de su esplendor y de su gloria, por su ilustre reino y por su majestuosidad, os juro que comprendo este misterio, porque he leído la tablilla del cielo, he visto las escrituras de los santos y he descubierto lo que sobre vosotros está escrito y grabado en ella.

2 *He visto* que toda bondad, alegría y gloria ha sido preparada para vosotros y que ha sido escrita para los espíritus de los que han muerto sumamente justos y buenos. Eso os será devuelto a cambio de vuestros pesares y vuestra parte *de felicidad* será superior a la de los vivos.

3 Vuestros espíritus, los de aquellos que habéis muerto con justicia, vivirán y se alegrarán. Sus espíritus se exultarán, y su recuerdo acontecerá ante el rostro del Todopoderoso de generación en generación. Tampoco deberán temer a la desgracia.

4 Desdichados vosotros, pecadores, que morís en vuestros pecados. Y los que son como vosotros, dicen de vosotros: Benditos son estos pecadores. Han vivido hasta el fin de sus días y ahora mueren en la dicha y en la riqueza. Mientras vivían, no conocieron la aflicción ni la matanza; han muerto con honor y tampoco se les juzgó durante su vida.

5 *Pero*, ¿acaso no se les ha mostrado que, *una vez* en el receptáculo de los muertos, su alma se hará descender y sus malas acciones serán su peor tormento? Su espíritu entrará en las tinieblas, en las

trampas y en las llamas que arderán en el gran juicio; y tendrá lugar el gran juicio por los siglos de los
siglos.

6 Infelices vosotros porque allá no hallaréis la
paz. Ni podréis decirles a los justos ni a los buenos
que viven: «En los días de nuestra desgracia nos
hemos afligido; hemos visto todo *tipo de* aflicciones
y hemos sufrido numerosas crueldades.

7 Nuestros espíritus han sido consumidos, men-
guados y disminuidos.

8 Hemos perecido y no ha habido posibilidad de
ser socorridos ni por palabras ni por actos; no hemos
hallado nada, solo tormento y destrucción.

9 No esperamos vivir un día tras otro.

10 Aunque esperábamos haber sido la cabeza.

11 Y hemos resultado ser la cola. Hemos sido
desgraciados aunque nos hayamos esforzado, pues
hemos sido devorados por los pecadores y los impíos; su yugo ha pesado sobre nosotros.

12 Los que han ejercido poder sobre nosotros,
nos detestan y nos acosan; y ante los que nos odian
hemos bajado la cabeza, pero ellos no han tenido
piedad de nosotros.

13 Hemos ansiado escapar de ellos, para huir
de ellos y hallar reposo, pero no hemos encontrado
lugar al que poder huir y quedar a salvo de ellos.
Hemos buscado asilo con los príncipes en nuestra
aflicción y hemos gritado contra los que nos devo-

raban, pero nuestro grito ha sido ignorado y ellos siquiera han querido escuchar nuestra voz;

14 antes al contrario, han ayudado a los que nos roban y nos devoran, a los que nos reducen en número y ocultan su tiranía; a los que no nos retiran el yugo y solo nos devoran, nos debilitan y nos matan; quienes ocultan nuestra matanza, y no se acuerdan de que han levantado la mano contra nosotros».

CAPÍTULO 104

1 Os juro, oh, justos, que en el cielo los ángeles toman nota de vuestra bondad ante la gloria del Todopoderoso.

2 Esperad con paciente esperanza, pues anteriormente habéis sido deshonrados con el mal y el sufrimiento, pero ahora brillaréis como las luminarias del cielo. Seréis vistos y las puertas del cielo se abrirán ante vosotros. Vuestros gritos han clamado la justicia y esta se os ha aparecido, porque los príncipes y los que han presenciado vuestros robos exigirán un recuento de todo vuestro dolor.

3 Esperad con paciente esperanza y no cedáis vuestra confianza, porque gozaréis de una gran alegría como la de los ángeles de los cielos. Comportaos como debáis y no seréis ocultados el día del gran juicio. No seréis considerados pecadores, y la condena eterna tendrá lugar lejos de vosotros, durante tanto tiempo como exista el mundo.

4 Y ahora no temáis, oh, justos, cuando veáis a los pecadores exitosos y prósperos en sus caminos.

5 No os asociéis con ellos, mas manteneos alejados de su tiranía; uníos a las huestes del cielo. Vosotros, pecadores, decid: Todos nuestros pecados no se tendrán en cuenta ni se registrarán. Pero todos vuestros pecados se registrarán diariamente.

6 Os aseguro que la luz y las tinieblas, el día y la noche ven todos vuestros pecados. No seáis impíos en vuestros pensamientos, no mintáis, no renunciéis a la palabra de rectitud y no mintáis sobre la palabra del Santo y Poderoso; no adoréis a vuestros ídolos, porque todas vuestras mentiras y vuestras impiedades no contribuyen a la justicia, sino al gran pecado.

7 Ahora revelaré un misterio: numerosos pecadores se volverán en contra de la palabra de rectitud y la infringirán.

8 Blasfemarán, pronunciarán falsedades, ejecutarán grandes empresas[141] y escribirán libros con sus propias palabras. Pero cuando escriban todas mis palabras correctamente, en sus propios idiomas,

9 no las cambiarán ni las abreviarán, sino que las escribirán correctamente; todo lo que desde el principio he pronunciado sobre ellos.[142]

---

141. **Ejecutarán grandes empresas.** Literalmente, «crearán una gran creación» (Laurence, pág. 173).

142. A pesar del mandato de Enoc, su libro fue innegablemente alterado y abreviado por editores posteriores, si bien estos fragmentos han sobrevivido.

10 Revelo otro misterio: A los justos y a los sabios se les entregarán libros de dicha, de integridad y de gran sabiduría. Los libros les serán entregados y en ellos creerán;

11 y se alegrarán. Todos los justos serán recompensados, y de ellos adquirirán el conocimiento de los caminos rectos.

CAPÍTULO 104A

1 En esos días, dijo el Señor, llamarán a los hijos de la Tierra y les harán escuchar su sabiduría. Enseñadles que sois sus líderes.

2 Y esa recompensa *tendrá lugar* sobre toda la Tierra, porque yo y mi Hijo estaremos en comunión con ellos eternamente en los caminos de la rectitud mientras vivan. Que la paz sea con vosotros. Regocijaos, hijos de la integridad, con la verdad.

CAPÍTULO 105

1 Pasado un tiempo, mi hijo Matusalén eligió una mujer para su hijo Lámek.

2 Y ella concibió de él y dio a luz a un hijo, cuya carne era blanca como la nieve y roja como la flor de la rosa; los cabellos de su cabeza eran blancos como la lana y largos, y sus ojos eran hermosos. Cuando los abrió, iluminó toda la casa como el sol; toda la casa rebosaba de luz.

3 Y cuando fue tomado de las manos de la partera, abrió la boca y habló al Señor de justicia. Su

padre, Lámek, le tuvo miedo y huyendo fue a su padre, Matusalén, y le dijo: he engendrado un hijo, diferente *a los otros*. No es humano; pero, aunque parece un hijo de los ángeles del cielo, es de una naturaleza distinta *a la nuestra* y resulta totalmente diferente a nosotros.

4 Sus ojos son *brillantes* como los rayos del sol; su rostro es glorioso y parece como si no fuera mío sino de los ángeles.

5 Temo que tenga lugar un milagro sobre la Tierra durante sus días.

6 Y ahora, padre mío, te suplico y te pido que vayas a nuestro progenitor, Enoc, y aprendas de él la verdad, porque reside con los ángeles.

7 Cuando Matusalén hubo oído la palabra de su hijo, vino hacia mí en los confines de la Tierra, porque le habían dicho que yo me encontraba allí, y gritó.

8 Oí su voz, me acerqué a él y le dije: *Aquí* estoy, hijo mío, ¿por qué has venido en mi búsqueda?

9 Él me respondió, diciéndome: He venido debido a un gran acontecimiento, a causa de una visión difícil *de comprender* he venido en tu búsqueda.

10 Y ahora, padre mío, escúchame, porque de mi hijo Lámek ha nacido un hijo, que no es parecido a él, cuya naturaleza no es como la naturaleza de los hombres. Su color es más blanco que la nieve, más rojo que la rosa; los cabellos de su cabeza son más blancos que la blanca lana; sus ojos son como los rayos del sol y cuando los abrió, iluminó toda la casa.

11 Incluso cuando lo tomamos de las manos de la partera, abrió la boca y bendijo al Señor del cielo.

12 Su padre, Lámek, temió y huyó hacia mí, y duda de que *el hijo* sea suyo, porque se parece a los ángeles del cielo. Y he aquí que he venido a ti para que me puedas dar a conocer la verdad.

13 Entonces yo, Enoc, le respondí y le dije: El Señor llevará a cabo una nueva obra sobre la Tierra. Lo he explicado y lo he contemplado en una visión. Te he enseñado que *en* la época de mi padre, Jared, quienes pertenecían al cielo ignoraron la palabra del Señor. He aquí que pecaron, olvidaron su jerarquía, y se mezclaron con las mujeres. Con ellas también pecaron, se casaron con ellas y engendraron hijos.[143]

14 Por eso tendrá lugar una gran destrucción en toda la Tierra: un diluvio, una catástrofe tendrá lugar en un año.

15 Ese niño que os ha nacido sobrevivirá en la Tierra, y sus tres hijos serán salvados con él. Cuando todos los hombres que están en la Tierra mueran, él será salvado.

16 Y sus descendientes engendrarán gigantes sobre la Tierra, no de espíritu sino de carne. Acontecerá un gran castigo sobre la Tierra y será purificada de toda corrupción. Por eso ahora anuncia a Lámek, tu hijo, que el que le ha nacido es verdaderamente su hijo, y deberá ponerle el nombre de *Noé*, porque él será

---

143. Tras este versículo, un papiro griego añade: «que no son como seres espirituales, sino criaturas de carne» (Milik, pág. 210).

vuestro superviviente. Él y sus hijos serán salvados de la corrupción que tendrá lugar en el mundo, a causa de todo el pecado y a causa de toda la iniquidad que será consumada en la Tierra en sus días. Y tras eso vendrá una iniquidad más grande que la que se ha consumado sobre la Tierra, porque yo conozco los santos misterios, esos que el Señor me ha mostrado y enseñado, y que yo he leído en las tablillas del cielo.

17 En ellas pude leer que generación tras generación se infringirá, hasta que se levante una generación de justicia, hasta que el pecado y el delito desaparezcan de la Tierra, hasta que el bien venga sobre ella.

18 Y ahora, hijo mío, ve y anúnciaselo a tu hijo Lámek,

19 que ese niño que ha nacido es realmente su hijo y que no hay engaño.

20 Cuando Matusalén hubo escuchado la palabra de su padre, Enoc, quien le había mostrado toda cosa secreta, regresó con conocimiento y reveló el nombre de ese niño, Noé, pues él debía consolar la Tierra de toda su destrucción.

21 Otro libro que escribió Enoc para su hijo Matusalén y para aquellos que habrán de venir después de él y guardarán su comportamiento puro en los días postreros. Vosotros, que habéis sido prolijos, esperad esos días hasta que los que hacen el mal y el poder de los pecadores sean aniquilados. Esperaos hasta que pase el pecado, pues sus nombres serán borrados de los santos libros; su raza será destruida y sus espíritus asesinados.

Ellos gritarán y se lamentarán en un invisible desierto y arderán en el fuego sin fondo[144]. Allí vi, tal cual, una nube a través de la que no se podía ver, pues, de lo profunda que era, yo era incapaz de ver más arriba. También divisé una llama de fuego resplandeciente y unas montañas centelleantes que se arremolinaban y se agitaban de un lado a otro.

22 Yo interrogué a uno de los santos ángeles que estaban conmigo y le dije: ¿Qué es este maravilloso *objeto*? Porque no es el cielo, sino una sola llama de fuego que resplandece, y *en ella está* el clamor del grito, de la congoja y del gran sufrimiento.

23 Y él me dijo: Ahí, en ese lugar que tú contemplaste, se lanzan los espíritus de los pecadores y de los blasfemos, de los que hacen el mal y de todos aquellos que pervierten todo aquello que ha dicho Dios por boca de los profetas, todo lo que ellos deberían hacer.

Sobre todas estas cosas habrá libros escritos y grabados arriba en el cielo, para que los ángeles puedan leerlos y así saber lo que acontecerá tanto a los pecadores como a los espíritus de los humildes, a los que han sufrido en su propia carne, pero han sido recompensados por Dios; a los que han sido ultrajados por los hombres malvados; a los que han amado a Dios; a los que no se han aferrado ni al oro ni a la plata ni a ninguno de los bienes del mundo sino que han librado su cuerpo a los tormentos;

---

144. **Arderán en el fuego sin fondo.** Literalmente, «en el fuego arderán, donde no hay tierra» (Laurence, pág. 178).

24 a aquellos que desde el momento de su nacimiento no han codiciado las riquezas del mundo, sino que se han contemplado a sí mismos como un soplo que pasa.

25 Así se han comportado y el Señor les ha puesto a prueba duramente; y sus almas han sido halladas puras para que pudieran bendecir su nombre. Yo he narrado en un libro todas sus bendiciones y Él los ha recompensado, pues ha resultado que aman al cielo con una ambición eterna. *Dios ha dicho*: Mientras eran pisoteados por los malvados, ellos han oído de ellos injurias y blasfemias, y han sido humillados, mientras me bendecían. Y ahora convocaré a los espíritus de los buenos entre las generaciones de luz y transformaré a los que han nacido en las tinieblas, quienes no han sido recompensados en su cuerpo con gloria, como se merecía su fe.

26 Yo les llevaré a la luz refulgente de los que han amado mi santo nombre y colocaré a cada uno de ellos en un trono de gloria, de gloria *peculiarmente* propia, y descansarán durante innumerables periodos. Justa es la sentencia de Dios.

27 Él dotará de fe a los fieles en las moradas de la rectitud. Y ellos verán arrojar a las tinieblas a los que han nacido en las tinieblas, mientras los justos reposan. Los pecadores gritarán, al verlos, mientras existen en el esplendor y avanzan hacia los días y los periodos prescritos para ellos.

[Aquí termina la visión de Enoc, el profeta. ¡Que la bendición de su plegaria y el regalo de su tiempo asignado estén con sus bienamados! Amén. *R. Laurence*]

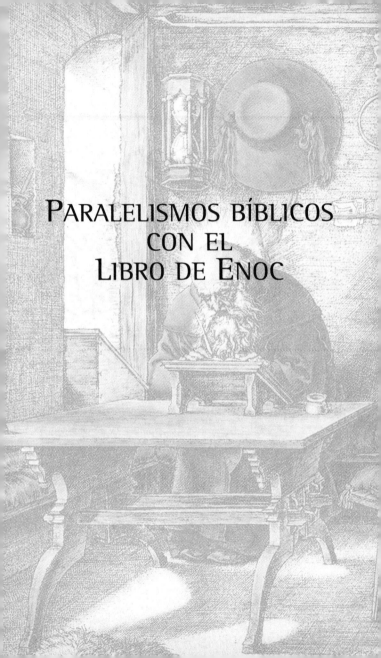

PARALELISMOS BÍBLICOS CON EL LIBRO DE ENOC

LA BATALLA DE LOS ÁNGELES

PARALELISMOS BÍBLICOS CON EL LIBRO DE ENOC

ENOC 1:6 [...] llegará el juicio de todos, incluso sobre los justos.

1 PEDRO 4:17 Porque es tiempo de que el juicio comience por la casa de Dios; y si primero comienza por nosotros, ¿cuál será el fin de aquellos que no obedecen al Evangelio de Dios?

ENOC 2 *Mirad, Él viene con diez mil de sus santos, para juzgarlos* y aniquilar a los infames y censurar todo lo carnal, por todo lo que *los pecadores y los impíos* han hecho y cometido contra Él.

26:2 Entonces Uriel, uno de los santos ángeles que estaba conmigo, replicó: este valle es la maldición eterna de los maldi-

JUDAS 14 Profetizó Enoc, séptimo desde Adán, diciendo: *He aquí, vino el Señor con sus santas decenas de millares,*

15 *para hacer juicio contra todos* y dejar convictos a todos los impíos de todas sus obras impías que han hecho impíamente, y de *todas las cosas duras que los pecadores impíos han hablado contra él.*

tos. Aquí serán reunidos *todos aquellos que por su boca profieran un lenguaje impropio contra el Señor, y pronuncien insolencias sobre Su gloria.*

ENOC 6:9 Los elegidos poseerán luz, alegría y paz, y *heredarán la tierra.*

ENOC 9:3 Entonces ellos dijeron al Señor, al Rey: Tú eres *Señor de señores, Dios de dioses, Rey de reyes.* El trono de tu gloria es por siempre jamás y tu nombre santificado y glorificado por siempre jamás. *Eres bendito y glorificado.*

4 *Has creado todas las cosas; tú posees el poder sobre todas las cosas y todas las cosas son abiertas y se manifiestan ante ti;* tú lo ves todo y nada puede ocultársete.

ENOC 10:6 De nuevo el Señor dijo a Rafael: Ata a

MATEO 5:5 Bienaventurados los mansos, *porque ellos recibiran la tierra por heredad.*

APOCALIPSIS 17:14 [...] como él es *Señor de señores y Rey de reyes*; y los que están con él son llamados y elegidos y fieles.

4:11 *Señor, digno eres de recibir la gloria y la honra y el poder; porque tú creaste todas las cosas,* y por tu voluntad existen y fueron creadas.

HEBREOS 4:13 Y no hay cosa creada que no sea manifiesta en su presencia; antes bien *todas las cosas están desnudas y abiertas a los ojos de aquel* a quien tenemos que dar cuenta.

JUDAS 6 Y a los ángeles que no guardaron su digni-

Azazel, de pies y manos; arrójalo a las tinieblas y, abriendo el desierto que está en Dudael, échalo allí.

7 Lánzale piedras afiladas, y cúbrelo de tinieblas;

8 allí permanecerá eternamente; cúbrele también la faz de modo que no pueda ver la luz.

9 Y en el gran día del juicio, que sea arrojado a las llamas.

15 Y asimismo el Señor le dijo a Miguel: ve y anuncia su delito a Semiaza y a los que están con él, a los que se han juntado con las mujeres para que se corrompan con toda su impureza. Y cuando todos sus hijos hayan sido aniquilados, cuando vean la perdición de sus bienamados, *aprisiónalos bajo tierra por setenta generaciones hasta el día del juicio* y la consumación, hasta que la sentencia, cuyo efecto pervivirá para siempre, se haya cumplido.

dad, sino que abandonaron su propia morada, *los ha guardado bajo oscuridad, en prisiones eternas, para el juicio del gran día.*

2 PEDRO 2:4 Dios no perdonó a los ángeles que pecaron, *sino que los arrojó al infierno y los entregó a prisiones de oscuridad, donde están reservados para el juicio.*

APOCALIPSIS 20:10 Y el diablo, que los engañaba, fue lanzado en el *lago de fuego y azufre* donde estaban la bestia y el falso profeta; y serán atormentados día y noche por los siglos de los siglos.

16 *Después, entre tormentos, serán conducidos al abismo del fuego y serán recluidos para siempre.*

17 Inmediatamente después, él [Semiaza] será quemado y perecerá con ellos; *serán atados hasta la consumación de muchas generaciones.*

ENOC 14:23 Ningún ángel fue capaz de entrar para verle la cara al Glorioso y Refulgente; *ni ningún mortal pudo contemplarlo. Un fuego ardiente le rodeaba.*

24 [...] *ninguno* de los que le rodeaban *era capaz de acercársele* [...].

1 TIMOTEO 6:16 el único que tiene inmortalidad, *que habita en luz inaccesible y a quien ninguno de los hombres ha visto ni puede ve*r [...].

ENOC 14:24 [...] entre las *miríadas de miríadas* que estaban ante Él [...].

APOCALIPSIS 5:11 [...] y su número era *millones de millones.*

ENOC 18:16 *Las estrellas que ruedan sobre el fuego* son las que transgredieron el mandamiento de Dios antes de que su momento llegase [...].

JUDAS 13 [...] *estrellas errantes*, para las cuales está reservada eternamente la oscuridad de las tinieblas.

ENOC 19:2 [...] y al adoptar numerosas apariencias han hecho profanar a los hombres y les hicieron errar para que *sacrificaran tanto demonios como dioses* [...].

1 CORINTIOS 10:20 [...] aquello que los gentiles sacrifican, *a los demonios lo sacrifican y no a Dios*; [...].

ENOC 21:5 [...] pude contemplar la combustión de un gran fuego abrasador y chisporroteante, en cuyo centro había una fisura. Columnas de fuego forcejeaban hacia *el abismo*, en un descenso profundo. Pero *no pude ver ni sus dimensiones ni su magnitud, ni pude percibir su origen*. Entonces exclamé: ¡Qué lugar más espantoso y qué difícil es explorarlo!

6 Uriel, uno de los santos ángeles que estaba conmigo, contestó diciendo: Enoc, ¿por qué te alarmas y te asombras al ver este horrible lugar, este lugar de sufrimiento? *Esta es*, explicó, *la prisión de los ángeles;* y aquí permanecen cautivos para siempre.

APOCALIPSIS 20:1 Vi un ángel que descendía del cielo con la llave del *abismo* y una gran cadena en la mano.

2 Prendió al dragón, la serpiente antigua, que es el Diablo y Satanás, y lo ató por mil años.

3 *Lo arrojó al abismo, lo encerró y puso un sello sobre él,* [...].

ENOC 22:9 [...] se han hecho tres separaciones entre los espíritus de los muertos [...].

10 Concretamente, por una sima, por el agua y por la luz que lo ilumina.

12 Aquí sus almas son separadas.

LUCAS 16:22 Aconteció que murió el mendigo, y fue llevado por los ángeles al seno de Abraham; y murió también el rico, y fue sepultado.

23 En el Hades alzó sus ojos, estando en tormentos, y vio de lejos a Abraham, y a Lázaro en su seno.

24 Entonces, gritando, dijo: «Padre Abraham, ten misericordia de mí y envía a Lázaro para que moje la punta de su dedo en agua y refresque mi lengua, porque estoy atormentado en esta llama.»

25 Pero Abraham le dijo: «Hijo, acuérdate de que recibiste tus bienes en tu vida, y Lázaro, males; pero ahora este es consolado aquí, y tú atormentado.

26 Además de todo esto, *una gran sima está puesta entre nosotros y vosotros, de manera que los que quieran pasar de aquí a vosotros no pueden, ni de allá pasar acá.»*

ENOC 24:9 Y ese árbol de agradable olor, no el de olor carnal, no está permitido tocarlo hasta el día del gran juicio. Cuando llegue el castigo y todo sea arrasado para siempre, *ese árbol será entregado a los justos y a los humildes. Su fruto se dará a los elegidos.* Por ello, será plantado hacia el norte, en el santo lugar, hacia la morada del Rey eterno.

11 Y bendije al Señor de la gloria, el Rey eterno, porque *Él ha preparado este árbol para los santos*, lo ha formado y ha declarado que se lo daría.

ENOC 37:1 [...] Escuchad desde el principio y comprended hasta el final, las cosas sagradas que expreso en presencia del *Señor de los Espíritus.*

2 Hasta ahora, lo que he recibido no se había dado ante el *Señor de los Espíritus*, una sabiduría de acuerdo con mi capacidad de inteligencia y según la

APOCALIPSIS 22:2 En medio de la calle de la ciudad y a uno y otro lado del río estaba el árbol de la vida, que produce doce frutos, dando cada mes su fruto; y las hojas del árbol eran para la sanidad de las naciones.

2:7 El que tiene oído, oiga lo que el Espíritu dice a las iglesias. *Al vencedor le daré a comer del árbol de la vida*, que está en medio del paraíso de Dios.

22:14 Bienaventurados los que lavan sus ropas *para tener derecho al árbol de la vida* y para entrar por las puertas en la ciudad.

HEBREOS 12:9 [...] ¿Por qué no obedeceremos mucho mejor al *Padre de los espíritus*, y viviremos?

voluntad del *Señor de los Espíritus*;

38:2 [...] por sus buenas obras debidamente sopesadas por el *Señor de los Espíritus* ¿[...] los que han renegado del *Señor de los Espíritus*? [...]

4 [...] el *Señor de los Espíritus* ha visto la luz de los rostros de los santos, los justos y los elegidos.

6 A partir de ese momento, tampoco nadie podrá obtener la conmiseración del *Señor de los Espíritus* [...].

ENOC 38:2 ¿[...] dónde estará el lugar de reposo de los que han renegado del Señor de los Espíritus? *Habría sido mejor para ellos no haber nacido.*

MATEO. 26:24 [...] ¡ay de aquel hombre por quien el Hijo del hombre es entregado! *Bueno le fuera a ese hombre no haber nacido.*

ENOC 39:1 En esos días, *los elegidos y la raza santa descenderán desde los altos cielos* y su progenie estará con los hijos de los hombres. [...]

1 TIMOTEO 5:21 Te encarezco delante de Dios, del Señor Jesucristo y *de sus ángeles escogidos*, [...].

ENOC 39:3 Entonces una nube me agarró y *el*

2 CORINTIOS 12:1 Ciertamente no me conviene

viento me elevó por encima de la superficie de la Tierra, dejándome en la extremidad de los cielos.

4 Y allí tuve otra visión; *vi las moradas y los lechos de los santos.* Allí mis ojos contemplaron sus moradas con sus correspondientes ángeles y lechos con los santos. Ellos estaban rogando, suplicando y orando por los hijos de los hombres, mientras la justicia manaba como agua ante ellos y la misericordia cual rocío se esparcía sobre la Tierra. Y así les sucederá por los siglos de los siglos.

7 Contemplé su residencia bajo las alas del Señor de los Espíritus; todos los santos y los elegidos cantaron ante Él, con apariencia de resplandor de fuego; *sus bocas rebosaban bendiciones y sus labios glorificaban el nombre del Señor de los Espíritus.* Asimismo, la justicia moraba incesantemente ante Él.

gloriarme, pero me referiré a las visiones y a las revelaciones del Señor.

2 Conozco a un hombre en Cristo que hace catorce años *(si en el cuerpo, no lo sé; si fuera del cuerpo, no lo sé; Dios lo sabe) fue arrebatado hasta el tercer cielo.*

3 Y conozco al tal hombre (si en el cuerpo, o fuera del cuerpo, no lo sé; Dios lo sabe),

4 que fue arrebatado al paraíso, donde oyó palabras inefables que no le es dado al hombre expresar.

JUAN 14:2 *En la casa de mi Padre muchas moradas hay;* si así no fuera, yo os lo hubiera dicho; voy, pues, a preparar lugar para vosotros.

APOCALIPSIS 19:1 Después de esto oí una gran voz, como de una gran multitud en el cielo, que decía: ¡Aleluya! Salvación, honra, gloria y poder son del Señor Dios nuestro.

ENOC 40:2 En las cuatro alas del Señor de los Espíritus, a los cuatro lados, observé otros tantos, al lado de aquellos que estaban ante él. También conozco sus nombres, porque el ángel que caminaba conmigo me los reveló, revelándome cada cosa secreta.

3 Luego oí *las voces de aquellos que estaban a los cuatro lados, magnificando al Señor de la Gloria.*

4 La primera voz bendijo al Señor de los Espíritus por los siglos de los siglos.

5 Escuché la segunda voz que bendecía al Elegido, y a los elegidos que padecen a causa del Señor de los Espíritus.

6 La tercera voz que oí pedía y rogaba por aquellos que habitan sobre la Tierra y suplicaba el nombre del Señor de los Espíritus.

7 La cuarta voz que oí expulsaba a *los ángeles impíos,* y les prohibía entrar en la presencia del Señor de

APOCALIPSIS 4:6 También delante del trono había como un mar de vidrio semejante al cristal, y junto al trono y alrededor del trono había *cuatro seres vivientes* llenos de ojos por delante y por detrás.

7 El primer ser viviente era semejante a un león; el segundo era semejante a un becerro; el tercero tenía rostro como de hombre; y el cuarto era semejante a un águila volando.

8 Los cuatro seres vivientes tenían cada uno seis alas, y alrededor y por dentro estaban llenos de ojos, y *día y noche, sin cesar, decían: «¡Santo, santo, santo es el Señor Dios Todopoderoso, el que era, el que es y el que ha de venir!»*

APOCALIPSIS 12:10 [...] porque *ha sido expulsado el acusador de nuestros hermanos, el que los acu-*

los Espíritus, *por proferir acusaciones contra los habitantes de la Tierra.*

8 Después de eso supliqué al ángel de la paz, que andaba conmigo, que me explicase todo aquello que estaba oculto. Le dije: ¿quiénes son aquellos a quienes he visto a los cuatro lados y cuyas palabras he oído y transcrito?

saba delante de nuestro Dios día y noche.

ENOC 40:9 [...] Y el cuarto, quien gobierna sobre el arrepentimiento y la esperanza de *aquellos que heredarán la vida eterna,* [...].

MATEO 19:29 Y cualquiera que haya dejado casas, o hermanos, o hermanas, o padre, o madre, o mujer, o hijos, o tierras, por mi nombre, recibirá cien veces más, y *heredará la vida eterna.*

ENOC 45:3 *En ese día, el Elegido se sentará en un trono de gloria y escogerá las condiciones de aquellos y sus innumerables lugares de reposo* (mientras sus espíritus serán fotalecidos en ellos, tan pronto como ellos vean a mi Elegido), los escogerá para aquéllos que corrieron a protegerse en mi santo y glorioso nombre.

MATEO 25:31 Cuando el Hijo del hombre venga en su gloria y todos los santos ángeles con él, *entonces se sentará en su trono de gloria,*

32 y serán reunidas delante de él todas las naciones; *entonces apartará los unos de los otros,* como aparta el pastor las ovejas de los cabritos.

ENOC 45:4 En ese día, yo haré que *mi Elegido* habite entre ellos, *transformaré el rostro del cielo*, lo bendeciré y lo iluminaré eternamente.

5 *También transformaré la faz de la Tierra*, la bendeciré y haré que aquellos a los que yo he elegido habiten sobre ella. [...]

ENOC 46:2 este es el Hijo del hombre, [...] quien revelará todos los tesoros de lo que está oculto, [...].

ENOC 46:4 *Derrocará a los reyes de su trono y de sus dominios,* porque ellos no le exaltarán ni le glorificarán ni se humillarán ante él, el cual les concedió sus reinos. De igual modo, la faz de los fuertes *Él echará por tierra,* llenándolos de confusión. Las tinieblas serán el hogar de ellos y los gusanos su lecho; y de su lecho no albergarán esperanzas de levantarse de

LUCAS 9:35 Y vino una voz desde la nube, que decía: «Este es mi Hijo amado [*El Elegido*]; a él oíd».

2 PEDRO 3:13 Pero nosotros esperamos, según sus promesas, *cielos nuevos y tierra nueva*, en los cuales mora la justicia.

COLOSENSES 2:2 [...] de Cristo,

3 en quien están escondidos todos los tesoros de la sabiduría y del conocimiento.

LUCAS 1:52 *Quitó de los tronos a los poderosos* y exaltó a los humildes.

nuevo, pues no exaltaron el nombre del Señor de los Espíritus.

ENOC 47:1 En ese día, la oración de los santos y los justos, y la sangre de los justos, subirán desde la tierra hasta la presencia del Señor de los Espíritus.

2 Ese día se reunirán los santos, quienes habitan en lo alto de los cielos, y con voz unida pedirán, suplicarán, alabarán y bendecirán el nombre del Señor de los Espíritus, debido a la sangre de los justos que ha sido derramada; que la oración de los justos no sea interrumpida ante el Señor de los Espíritus, *que por ellos ejecutará la sentencia, y que su paciencia no puede perdurar por siempre.*

ENOC 47:3 En ese tiempo, vi *al Anciano de días,* mientras estaba sentado en el trono de su gloria, mientras *el libro de los vivos estaba abierto ante Él* y mientras todos los po-

LUCAS 18:7 *¿Y acaso Dios no hará justicia a sus escogidos, que claman a él día y noche? ¿Se tardará en responderles?*

2 PEDRO 3:9 El Señor no retarda su promesa, según algunos la tienen por tardanza, sino que es paciente para con nosotros, no queriendo que ninguno perezca, sino que todos procedan al arrepentimiento.

APOCALIPSIS 6:10 Clamaban a gran voz, diciendo: «*¿Hasta cuándo Señor, santo y verdadero, vas a tardar en juzgar y vengar nuestra sangre de los que habitan sobre la tierra?»*

DANIEL 7:9 Estuve mirando hasta que fueron puestos unos tronos y se sentó *un Anciano de días.* Su vestido era blanco como la nieve; el pelo de su cabeza, como lana limpia; su

deres sobre los cielos permanecían ante él y a su alrededor.

50:1 En esos días, *la Tierra liberará de sus entrañas y el infierno de las suyas*, todo aquello que han recibido; y la destrucción devolverá todo aquello que debe.

2 Él escogerá a los justos y a los santos de entre ellos, porque el día de su salvación se acerca.

54:12 *En esos días, la boca del infierno se abrirá y en ella se sumergirán*; el infierno destruirá y se tragará a los pecadores de la faz de los elegidos.

trono, llama de fuego, y fuego ardiente las ruedas del mismo.

10 Un río de fuego procedía y salía de delante de él; miles de miles lo servían, y millones de millones estaban delante de él. *El Juez se sentó y los libros fueron abiertos.*

APOCALIPSIS 20:11 Vi un gran trono blanco y al que estaba sentado en él, de delante del cual huyeron la tierra y el cielo [...].

12 Y vi los muertos, grandes y pequeños, de pie ante Dios. Los libros fueron abiertos, y *otro libro fue abierto, el cual es el libro de la vida.* Y fueron juzgados los muertos por las cosas que estaban escritas en los libros, según sus obras.

13 *El mar entregó los muertos que había en él, y la muerte y el Hades entregaron los muertos que había en ellos*, y fueron juzgados cada uno según sus obras.

14 La muerte y el Hades fueron *lanzados al lago de fuego*. Esta es la muerte segunda.

15 El que no se halló inscrito en el libro de la vida, fue *lanzado al lago de fuego*.

ENOC 48:1 En ese lugar divisé *una fuente de justicia, inagotable* y rodeada por muchos manantiales de sabiduría. Todos los sedientos bebían de ellos, de modo que se colmaban de sabiduría y moraban con los justos, los elegidos y los santos.

JUAN 4:14 [...] pero el que beba del agua que yo le daré no tendrá sed jamás, sino que el agua que yo le daré será en él *una fuente de agua que salte para vida eterna.*

APOCALIPSIS 7:17 [...] porque el Cordero que está en medio del trono los pastoreará y los guiará a *fuentes de aguas vivas*. Y Dios enjugará toda lágrima de los ojos de ellos».

APOCALIPSIS 21:6 Y me dijo: «Hecho está. Yo soy el Alfa y la Omega, el principio y el fin. *Al que tiene sed, le daré gratuitamente de la fuente del agua de vida.*

ENOC 48:6 [...] ellos han odiado y despreciado *este*

GÁLATAS 1:4 [...] el cual se dio a sí mismo por

mundo de injusticia y han detestado todas las obras y actos de este [...].

nuestros pecados para librarnos *del presente siglo malo* [...].

1 JUAN 2:15 *No améis al mundo ni las cosas que están en el mundo.* Si alguno ama al mundo, el amor del Padre no está en él.

ENOC 48:8 Porque, en el día de su angustia y de su aflicción, sus almas no se salvarán. Y estarán en manos de los que yo he elegido.

9 Los arrojaré al fuego como la paja y al agua como el plomo. *Por tanto, arderán en presencia de los justos y se hundirán en presencia de los santos* [...].

APOCALIPSIS 14:9 Y un tercer ángel los siguió, diciendo a gran voz: «Si alguno adora a la bestia y a su imagen y recibe la marca en su frente o en su mano,

10 él también beberá del vino de la ira de Dios, que ha sido vaciado puro en el cáliz de su ira; y *será atormentado con fuego y azufre delante de los santos ángeles* y del Cordero.

ENOC 48:11 [...] *puesto que han renegado del Señor de los Espíritus y de su Mesías.* [...]

15:2 *¿Por qué habéis abandonado el altísimo y santo cielo,* y habéis yacido con las mujeres [...] os habéis *corrompido con las*

JUDAS 4 porque *algunos hombres han entrado encubiertamente*, los que desde antes habían sido destinados para esta condenación, hombres impíos, *que convierten en libertinaje la gracia de nuestro Dios y niegan a Dios, el*

hijas de los hombres, to-
mándolas como esposas?
¿Por qué habéis actuado
como los hijos de la Tierra
y habéis engendrado hijos
impíos?

ENOC 48A:4 [...] puesto
que el Elegido está en presencia del Señor de los Espíritus, *según su voluntad.*

EFESIOS 1:9 Él nos dio a
conocer el misterio de su
voluntad, *según su bene-
plácito*, el cual se había
propuesto en sí mismo.

ENOC 50:2 [...] porque
el día de su salvación se
acerca.

LUCAS 21:28 [...] porque vuestra redención está
cerca.

ENOC 50:4 [...] y todos
los justos se convertirán en
ángeles del cielo.

MATEO 22:30 [...] pues
en la resurrección [...]
serán como los ángeles de
Dios en el cielo.

ENOC 50:5 Su rostro
brillará de alegría, porque
en esos días el Elegido será
ensalzado.

MATEO 13:43 Entonces
los justos resplandecerán
como el sol en el reino de
su Padre.

ENOC 53:6 [...] se convirtieron en pastores de Satanás y *sedujeron a aquellos que moraban en la
Tierra.*

APOCALIPSIS 13:14 *En-
gaña a los habitantes de la
tierra* con las señales que se
le ha permitido hacer en
presencia de la bestia [...].

ENOC 56:5 [...] la oscuridad será destruida pre-

único soberano, y a nues-
tro Señor Jesucristo.

1 JUAN 2:8 [...] porque
las tinieblas van pasando y

viamente y la luz aumentará [...] para siempre.

ENOC 60:13 Él clamará a todos los poderes del cielo, a todos los santos en las alturas y al poder de Dios. Los querubines, los serafines y los ofanines, *todos los ángeles de poder y todos los ángeles de los Señores, esto es, del Elegido* [...].

ENOC 61:4 *La palabra de su boca destruirá a todos los pecadores y todos los impíos,* quienes perecerán en su presencia.

5 En ese día, *todos los reyes, los príncipes, los glorificados y aquellos que poseen la Tierra* se levantarán, observarán y percibirán que está sentado en el trono de su gloria, que ante él los santos serán juzgados en justicia;

6 y que nada de aquello que sea dicho ante él será pronunciado en vano.

7 *Las preocupaciones caerán sobre ellos, como en*

la luz verdadera ya alumbra.

2 TESALONICENSES 1:7 mientras que a vosotros, los que sois atribulados, daros reposo junto con nosotros, cuando *se manifieste el Señor Jesús desde el cielo con los ángeles de su poder.*

2 TESALONICENSES 2:8 Y entonces se manifestará aquel impío, *a quien el Señor matará con el espíritu de su boca* y destruirá con el resplandor de su venida.

2 TESALONICENSES 1:8 en llama de fuego, para dar retribución a los que no conocieron a Dios [...].

9 Estos sufrirán pena de eterna perdición, excluidos de la presencia del Señor y de la gloria de su poder.

APOCALIPSIS 6:15 *Los reyes de la tierra, los grandes, los ricos, los capitanes, los poderosos,* todo esclavo

una mujer parturienta, cuyo parto es arduo, cuando su hijo asoma por la boca del útero y ella tiene dificultades para dar a luz.

8 Una parte de ellos mirará a la otra. Estarán estupefactos y se tornarán humildes;

9 *y la angustia se apoderará de ellos cuando contemplen a este Hijo de mujer sentado sobre el trono de su gloria.*

y todo libre, se escondieron en las cuevas y entre las peñas de los montes;

16 […] y decían a los montes y a las peñas: «*Caed sobre nosotros y escondednos del rostro de aquel que está sentado sobre el trono, y de la ira del Cordero,*

17 porque el gran día de su ira ha llegado y ¿quién podrá sostenerse en pie?»

1 TESALONICENSES 5:3 Cuando digan: «Paz y seguridad», *entonces vendrá sobre ellos destrucción repentina, como los dolores a la mujer encint*a, y no escaparán.

MATEO 24:30 […] y *todas las tribus de la tierra harán lamentación cuando vean al Hijo del hombre venir sobre las nubes del cielo, con poder y gran gloria.*

ENOC 61:10 Entonces los reyes, los príncipes y aquellos que poseen la Tierra glorificarán al que reina sobre todas las cosas, […] *pues el Altísimo lo guar-*

MATEO 28:18 Jesús se acercó y les habló diciendo: *Toda potestad me es dada en el cielo y en la tierra.*

daba en presencia de su poder, [...].

ENOC 61:17 y ellos habitarán, comerán, se acostarán y se levantarán con este Hijo del hombre por los siglos de los siglos.

ENOC 62:11 En sus juicios *no se congracia con personas* [...].

APOCALIPSIS 3:20 Yo estoy a la puerta y llamo; si alguno oye mi voz y abre la puerta, entraré a él y cenaré con él y él conmigo.

HECHOS 10:34 Entonces Pedro, abriendo la boca, dijo: En verdad comprendo que *Dios no hace acepción de persona.*

ROMANOS 2:11 porque *para Dios no hay acepción de personas.*

EFESIOS 6:9 Y vosotros, amos, haced con ellos lo mismo, dejando las amenazas, sabiendo que el Señor de ellos y vuestro está en los cielos, *y que para él no hay acepción de personas.*

COLOSENSES 3:25 Pero el que actúa con injusticia recibirá la injusticia que haya cometido, porque *no hay acepción de personas.*

ENOC 66:5 Contemplé ese valle donde había una gran agitación y donde las aguas estaban agitadas.

MATEO 13:42 [...] y los echarán en *el horno de fuego;* allí será el lloro y el crujir de dientes.

6 Y cuando todo eso tuvo lugar, de la *masa fluida de fuego* y de la agitación que se imponía en ese lugar, emanó un fuerte olor de azufre, que se mezcló con las aguas; y *el valle de los ángeles*, acusados de seducción, ardió por debajo de su suelo.

7 Por ese valle también manaban *ríos de fuego, adonde serán condenados los ángeles* que han seducido a los habitantes de la Tierra.

ENOC 68:39 Se sentó sobre el trono de su gloria; y la parte principal del juicio se le asignó a él, Hijo del hombre.

ENOC 70:13 Caí sobre mi rostro, mientras *todo mi cuerpo se disolvía y mi espíritu se transformaba.*

14 Grité con una voz fuerte, con un poderoso espíritu, bendiciendo, glorificando y exaltando.

15 Y *esas bendiciones*, que salieron de mi boca,

25:41 Entonces dirá también a los de la izquierda: *Apartaos de mí, malditos, al fuego eterno preparado para el diablo y sus ángeles.*

APOCALIPSIS 20:10 Y el diablo, que los engañaba, fue lanzado en el *lago de fuego y azufre* donde estaban la bestia y el falso profeta; y serán atormentados día y noche por los siglos de los siglos.

JUAN 5:22 porque el Padre a nadie juzga, sino que todo el juicio dio al Hijo.

HEBREOS 11:5 Por la fe *Enoc fue traspuesto* para no ver muerte, y no fue hallado, porque lo traspuso Dios; y antes que fuera traspuesto, tuvo testimonio de haber *agradado a Dios.*

resultaron aceptables en presencia del Anciano de días.

ENOC 76:2 [...] y a menudo desciende también aquel que *es bendito por siempre*.

ROMANOS 9:5 [...] de los cuales, según la carne, vino Cristo, el cual es Dios sobre todas las cosas, *bendito por los siglos*.

2 CORINTIOS 11:31 El Dios y Padre de nuestro Señor Jesucristo, quien es *bendito por los siglos* [...].

ENOC 79:1 Esos días, Uriel respondió diciéndome: ¡He aquí que te he enseñado todas las cosas, oh, Enoc!;

2 y todas las cosas te las he revelado a ti. Viste el Sol, la Luna y los que guían las estrellas del cielo, que dirigen todas sus acciones, estaciones, llegadas y regresos.

3 *En los días de los pecadores, los años se acortarán.*

4 *Su progenie* regresará a su prolífica tierra, y todo lo que se haya hecho en la tierra será subvertido y de-

MATEO 24:7 Se levantará nación contra nación y reino contra reino; y habrá *pestes, hambres y terremotos* en diferentes lugares.

21 porque habrá entonces *gran tribulación*, cual no la ha habido desde el principio del mundo hasta ahora, ni la habrá.

22 Y si aquellos días no fueran acortados, nadie sería salvo; pero por causa de los escogidos, *aquellos días serán acortados*.

29 Inmediatamente después de la tribulación de aquellos días, *el sol se oscurecerá, la luna no dará*

saparecerá en su estación. *La lluvia será moderada y* el cielo estará quieto.

5 Esos días, *el fruto de la tierra llegará tarde* y no florecerá en su estación; y en sus estaciones los frutos de los árboles serán ocultados.

6 *La luna cambiará sus leyes* y no aparecerá más a su debido tiempo. Pero esos días el cielo será visto y la aridez tendrá lugar en las extremidades de los grandes carros al oeste. El cielo brillará más que cuando es iluminado por orden de la luz; *mientras muchos jefes de entre las estrellas del orden errarán,* pervirtiendo así sus caminos y sus obras.

7 Estos no aparecerán en su época, quienes los dirigen, y todas las clases de estrellas serán acalladas contra los pecadores.

ENOC 85:1 Observé de nuevo cuidadosamente, mientras dormía, y exploré el cielo en lo alto.

su resplandor, las estrellas caerán del cielo y las potencias de los cielos serán conmovidas.

APOCALIPSIS 9:1 [...] y vi una estrella que cayó del cielo a la tierra. [...]

2 Y contemplé una estrella que caía del cielo.

ENOC 88:92 También lo observé *abandonar la casa de sus padres* y su torre; entregándolas a los leones, para que ellos las descuartizaran y las devoraran; a todas las bestias.

LUCAS 13:35 *Vuestra casa os es dejada desierta;* y os digo que no me volveréis a ver hasta que llegue el tiempo en que digáis: «Bendito el que viene en nombre del Señor».

MATEO 23:38 *Vuestra casa os es dejada desierta.*

ENOC 89:29 Y vi cómo se erigía un trono en una agradable tierra;

30 En él se sentó el Señor de las ovejas, quien recibió todos *los libros sellados;*

31 los cuales se *abrieron ante Él.*

APOCALIPSIS 20:12 Y vi los muertos, grandes y pequeños, de pie ante Dios. *Los libros fueron abiertos, y otro libro fue abierto*, el cual es el libro de la vida. Y fueron juzgados los muertos por las cosas que estaban escritas en los libros, según sus obras.

ENOC 89:32 El Señor llamó a *los siete primeros hombres blancos* y les ordenó que trajeran, ante Él, la primera de las primeras estrellas, la que precedía a las estrellas, cuya forma se asemejaba en parte a la de los caballos; la primera es-

APOCALIPSIS 1:4 […] paz a vosotros de parte del que es y que era y que ha de venir, de *los siete espíritus que están delante de su trono.*

4:5 Del trono salían relámpagos, truenos y voces. Delante del trono ardían

trella, la que primero cayó; y ellos las trajeron todas ante Él.

ENOC 89:33 [...] Después, los setenta pastores fueron juzgados; tras ser considerados culpables, *fueron lanzados también a ese abismo ardiente.*

ENOC 89:39 También divisé al Señor de las ovejas construyendo *una nueva casa*, más grande y más alta que la primera, y que encerró en ese primer lugar circular. Todas sus columnas eran nuevas, igual que su marfil, y era más abundante que el primer marfil antiguo que se había llevado.

siete lámparas de fuego, que son los siete espíritus de Dios.

APOCALIPSIS 20:15 El que no se halló inscrito en el libro de la vida, fue *lanzado al lago de fuego.*

APOCALIPSIS 3:12 Al vencedor yo lo haré columna en el templo de mi Dios y nunca más saldrá de allí. Escribiré sobre él el nombre de mi Dios y el nombre de la ciudad de mi Dios, la *nueva Jerusalén*, la cual desciende del cielo, con mi Dios, y mi nombre nuevo.

HEBREOS 11:10 porque esperaba la ciudad que tiene fundamentos, cuyo arquitecto y constructor es Dios.

12:22 Vosotros, en cambio, os habéis acercado al monte Sión, a la *ciudad del Dios vivo*, Jerusalén la celestial, a la compañía de muchos millares de ángeles.

ENOC 89:41 Luego, aquellos tres que estaban *vestidos de blanco* y que, tomándome de la mano, me habían elevado al principio [...].

APOCALIPSIS 3:5 El vencedor será vestido de *vestiduras blancas*, y no borraré su nombre del libro de la vida, y confesaré su nombre delante de mi Padre y delante de sus ángeles.

ENOC 90:5 No alcancéis la integridad con doble corazón, ni os juntéis con *hombres de doble ánimo,* [...].

SANTIAGO 1:8 [...] ya que es *persona de doble ánimo* e inconstante en todos sus caminos.

ENOC 91:3 [...] en la bondad y en la justicia y *caminará con luz imperecedera* [...].

1 JUAN 1:7 Pero si *andamos en luz,* como él está en luz, tenemos comunión unos con otros [...].

ENOC 92:17 El primer cielo desaparecerá y pasará, y un nuevo cielo aparecerá [...].

APOCALIPSIS 21:1 Entonces vi un cielo nuevo y una tierra nueva, porque el primer cielo y la primera tierra habían pasado [...].

ENOC 93:1 [...] los caminos de la justicia son *dignos de ser seguidos;* [...].

1 TIMOTEO 1:15 Palabra fiel y digna de ser *recibida por todos*: que Cristo Jesús vino al mundo para salvar a los pecadores [...].

ENOC 93:7 [...] *Pobres de vosotros que sois ricos,* porque habéis confiado en

LUCAS 6:24 Pero ¡ay de *vosotros, ricos!,* porque ya tenéis vuestro consuelo.

vuestras riquezas, pero por ellas seréis apartados, porque no os habéis acordado del Altísimo en los días de vuestra prosperidad [...].

ENOC 96:6 [...] Desdichados vosotros que malgastáis la plata y el oro, adquiridos injustamente y decís: Somos ricos, poseemos riqueza y hemos logrado todo cuanto podemos desear.

7 *Ahora llevaremos a cabo lo que sea que estemos dispuestos a hacer,* porque hemos acumulado plata; nuestras alacenas están llenas y los cabezas de nuestras familias son como agua desbordada.

25 No habrá un momento de paz para ellos, *pero sin duda morirán por una muerte repentina.*

ENOC 97:4 En esos días, ¡oh, justos!, seréis dignos de

SANTIAGO 5:1 *¡Vamos ahora, ricos!* Llorad y aullad por las miserias que os vendrán.

LUCAS 12:16 También les refirió una parábola, diciendo: «La heredad de un hombre rico había producido mucho:

17 Y él pensaba dentro de sí, diciendo: «¿Qué haré, porque no tengo donde guardar mis frutos?»

18 Y dijo: «Esto haré: derribaré mis graneros y los edificaré más grandes, y allí guardaré todos mis frutos y mis bienes;

19 *y diré a mi alma:* "Alma, muchos bienes tienes guardados para muchos años; *descansa, come, bebe y regocíjate"».

20 Pero Dios le dijo: *"Necio, esta noche vienen a pedirte tu alma*, y lo que has guardado, ¿de quién será?"

HECHOS 10:4 Él, mirándolo fijamente, y atemo-

que *vuestras oraciones se eleven en recuerdo*; y serán depositadas como testimonio ante los ángeles, porque los pecados de los pecadores se registrarán ante la presencia del Altísimo.

rizado, dijo: ¿Qué es, Señor? Le dijo: *Tus oraciones y tus limosnas han subido para memoria delante de Dios.*

ENOC 97:8 *Ellos adorarán las piedras, e imágenes grabadas en oro, plata y madera.* Adorarán espíritus impuros, demonios y toda clase de ídolos en los templos; pero ninguna ayuda provendrá de ellos. Sus corazones devendrán impuros a causa de su locura y sus ojos, cegados por la superstición mental. En sus sueños visionarios, serán impíos y supersticiosos, pues han mentido en todos sus actos y han adorado las piedras. Por esto perecerán.

APOCALIPSIS 9:20 Los demás hombres, los que no fueron muertos con estas plagas, ni aun así se arrepintieron de las obras de sus manos *ni dejaron de adorar a los demonios y a las imágenes de oro, plata, bronce, piedra y madera*, las cuales no pueden ver ni oír ni andar.

ENOC 98:3 […] *El caballo vadeará hasta su lomo* y el carruaje se hundirá hasta el eje *con la sangre de los pecadores.*

APOCALIPSIS 14:20 El lagar fue pisado fuera de la ciudad, y del lagar salió *sangre* que llegó *hasta los frenos de los caballos* […].

ENOC 104:7 Ahora revelaré un misterio: *numerosos pecadores se volverán* en contra de la palabra de rectitud y la infringirán.

8 *Blasfemarán, pronunciarán falsedades,* ejecutarán grandes empresas y escribirán libros con sus propias palabras.

ENOC 105:25 [...] Y ahora convocaré a los espíritus de los buenos entre *las generaciones de luz* y transformaré a los que han nacido en las tinieblas [...].

ENOC 105:26 Yo les llevaré a la luz refulgente de

1 TIMOTEO 4:1 Pero el Espíritu dice claramente que, en los últimos tiempos, *algunos apostatarán de la fe, escuchando a espíritus engañadores y a doctrinas de demonios,*

2 *de hipócritas y mentirosos,* cuya conciencia está cauterizada.

EFESIOS 5:8 [...] porque en otro tiempo erais tinieblas, pero ahora sois luz en el Señor; andad como *hijos de luz.*

1 TESALONICENSES 5:5 Porque todos vosotros sois *hijos de luz* e hijos del día; no somos de la noche ni de las tinieblas.

JUAN 12:36 Entre tanto que tenéis la luz, creed en la luz, para que seáis *hijos de luz.*

LUCAS 16:8 [...] los hijos de este siglo [mundo] son más sagaces en el trato con sus semejantes que los *hijos de luz.*

APOCALIPSIS 3:21 Al vencedor *le concederé que*

los que han amado mi santo nombre y *colocaré a cada uno de ellos en un trono de gloria, de gloria peculiarmente propia* [...].

se siente conmigo en mi trono, así como yo he vencido y me he sentado con mi Padre en su trono.

MATEO 19:28 [...] De cierto os digo que en la regeneración, cuando el Hijo del hombre se siente en el trono de su gloria, vosotros que me habéis seguido, *también os sentaréis sobre doce tronos, para juzgar a las doce tribus de Israel.*

REFERENCIAS
VELADAS
A LOS VIGILANTES
(Y A LOS NEFILIM)
EN LAS ESCRITURAS

DAVID Y GOLIAT

Referencias veladas
a los vigilantes (y a los nefilim)
en las escrituras

Los estudiosos de la Biblia deberían tomar nota de que hay varias denominaciones distintas que se aplican a la descendencia de los vigilantes en el Antiguo Testamento. Algunas de las más comunes son: «malvados», «impíos», «el enemigo», «hacedores de iniquidad», «malos», «malignos», «hombres malos», «inicuos», «hombres poderosos», «gigantes», «descendientes de los gigantes», «injustos», «fariseos» y, en ocasiones, incluso «pecadores». En el Nuevo Testamento, entre los términos utilizados se cuentan los siguientes: «serpientes», «generación de víboras», «príncipes de este siglo», «gobernadores [originadores] de las tinieblas de este siglo», y, en singular, «el Maligno» o «el Malvado».

Cuando empleaban estos epítetos, los héroes de la Biblia no se referían a los hijos de la Luz que se han apartado de la senda del Bien. No, al leer estos términos podemos estar seguros de que los profetas y los patriarcas, los ungidos por el Señor y el propio Cristo censuraban concretamente la generación engendrada por la estirpe que fue arrojada e impía: los vigilantes y su progenie, y los nefilim, con quienes fácilmente se les confunde.

Los conocían bien, a través de combates cuerpo a cuerpo o del enfrentamiento interno entre la Luz y la Oscuridad. Esos renegados se habían erigido en su propia ley, y *todos los pensamientos que ideaba su corazón* [...] *de continuo eran pura maldad*, tal como determinaron Dios y el consejo compuesto por sus hijos, con lo que construyeron una sociedad sintética de gente sintética. De hecho, Dios juzgó que la maldad de sus corazones y de sus obras era tan terrible que debían ser totalmente destruidos en el Diluvio:

«Y vio el Señor que la maldad de los hombres era mucha en la tierra, y que todo designio de los pensamientos del corazón de ellos era de continuo solamente el mal. Y se arrepintió el Señor de haber hecho hombre en la tierra, y le dolió en su corazón. Y dijo el Señor: Raeré de sobre la faz de la tierra a los hombres que he creado, desde el hombre hasta la bestia, y hasta el reptil y las aves del cielo; pues me arrepiento de haberlos hecho». (Génesis 6:5–7)

Aun cuando el Libro del Génesis, al registrar el diluvio de Noé que resultó en el hundimiento de la Atlántida y el «gran aumento de las aguas sobre la tierra», afirma que «todo lo que tenía aliento de espíritu de vida en sus narices, todo lo que había en la tierra, murió», es evidente, a partir de la historia post diluviana, que los «espíritus de los gigantes» —y de los vigilantes y de los nefilim— volvieron para propagar su semilla junto con Sem, Cam y Jafet, salvados por Noé.

El porqué y el cómo eso pudo suceder es materia de una obra futura. Sin embargo, hay algo que queda claro a partir tanto del Antiguo como del Nuevo Testamento: nuestros antecesores, que eran descendientes del Anciano de días —y hasta nuestros días, almas del linaje de la Luz—, conocieron a los vigilantes. Sus huellas han sido rastreadas hacia atrás y hacia adelante en el flujo histórico de los tumultuosos acontecimientos de la Tierra, ya que la historia se repite una y otra vez debido a que «los malvados» siempre están presentes, con sus estrategias, en la oscuridad. Una vida tras otra, nuestros hermanos y hermanas han sacrificado su vida y han escrito con sangre un registro indeleble del asesino afán de los impíos —aquéllos a quienes los maestros del Lejano Oriente llamaron «raza moribunda»—, uno a uno, «el yo extinto».

Silenciadas, pero no para siempre, las cohortes de Luz han surgido de los campos de batalla de la vida para vivir en nuestro corazón y en nuestra alma como revolucionarios del Espíritu. Y hablarán a través de nosotros si nuestro valor, nuestro amor y nuestra resistencia no son rebasados por la calumnia, la desinformación y las tácticas del tipo «divide y vencerás» que practica el enemigo.

En la sabiduría y la paz de los Ancianos de la Raza YO SOY, recordamos las palabras de uno de los más temerarios enemigos de los vigilantes (a quien también asesinaron), ese gran defensor de la Unión: «que aquí favorablemente decidamos que tales muertes no habrán sido en vano». Recordemos, aquí, lo que su alma articuló en la vida y en la muerte... y lo que el presidente Abraham Lincoln decretó: «que esta nación, bajo la tutela de Dios, nacerá de nuevo en la libertad, y que el gobierno del pueblo, por el pueblo y para el pueblo no perecerá en la Tierra».

Los antiguos maestros y legisladores que Dios nos envió sabían que la maldad, la iniquidad y el pecado eran estados del ser, algo que devenía a partir de un acto original de rebeldía en contra del Altísimo y de Sus hijos —mediante un pacto para obrar las obras de los vigilantes caídos—, no algo en lo que se incurre por equivocación o por error de juicio o incluso por transgresiones de la ley de Dios, que el camino de expiación por El Verbo podría reservar a los hijos de Dios.

Los Ancianos sabían que los malvados enemigos del Señor y su elegido se habían forjado en el molde del anti Yo a partir del momento en que traicionaron la Ley del Uno y, más aún, que, al negar a Dios, efectivamente habían extinguido la llama divina que estaba en su interior y ya no tenían fuego en el corazón para romper la maldición de la condena impuesta a sí mismos.

En los siguientes pasajes bíblicos, bien conocidos, tomados de las traducciones King James [Reina-Valera] y Jerusalén, he sustituido por el término «vigilante» aquellas generalidades que encontramos en las Sagradas Escrituras que ocultan en buena medida el asunto de «los malvados, etc.», así como el hecho de que no se trata sólo de algunas personas conflictivas y totalmente decididas que hacen la vida difícil a la gente más estable, fiable, modesta.

Por el contrario, la inserción del nombre «vigilante» en puntos clave de estas frases conocidas pone de manifiesto una raza aparte de ángeles caídos que puede ser identificada, entre todas las razas, por la marca de la bestia: el número que constituye su nombre. Aventuro que este 'número' es el 'código genético' espiritual, físico y psicológico de los caídos.

Igual que en el origen y en el final, operan también del mismo modo en el transcurso: y una vez que sabes su número, no puedes confundirlos. Se destacan de forma muy clara. Puedes ver desfilar por la vida de nuestros mejores amigos bíblicos las mismas personalidades con los mismos rasgos negativos de carácter, estatura física y psicología arquetípica: los orgullosos, los insensibles, los ambiciosos, los abominables. Y ahí van, los expoliadores, con sus inconfundibles aura y vibración: un agitado torbellino de oscuridad y condena mundial.

Sin luz en los ojos y sin verdadero amor hacia persona alguna, ni siquiera hacia sí mismos, parece que los vigilantes (y los nefilim) siguen manipulando a (casi) todos los demás para que hagan su voluntad. Sin embargo, lo que siembran a su paso es muerte y destrucción. Y uno tras otro, los conocemos por sus frutos.

A los revolucionarios de Dios que, con Josué, avanzan para hacer frente al Adversario y a los hijos de Jared, quienes lamentan el descenso de su progenie al nivel de la civilización de Caín, ofrezco este perfil personal de los infames, los superorgullosos: aquéllos que desprecian a la gente.

Ya claramente identificados, su marca y su número y su nombre se han tomado directamente de las Escrituras, donde su identidad ha sido sellada para la hora de la llegada del Fiel y Verdadero. Él, con sus ejércitos, aplastará a esos vigilantes con una «espada afilada» —la Palabra Sagrada— y las regirá con vara de hierro. Unámonos a Sus filas y, en palabras de Moisés: «No temáis; estad firmes, y ved la salvación que el Señor hará hoy con vosotros».

Profecía de Hannah
El vigilante no prevalecerá por su fuerza

Los arcos de los *fuertes* [*hombres poderosos*] [los gigantes, Giborim][1] fueron quebrados, y los débiles se ciñeron de poder.

Él levanta del polvo al pobre, y del muladar exalta al menesteroso, para hacerle sentarse con *príncipes*

N.B. Las interpretaciones que hace la autora de estos pasajes están basadas en las traducciones King James y Jerusalén de la Biblia. [En español, versión Reina-Valera de 1960 y Biblia de Jerusalén]

1. Los *giborim* son los «hombres valientes» mencionados en Génesis 6:4, como progenie de los ángeles y de las hijas de los hombres. Los giborim equivalen a los «gigantes».

[*gobernantes de la tierra*] y heredar un sitio de honor. Porque del Señor son las columnas de la tierra, y él afirmó sobre ellas el mundo.

Él guarda los pies de sus santos, mas los vigilantes perecen en tinieblas; porque nadie será fuerte por su propia fuerza. Delante del Señor serán quebrantados *sus adversarios*, y sobre los vigilantes tronará desde los cielos; el Señor juzgará los confines de la tierra, dará poder a su Rey, y exaltará el poderío de su Ungido.

1 Samuel 2:4, 8–10

La maldad proviene de los vigilantes

Pues como dice el proverbio de los antiguos: De los impíos [los vigilantes] saldrá la impiedad.

1 Samuel 24:13

Los gigantes: descendientes de los vigilantes y los nefilim

Caleb dijo: «Subamos luego, y tomemos posesión de ella; porque más podremos nosotros que ellos.» Pero los hombres que habían ido con él dijeron: «No podremos subir contra aquel pueblo, porque es más fuerte que nosotros.»

Y empezaron a hablar mal a los israelitas del país que habían explorado, diciendo: «La tierra por donde pasamos para reconocerla, es tierra que traga a sus moradores; [para expresarlo de otro modo, se sabía que los gigantes devoraban a las personas.] Y todo el pueblo que vimos en medio de ella son hombres de grande estatura. También vimos allí gigantes, hijos de

Anac, raza de los nefilim, y éramos nosotros, a nuestro parecer, como langostas; y así les parecíamos a ellos.»

Números 13:30–33

Volvieron los filisteos a hacer la guerra a Israel, y descendió David y sus siervos con él, y pelearon con los filisteos; y David se cansó. E Isbi-benob, uno de los descendientes de los gigantes, cuya lanza pesaba trescientos siclos de bronce, y quien estaba ceñido con una espada nueva, trató de matar a David.

Mas Abisai hijo de Sarvia llegó en su ayuda, e hirió al filisteo y lo mató. Entonces los hombres de David le juraron, diciendo: Nunca más de aquí en adelante saldrás con nosotros a la batalla, no sea que apagues la lámpara de Israel. [Ellos vieron a David como la encarnación de la luz de Israel y no querían que entrara en combate directo con los gigantes.]

Otra segunda guerra hubo después en Gob contra los filisteos; entonces Sibecai husatita mató a Saf, quien era uno de los descendientes de los gigantes. Hubo otra vez guerra en Gob contra los filisteos, en la cual El-hanán, hijo de Jaare-oregim de Belén, mató a Goliat geteo, el asta de cuya lanza era como el rodillo de un telar.

Después hubo otra guerra en Gat, donde había un hombre de gran estatura, el cual tenía doce dedos en las manos, y otros doce en los pies, veinticuatro por todos; y también era descendiente de los gigantes. Este desafió a Israel, y lo mató Jonatán, hijo de Simea hermano de David.

Estos cuatro eran descendientes de los gigantes en Gat, los cuales cayeron por mano de David y por mano de sus siervos. *2 Samuel 21:15–22*

El cántico de David lo libera de los vigilantes

Habló David a el Señor las palabras de este cántico, el día que el Señor le había librado de la mano de todos *sus enemigos*, y de la mano de Saúl [el rey nefilim]. Dijo: el Señor es mi roca y mi fortaleza, y mi libertador; Dios mío, fortaleza mía, en él confiaré; mi escudo, y el fuerte de mi salvación, mi alto refugio; Salvador mío; de violencia me libraste. Invocaré a el Señor, quien es digno de ser alabado, y seré salvo de *mis enemigos*.

Me rodearon ondas de muerte, y torrentes de *perversidad* [hombres *impíos*] me atemorizaron. Me libró de *poderoso enemigo*, y de los que me aborrecían, aunque eran más fuertes que yo. Me asaltaron en el día de mi quebranto; mas el Señor fue mi apoyo.

Limpio te mostrarás para con el limpio, y rígido serás para con *el perverso*. Porque tú salvas al pueblo afligido, mas tus ojos están sobre *los altivos* para abatirlos.

Pues me ceñiste de fuerzas para la pelea; has humillado a mis enemigos [los vigilantes] debajo de mí, [los vigilantes] clamaron, y no hubo quien los salvase; aun a el Señor, mas no oyó [a los vigilantes].

El Dios que venga mis agravios, y sujeta pueblos debajo de mí; el que me libra de *enemigos*, y aun me

exalta sobre [los vigilantes] que se levantan contra mí;
me libraste del *varón violento*.

2 Samuel 22:1–5, 18–19, 27–28, 40, 42, 48–49

Oración de Salomón para que se haga la justicia del Señor sobre los vigilantes

Tú oirás desde los cielos, [Oh, Señor] y actuarás, y
juzgarás a tus siervos, dando la paga al impío [vigilante], haciendo recaer su proceder sobre su cabeza, y
justificando al justo al darle conforme a su justicia.

2 Crónicas 6:23

La candela de los vigilantes ha de apagarse

Ciertamente la luz de los impíos [los vigilantes] será
apagada, y no resplandecerá la centella de su fuego [en
llama brillante]. La luz se oscurecerá en su tienda, y se
apagará sobre él su lámpara.

Sus pasos vigorosos serán acortados, y su mismo
consejo [ingenio] lo precipitará. Porque red será echada
a sus pies, y sobre mallas andará. Lazo prenderá su
calcañar; se afirmará la trampa contra él.

Su cuerda está escondida en la tierra, y una trampa
le aguarda en la senda. De todas partes lo asombrarán
temores [los espíritus de los gigantes], y le harán huir
desconcertado. Serán gastadas de hambre sus fuerzas, y
a su lado estará preparado quebrantamiento.

La enfermedad roerá su piel, y a sus miembros devorará el primogénito de la muerte. Su confianza será
arrancada de su tienda, y al rey de los espantos será
conducido [él será arrancado del refugio de su tienda

y arrastrado ante el Rey de los Terrores]. En su tienda
Lilith[2] morará como si no fuese suya; piedra de azufre[3]
será esparcida sobre su morada. Abajo se secarán sus
raíces, y arriba serán cortadas sus ramas. Su memoria
perecerá de la tierra, y no tendrá nombre por las calles.
De la luz será lanzado a las tinieblas, y echado fuera del
mundo. No tendrá hijo ni nieto en su pueblo, ni quien
le suceda en sus moradas. Sobre su día se espantarán
los de occidente, y pavor caerá sobre los de oriente.
Ciertamente tales son las moradas del impío [la dinastía
de los vigilantes], y este será el lugar del *que no conoció
a Dios* [cuya conciencia carece de la llama divina].

Job 18:5–21

Job toma nota de la prosperidad de los vigilantes y de la simpatía que el pueblo les tiene hasta el final

¿Por qué viven los impíos [los vigilantes] , y se en-
vejecen, y aun crecen en riquezas? Su descendencia se
robustece a su vista, y sus renuevos están delante de sus
ojos. Sus casas están a salvo de temor, ni viene azote
de Dios sobre ellos. Sus toros engendran, y no fallan;
paren sus vacas, y no malogran su cría.

---

2. Lilith: De acuerdo con la tradición semítica, espíritu demoníaco
femenino que vaga por lugares desolados y ataca a los niños; demonio (llamado *súcubo*) que asume forma de mujer para tener relaciones sexuales con los hombres, mientras éstos duermen. El súcubo es
el homólogo femenino del *íncubo* masculino, de quien se dice que
seduce a las mujeres durante la noche.
3. El azufre (sulfuro de) era la señal de una maldición de Dios y
del Seol.

Salen sus pequeñuelos como manada, y sus hijos andan saltando. Al son de tamboril y de cítara saltan, y se regocijan al son de la flauta. Pasan sus días en prosperidad, y en paz descienden al Seol.

Dicen, pues, [los vigilantes] a Dios: Apártate de nosotros, porque no queremos el conocimiento de tus caminos. ¿Quién es el Todopoderoso, para que le sirvamos?

¿Y de qué nos aprovechará que oremos a él? He aquí que su bien no está en mano de ellos; el consejo de los impíos [los vigilantes] lejos esté de mí. ¡Oh, cuántas veces la lámpara de los impíos [los vigilantes] es apagada, y viene sobre ellos su quebranto, y Dios en su ira les reparte dolores! Serán como la paja delante del viento, y como el tamo que arrebata el torbellino.

Dios guardará para los hijos de ellos [los vigilantes] su violencia; le dará su pago, para que conozca. Verán sus ojos su quebranto, y beberá de la ira del Todopoderoso.

Porque ¿qué deleite tendrá él de su casa después de sí, siendo cortado el número de sus meses? ¿Enseñará alguien a Dios sabiduría, juzgando él a los que están elevados?

Este morirá en el vigor de su hermosura, todo quieto y pacífico; sus vasijas estarán llenas de leche, y sus huesos serán regados de tuétano [la fuente de su fortaleza todavía está con él]. Y este otro morirá en amargura de ánimo, y sin haber comido jamás con gusto. Igualmente yacerán ellos en el polvo, y gusanos los cubrirán.

He aquí, yo conozco vuestros pensamientos, y las imaginaciones [pensamientos malévolos] que contra mí forjáis. Porque decís: ¿Qué hay de la casa *del príncipe*, y qué de la tienda de las moradas de *los impíos*?

¿No habéis preguntado a los que pasan por los caminos, y no habéis conocido su respuesta, que *el impío* es preservado en el día de la destrucción? Guardado será en el día de la ira. ¿Quién le denunciará en su cara su camino? y de lo que él hizo, ¿quién le dará el pago?

Porque llevado será a los sepulcros, y sobre su túmulo estarán velando. Los terrones del valle le serán dulces; tras de él será llevado todo hombre, y antes de él han ido innumerables. *Job 21:7–33*

¡No sigas el camino de los vigilantes!

Bienaventurado el varón que no anduvo en consejo de los malos [los vigilantes], ni estuvo en camino de *pecadores*, ni en silla de *escarnecedores* se ha sentado; sino que en la ley de el Señor está su delicia, y en su ley medita de día y de noche. Será como árbol plantado junto a corrientes de aguas, que da su fruto en su tiempo, y su hoja no cae; y todo lo que hace, prosperará.

No así los malos [los vigilantes], que son como *el tamo* que arrebata el viento. Por tanto, no se levantarán los malos [los vigilantes] en el juicio, ni *los pecadores* en la congregación de los justos. Porque el Señor conoce el camino de los justos; mas la senda de los malos [los vigilantes] perecerá. *Salmos 1*

Los vigilantes conspiran
en contra del Ungido del Señor

¿Por qué se amotinan las gentes [los vigilantes], y los pueblos piensan cosas vanas? [¿Por qué este impotente sollozo de los paganos?] Se levantarán *los reyes de la tierra*, y príncipes [los vigilantes] consultarán unidos contra el Señor [la conspiración de los príncipes] y contra su ungido, diciendo: Rompamos sus ligaduras, y echemos de nosotros sus cuerdas.

El que mora en los cielos se reirá; el Señor se burlará de ellos [los vigilantes]. Luego hablará a ellos [los vigilantes] en su furor, y los turbará con su ira. Pero yo he puesto mi rey sobre Sion, mi santo monte. Yo publicaré el decreto; el Señor me ha dicho: Mi hijo eres tú; yo te engendré hoy. [Me he convertido en tu Padre]. Pídeme, y te daré por herencia las naciones [a los vigilantes], y como posesión tuya los confines de la tierra. Los quebrantarás [a los vigilantes] con vara de hierro; como vasija de alfarero los desmenuzarás.

Ahora, pues, oh reyes, sed prudentes; admitid amonestación, jueces de la tierra. Servid a el Señor con temor, y alegraos con temblor. Honrad al Hijo, para que no se enoje, y perezcáis en el camino; pues se inflama de pronto su ira.

Bienaventurados todos los que en él confían.

Salmos 2

Dios juzga a los vigilantes
y salva a su pueblo oprimido

Me alegraré y me regocijaré en ti; cantaré a tu nombre, oh Altísimo.

Mis enemigos volvieron atrás; cayeron y perecieron delante de ti [de tu poderosa Presencia YO SOY]. Reprendiste a *las naciones* [*nefilim*], destruiste al malo [a los vigilantes], borraste el nombre de ellos eternamente y para siempre.

El Señor será refugio del pobre, refugio para el tiempo de angustia. En ti confiarán los que conocen tu nombre [YO SOY EL QUE YO SOY], por cuanto tú, oh Señor, no desamparaste a los que te buscaron.

Se hundieron las naciones [los vigilantes] en el hoyo que hicieron; en la red que escondieron fue tomado su pie. El Señor se ha hecho conocer en el juicio que ejecutó; en la obra de sus manos fue enlazado el malo [el vigilante].

Los malos [los vigilantes] serán trasladados al Seol, todas las gentes que se olvidan de Dios. Porque no para siempre será olvidado el menesteroso, ni la esperanza de los pobres perecerá perpetuamente.

Salmos 9:2–3, 5, 9–10, 15–18

El vigilante menosprecia a la Presencia YO SOY, asesina al inocente y exclama «¡No hay Dios!»

Con arrogancia el malo [el vigilante] persigue al pobre; Será atrapado en los artificios que ha ideado. Porque el malo [el vigilante] se jacta del deseo de su alma, bendice *al codicioso*, y desprecia a el Señor.

El malo [el vigilante], por la altivez de su rostro, no busca a Dios; no hay Dios en ninguno de sus pensamientos. [El hombre avaro blasfema, el vigilante desprecia a la Presencia YO SOY diciendo:] Sus caminos son torcidos en todo tiempo [¡no me hará pagar!]; tus juicios los tiene muy lejos de su vista [¡no hay ningún Dios! Así es como funciona la mente del vigilante]; a todos sus adversarios desprecia. [El vigilante] dice en su corazón: No seré movido jamás; nunca me alcanzará el infortunio. Llena está su boca de maldición, y de engaños y fraude; debajo de su lengua hay vejación y maldad. [El vigilante] se sienta en acecho cerca de las aldeas; en escondrijos mata al inocente.

Sus ojos están acechando al desvalido; acecha en oculto, como el león desde su cueva; acecha para arrebatar al pobre; arrebata al pobre trayéndolo a su red. Se encoge, se agacha, y caen en sus *fuertes garras* muchos desdichados. Dice [el vigilante] en su corazón: Dios ha olvidado; ha encubierto su rostro; nunca lo verá.

Levántate, oh Señor Dios, alza tu mano; no te olvides de los pobres. ¿Por qué desprecia el malo [el vigilante] a Dios? En su corazón ha dicho: Tú no lo inquirirás. [¿No me hará pagar?]

Quebranta tú el brazo del inicuo [del vigilante], y persigue la maldad *del* [*hombre*] *malo* hasta que no halles ninguna. El Señor [la Poderosa Presencia YO SOY] es Rey eternamente y para siempre; de su tierra han perecido *las naciones* [los paganos].

Salmos 10:2–13, 15–16

Decreto de David para que el karma de los vigilantes caiga sobre los vigilantes, no sobre el pueblo

A ti clamaré, oh Señor. Roca mía [mi Poderosa Presencia YO SOY]: No me arrebates juntamente con los malos [los vigilantes], y con *los que hacen iniquidad*, los cuales hablan paz con sus prójimos, pero la maldad está en su corazón.

Dales conforme a su obra, y conforme a la perversidad de sus hechos; dales su merecido conforme a la obra de sus manos.

[A ti clamaré, oh Señor. Roca mía, mi Poderosa Presencia YO SOY] *Salmos 28:1, 3–4*

El karma de los vigilantes cae sobre ellos hasta su muerte

La ira de el Señor contra los que hacen mal [los vigilantes], para cortar de la tierra la memoria de ellos.

Matará al malo [al vigilante] la maldad, y *los que aborrecen al justo* serán condenados. *Salmos 34:16, 21*

El vigilante no teme a Dios pero se jacta de su propia caída

La iniquidad del impío [del vigilante] me dice al corazón: No hay temor de Dios delante de sus ojos. Se lisonjea [el vigilante], por tanto, en sus propios ojos, de que su iniquidad no será hallada y aborrecida [No verá ni repudiará su culpa].

Las palabras de su boca son iniquidad y fraude; ha dejado de ser cuerdo y de hacer el bien. [El vigilante] medita maldad sobre su cama; está en camino no bueno, el mal no aborrece [Aunque conoce la Verdad, persiste en su mal camino; nunca rechaza el error].

¡Cuán preciosa, oh Dios, es tu misericordia! Porque contigo está el manantial de la vida [la Poderosa

Presencia YO SOY]. Allí cayeron los hacedores de iniquidad [los vigilantes] ; fueron derribados, y no podrán
levantarse.   *Salmos 36:1–4, 7, 9, 12*

Los vigilantes serán extirpados:
los siervos del Señor poseerán la tierra

No te impacientes a causa de los malignos [los vi-
gilantes], ni tengas envidia de *los que hacen iniquidad.*
Porque como hierba serán pronto cortados, y como la
hierba verde se secarán.

Confía en el Señor, y haz el bien; y habitarás en la
tierra, y te apacentarás de la verdad. Deléitate asimismo
en el Señor, y él te concederá las peticiones de tu corazón. Encomienda a el Señor tu camino, y confía en él;
y él hará. Exhibirá tu justicia como la luz, y tu derecho
como el mediodía.

Guarda silencio ante el Señor [la Poderosa Presencia YO SOY], y espera en él. No te alteres con motivo del
que prospera en su camino [el que hace fortuna], por el
hombre que hace maldades.

Deja la ira, y desecha el enojo; no te excites en manera alguna a hacer lo malo. Porque *los malignos* serán
destruidos, pero los que esperan en El Señor, ellos heredarán la tierra.

Pues de aquí a poco no existirá el malo [el vigi-
lante]; observarás su lugar, y no estará allí. Pero los
mansos heredarán la tierra, y se recrearán con abundancia de paz [El humilde tendrá esa tierra para su propio uso].

Maquina el impío [el vigilante] contra el justo, y cruje contra él sus dientes; el Señor se reirá de él; porque ve que viene su día.

Los impíos [los vigilantes] desenvainan espada y entesan su arco, para derribar al pobre y al menesteroso, para matar a los de recto proceder. Su espada entrará en su mismo corazón, y su arco será quebrado.

Mejor es lo poco del justo, que las riquezas de muchos pecadores [vigilantes]. Porque los brazos de los impíos [los vigilantes] serán quebrados; mas el que sostiene a los justos es el Señor, [la Poderosa Presencia YO SOY].

Conoce el Señor los días de los perfectos, y la heredad de ellos será para siempre. No serán avergonzados en el mal tiempo, y en los días de hambre serán saciados. Mas los impíos [los vigilantes] perecerán, y *los enemigos de el Señor* como la grasa de los carneros serán consumidos; se disiparán como el humo.

El impío toma prestado, y no paga; mas el justo tiene misericordia, y da. Porque los benditos de él heredarán la tierra; y los malditos de él serán destruidos [(juzgados)].

Por el Señor son ordenados los pasos del hombre, y él aprueba su camino. Cuando el hombre cayere, no quedará postrado, porque el Señor sostiene su mano. Joven fui, y he envejecido, y no he visto justo desamparado, ni su descendencia que mendigue pan. En todo tiempo tiene misericordia, y presta; y su descendencia es para bendición.

Apártate del mal, y haz el bien, y vivirás para siempre. Porque el Señor ama la rectitud, y no desampara a sus santos. Para siempre serán guardados; mas la descendencia de los impíos [los vigilantes] será destruida. Los justos heredarán la tierra, y vivirán para siempre sobre ella.

La boca del justo [que sirve al Señor justicia nuestra] habla sabiduría, y su lengua habla justicia. La ley de su Dios está en su corazón; por tanto, sus pies no resbalarán.

Acecha el impío [el vigilante] al justo, y procura matarlo. El Señor no lo dejará en sus manos, ni lo condenará cuando le juzgaren. Espera en el Señor, y guarda su camino, y él te exaltará para heredar la tierra; cuando sean destruidos los pecadores [los vigilantes], lo verás.

Vi yo al impío [vigilante] sumamente enaltecido, y que se extendía como laurel verde. Pero él [el vigilante] pasó, y he aquí ya no estaba; lo busqué, y no fue hallado.

Considera al íntegro [hecho a imagen y semejanza de Dios], y mira al justo; porque hay un final dichoso para el hombre de paz. Mas *los transgresores* serán todos a una destruidos; la posteridad de los vigilantes será extinguida. Pero la salvación de los justos es de el Señor y él [la Poderosa Presencia yo soy] es su fortaleza en el tiempo de la angustia. El Señor los ayudará y los librará; los libertará de los impíos [los vigilantes], y los salvará, por cuanto en él esperaron.   *Salmos 37*

Decreto de David cuando Saúl, el rey de los nefilim, envía a sus secuaces a matarlo

Líbrame de *mis enemigos*, oh Dios mío; ponme a salvo de los que se levantan contra mí. Líbrame de los que cometen iniquidad [los vigilantes], y sálvame de hombres *sanguinarios* [asesinos]. Porque he aquí están acechando mi vida; se han juntado contra mí *poderosos* [gigantes, giborim]. No por falta mía, ni pecado mío, oh Señor; sin delito mío corren y se aperciben. Despierta para venir a mi encuentro, y mira. Y tú, Señor Dios de los ejércitos, Dios de Israel, despierta para castigar a todas las naciones [nefilim]; no tengas misericordia de todos *los que se rebelan con iniquidad*.

[Los giborim] volverán a la tarde, ladrarán como perros, y rodearán la ciudad. He aquí proferirán con su boca; espadas hay en sus labios, porque dicen: ¿Quién oye? Mas tú, Señor [mi Poderosa Presencia YO SOY], te reirás de ellos; te burlarás de todas las naciones [nefilim].

A causa del poder del enemigo esperaré en ti, porque Dios es mi defensa. El Dios de mi misericordia irá delante de mí; Dios hará que vea en *mis enemigos* [los vigilantes y su progenie] mi deseo. No los mates, para que mi pueblo no olvide; dispérsalos con tu poder, y abátelos, oh Señor, escudo nuestro.

Por el pecado de su boca, por la palabra de sus labios, sean ellos presos en su soberbia, y por la maldición y mentira que profieren. Acábalos con furor [el fuego sagrado], acábalos, para que no sean; y sépase que Dios gobierna en Jacob hasta los fines de la tierra.

[Los giborim] vuelven, pues, a la tarde, y ladran como perros, y rodean la ciudad. Andan ellos errantes para hallar qué comer; y si no se sacian, pasan la noche quejándose. Pero yo cantaré de tu poder, y alabaré de mañana tu misericordia; porque has sido mi amparo y refugio en el día de mi angustia. Fortaleza mía, a ti cantaré; porque eres, oh Dios, mi refugio, el Dios de mi misericordia.

Salmos 59

Castigo para los vigilantes que calumnian al recto de corazón

Escucha, oh Dios, la voz de mi queja; guarda mi vida del temor del *enemigo*. Escóndeme del consejo secreto de los malignos [los vigilantes], de la conspiración de *los que hacen iniquidad*, que afilan como espada su lengua; lanzan cual saeta suya, palabra amarga, para asaetear a escondidas al íntegro.

De repente [los vigilantes] lo asaetean, y no temen. Obstinados en su inicuo designio, tratan de esconder los lazos, y dicen: ¿Quién los ha de ver?

Inquieren iniquidades, hacen una investigación exacta; y el íntimo pensamiento de cada uno de ellos, así como su corazón, es profundo. Mas Dios los herirá [a los vigilantes] con saeta; de repente serán sus plagas. [Por la ley del karma, la saeta de la ley de Dios venga la flecha de la palabra malvada].

Sus propias lenguas los harán caer; se espantarán todos los que los vean. Entonces temerán todos los hombres, y anunciarán la obra de Dios, y entenderán sus hechos. Se alegrará el justo en el Señor [la Poderosa Presencia YO SOY], y confiará en él; y se gloriarán todos los rectos de corazón [aquéllos que tienen la chispa divina.]

Salmos 64

Los vigilantes perecen ante la presencia de Dios

Como es lanzado el humo, los lanzarás; como se derrite la cera delante del fuego, así perecerán los impíos [los vigilantes] delante de Dios.

Salmos 68:2

Pronunciamiento de Dios en la asamblea divina. Los 'dioses' han perdido su inmortalidad: han de morir como mortales

Dios se levanta en la asamblea divina, en medio de los dioses juzga:

¿Hasta cuándo juzgaréis inicuamente, y haréis acepción de los impíos [los vigilantes]? Juzgad en favor del débil y al huérfano, al humilde, al indigente haced justicia; al débil y al pobre liberad, de mano de los impíos [los vigilantes] arrancadle.

No saben ni comprenden; caminan en tinieblas, todos los cimientos de la tierra vacilan. Yo había dicho: ¡Vosotros, sois dioses, todos vosotros, hijos del Altísimo! [que una vez tuvisteis la chispa divina]. Mas ahora, como el hombres moriréis, como uno solo caeréis, príncipes.

¡Álzate, oh Dios, juzga la tierra, pues tú eres el señor de todas las naciones![4]

Salmos 82 [*Véase* Biblia de Jerusalén]

El Señor destruirá a los vigilantes

¿Hasta cuándo los impíos [los vigilantes], hasta cuándo, oh Señor, se gozarán los impíos [los vigilantes]?

Salmos 94:3

De mañana destruiré a todos los impíos [los vigilantes] de la tierra, para exterminar de la ciudad de el Señor a todos los que hagan iniquidad [los vigilantes] [: la ciudad de la Poderosa Presencia YO SOY y su elegido].

Salmos 101:8

Horror se apoderó de mí a causa de los inicuos [los vigilantes] que dejan tu ley.

---

4. El estudioso hebreo Julian Morgenstern señala que, en el Salmo 82, aquéllos a los que Yahveh juzga y condena «no son jueces humanos corruptos […] [sino] un cierto grupo, probablemente no demasiado grande, de dioses o ángeles mismos, que habían cometido algunos actos del más pecaminoso tenor, lo que provocó la más terrible indignación de Yahveh y justificó un castigo que debía ser lógico, a la par que adecuado en carácter y extremo en categoría o grado. Lo que con toda certeza seguía inmediatamente después […] en la forma original del Salmo [corregido] era la acusación que realizó Yahveh de estos ángeles pecadores y la declaración formal del delito que habían cometido.

»Y lo que esto pudo haber sido queda ahora perfectamente claro: Fueron atraídos por la belleza física de las hijas del hombre y, desatendiendo por completo su naturaleza divina, incorpórea y espiritual, abandonaron el cielo, su morada natural, y descendieron a la tierra para unirse a estas mujeres de un modo estrictamente humano […].

Lejos está de los impíos [los vigilantes] la salvación, porque no buscan tus estatutos. *Salmos 119:53, 155*

Líbrame, oh Señor, del hombre malo [el vigilante]; guárdame de *hombres violentos*, los cuales [los vigilantes] maquinan males en el corazón, cada día urden contiendas. *Salmos 140:1–2*

El Señor guarda a todos los que le aman, mas destruirá a todos los impíos [los vigilantes]. *Salmos 145:20*

El justo no será removido jamás; pero los impíos [los vigilantes] no habitarán la tierra. *Proverbios 10:30*

Los pensamientos de los justos son rectitud; mas los consejos de los impíos [los vigilantes], engaño.

»Así, luego de la acusación de estos ángeles pecadores y de la declaración formal de su delito, los versículos 6–7 prosiguen con la sentencia final de la condena de Yahveh y el anuncio formal del castigo. 'Había creído que erais dioses, sí, hijos de Elión [el Altísimo] todos vosotros.' La frase expresa de la manera más gráfica la sorpresa y el doloroso golpe que supuso a Yahveh el conocer la vergonzosa conducta de esos seres divinos. ¿Cómo podían dioses, hijos de Elión, comportarse de forma tan indigna, rechazar completamente su naturaleza divina y abandonarse en el apetito más físico con mujeres humanas? [...]

»Puede verse fácilmente que la revisión del poema original, a fin de adaptarlo para incorporarlo a la liturgia oficial del Templo de Jerusalén, fue simple y sistemática. La afirmación del horripilante y casi inconcebible delito de los ángeles fue eliminada por entero y sustituida —lo que debió parecer a esos editores mucho más apropiado y mucho más acorde con sus principios teológicos y valores éticos— por la condena de jueces terrenales corruptos que hoy encontramos en los versículos 2–5.» (*Hebrew Union College Annual* 14 [1939], págs. 114–16, 122–23).

Las palabras de los impíos [los vigilantes] son ase-chanzas para derramar sangre; mas la boca de los rectos los librará.

Dios trastornará a los impíos [los vigilantes], y no serán más; pero la casa de los justos permanecerá firme.

Proverbios 12:5–7

El rey sabio avienta a los impíos [los vigilantes], y sobre ellos hace rodar la rueda [de la Ley].

Proverbios 20:26

Cuando los impíos [los vigilantes] son levantados se esconde el hombre; mas cuando perecen, los justos se multiplican.

Proverbios 28:28

Y que no le irá bien al impío [vigilante], ni le serán prolongados los días, que son como sombra; por cuanto no teme delante de la presencia de Dios.

Eclesiastés 8:13

Sino que juzgará con justicia a los pobres, y argüirá con equidad por los mansos de la tierra; y herirá la tierra con la vara de su boca, y con el espíritu de sus labios matará al impío [vigilante].

Isaías 11:4

Pero los impíos [los vigilantes] son como el mar en tempestad, que no puede estarse quieto, y sus aguas arrojan cieno y lodo. No hay paz, dijo mi Dios, para los impíos [los vigilantes].

Isaías 57:20–21

Muchos serán limpios, y emblanquecidos y purifi-cados; los impíos [los vigilantes] procederán impíamente, y ninguno de los impíos [los vigilantes] entenderá, pero los entendidos comprenderán.

Daniel 12:10

Hollaréis a los malos [los vigilantes], los cuales serán ceniza bajo las plantas de vuestros pies, en el día en que yo actúe, ha dicho el Señor de los ejércitos.

Malaquías 4:3

Jesús advierte sobre la aflicción kármica que recae sobre los vigilantes (que aparecen disfrazados de escribas y fariseos) para traicionar al pueblo

Entonces habló Jesús a la gente y a sus discípulos, diciendo: En la cátedra de Moisés se sientan los escribas y los fariseos [los vigilantes]. Así que, todo lo que os digan [los vigilantes] que guardéis, guardadlo y hacedlo; mas no hagáis conforme a sus obras, porque dicen, y no hacen. Porque atan cargas pesadas y difíciles de llevar, y las ponen sobre los hombros de los hombres; pero ellos ni con un dedo quieren moverlas.[5]

Antes, hacen todas sus obras para ser vistos por los hombres. Pues ensanchan sus filacterias[6], y extienden los flecos de sus mantos; y [los vigilantes] aman los

---

5. Los vigilantes depositan su karma sobre los hombros de las personas; no quieren llevar su propio peso kármico. Impuestos, usura y manipulación del dinero son medios para que la gente pague lo que a ellos corresponde.

6. Una filacteria es una cajita cuadrada de cuero que contiene tiras de pergamino inscritas con pasajes escriturales y la llevan tradicionalmente los varones judíos sujeta al brazo izquierdo o a la frente durante las plegarias. Los fariseos ensanchaban las bandas de cuero que contenían sus filacterias a fin de que atrayeran su atención.

primeros asientos en las cenas, y las primeras sillas en las sinagogas, y las salutaciones en las plazas, y que los hombres los llamen: Rabí, Rabí.

Pero vosotros no queráis que os llamen Rabí; porque uno es vuestro Maestro, el Cristo, y todos vosotros sois hermanos. Y no llaméis padre vuestro a nadie en la tierra; porque uno es vuestro Padre, el que está en los cielos. Ni seáis llamados maestros; porque uno es vuestro Maestro, el Cristo.

El que es el mayor de vosotros, sea vuestro siervo. Porque el que se enaltece será humillado, y el que se humilla será enaltecido.

Mas ¡ay de vosotros, escribas y fariseos vigilantes hipócritas! porque cerráis el reino de los cielos delante de los hombres; pues ni entráis vosotros, ni dejáis entrar a los que están entrando.

¡*Ay* de vosotros, escribas y fariseos [vigilantes], hipócritas! porque devoráis las casas de las viudas, y como pretexto hacéis largas oraciones; por esto recibiréis mayor condenación.

¡*Ay* de vosotros, escribas y fariseos, hipócritas! porque recorréis mar y tierra para hacer un prosélito, y una vez hecho, le hacéis dos veces más hijo del infierno que vosotros.

¡*Ay* de vosotros [vigilantes], guías ciegos! que decís: Si alguno jura por el templo, no es nada; pero si alguno jura por el oro del templo, es deudor. ¡Insensatos y ciegos! porque ¿cuál es mayor, el oro, o el templo que santifica al oro?

También decís: Si alguno jura por el altar, no es nada; pero si alguno jura por la ofrenda que está sobre él, es deudor. ¡Necios, ciegos [vigilantes]! porque ¿cuál es mayor, la ofrenda, o el altar que santifica la ofrenda?

Pues el que jura por el altar, jura por él, y por todo lo que está sobre él; y el que jura por el templo, jura por él, y por el que lo habita; y el que jura por el cielo, jura por el trono de Dios, y por aquel que está sentado en él.

¡*Ay* de vosotros, escribas y fariseos [vigilantes], hipócritas! porque diezmáis la menta y el eneldo y el comino, y dejáis lo más importante de la ley: la justicia, la misericordia y la fe. Esto era necesario hacer, sin dejar de hacer aquello. ¡Guías ciegos, que coláis el mosquito, y tragáis el camello!

¡Ay de vosotros, escribas y fariseos [vigilantes], hipócritas! porque limpiáis lo de fuera del vaso y del plato, pero por dentro estáis llenos de robo y de injusticia. ¡Fariseo ciego! Limpia primero lo de dentro del vaso y del plato, para que también lo de fuera sea limpio.

¡*Ay* de vosotros, escribas y fariseos [vigilantes], hipócritas! porque sois semejantes a sepulcros blanqueados, que por fuera, a la verdad, se muestran hermosos, mas por dentro están llenos de huesos de muertos [entidades desencarnadas] y de toda inmundicia [sustancia astral y demonios]. Así también vosotros por fuera, a la verdad, os mostráis justos a los hombres, pero por dentro estáis llenos de hipocresía e iniquidad.

¡*Ay* de vosotros, escribas y fariseos [vigilantes], hipócritas! porque edificáis los sepulcros de los profetas, y adornáis los monumentos de los justos, y decís: Si hubiésemos vivido en los días de nuestros padres, no hubiéramos sido sus cómplices en la sangre de los profetas. Así que dais testimonio contra vosotros mismos, de que sois hijos de aquellos [vigilantes] que mataron a los profetas. ¡Vosotros también llenad la medida de vuestros padres!

¡*Serpientes, generación de víboras*! ¿Cómo escaparéis de la condenación del infierno? Por tanto, he aquí yo os envío profetas y sabios y escribas; y de ellos, a unos mataréis y crucificaréis, y a otros azotaréis en vuestras sinagogas, y perseguiréis de ciudad en ciudad; para que venga sobre vosotros toda la sangre justa que se ha derramado sobre la tierra, desde la sangre de Abel el justo hasta la sangre de Zacarías hijo de Berequías, a quien matasteis entre el templo y el altar.

De cierto os digo [vigilantes] que todo esto vendrá sobre esta *generación* [*del impío*: el linaje y las dinastías de los vigilantes].

¡Jerusalén, Jerusalén [tú, falsa jerarquía de vigilantes], que matas a los profetas, y apedreas a los que te son enviados! ¡Cuántas veces quise juntar a tus hijos [los hijos de la Luz en la Ciudad Santa], como la gallina junta sus polluelos debajo de las alas, y no quisiste! [No permitisteis que vinieran a mí. Os quedasteis a la puerta del templo y no dejasteis que entraran en mi corazón]. He aquí vuestra casa os es dejada desierta. Porque os digo que desde ahora no me veréis, hasta que digáis: Bendito el que viene en el nombre del Señor. [Bendito sea el mensajero del YO SOY EL QUE YO SOY]

Mateo 23

Los vigilantes no comprenden
los misterios de Dios

Sin embargo, hablamos sabiduría entre los que han alcanzado madurez; y sabiduría, no de este siglo, ni de los príncipes de este siglo [los vigilantes], que perecen.

Mas hablamos sabiduría de Dios en misterio, la sabiduría oculta, la cual Dios predestinó antes de los siglos para nuestra gloria, la que ninguno de los príncipes de este siglo [los vigilantes] conoció; porque si la hubieran conocido, nunca habrían crucificado al Señor de gloria.   *1 Corintios 2:6–8*

El enemigo no es de carne y sangre

Por lo demás, hermanos míos, fortaleceos en el Señor, y en el poder de su fuerza. Vestíos de toda la armadura de Dios, para que podáis estar firmes contra las asechanzas del diablo.

Porque no tenemos lucha contra sangre y carne [no contra meros mortales, sino contra una evolución angélica impía], sino contra principados, contra potestades [contra la jerarquía de los ángeles caídos], contra los gobernadores de las tinieblas de este siglo [mundo], [los vigilantes] y sus huestes espirituales de maldad en las regiones celestes.   *Efesios 6:10–12*

Falsos maestros inician a sus pupilos en la corrupción corporal y en la confrontación de la autoridad de los 'gloriosos': los hijos de Dios y la jerarquía celestial de ángeles

Pero hubo también *falsos profetas* entre el pueblo [que eran vigilantes], como habrá entre vosotros *fal-*

sos maestros [que eran vigilantes], que introducirán encubiertamente herejías destructoras, y aun negarán al Señor que los rescató, atrayendo sobre sí mismos destrucción repentina. Y muchos seguirán sus disoluciones [(vergonzoso comportamiento)], por causa de los cuales el camino de la verdad será blasfemado.

Y por avaricia [estos vigilantes] harán mercadería de vosotros con palabras fingidas; [envidiando vuestra luz, tratarán con impaciencia de compraros con discursos insidiosos; mas para ellos la condena de sus palabras y obras, pronunciada mucho tiempo atrás por el Anciano de días, está produciéndose ya, y la Destrucción está dominada (su perdición no se duerme)]. Sobre los tales ya de largo tiempo la condenación no se tarda, y su perdición no se duerme.

Porque si Dios no perdonó a los ángeles que pecaron [a los vigilantes], sino que arrojándolos al infierno los entregó a prisiones de oscuridad [(a cuevas subterráneas)], para ser reservados al juicio; y si no perdonó al mundo antiguo [el mundo atlante y la civilización de Caín], sino que guardó a Noé, pregonero de justicia, con otras siete personas, trayendo el diluvio sobre el mundo [la humanidad y la creación de los desobedientes] de los impíos [los vigilantes].

Y si condenó por destrucción a las ciudades de Sodoma y de Gomorra [condenó a los vigilantes con un derrocamiento], reduciéndolas a ceniza y poniéndolas de ejemplo a los que habían de vivir impíamente, y libró al justo Lot, abrumado por la nefanda conducta de los malvados [los vigilantes] (porque este justo, que moraba entre ellos, afligía cada día su alma justa, viendo y oyendo los hechos inicuos de ellos [los vigilantes]).

Sabe el Señor librar de tentación a los piadosos, y reservar a los injustos [los vigilantes] para ser castigados en el día del juicio; y mayormente a aquellos que, siguiendo la carne, andan en concupiscencia e inmundicia, y desprecian el señorío.

Atrevidos y contumaces [son esos hijos de los vigilantes], no temen decir mal de las potestades superiores [es decir, de los seres gloriosos que están en la jerarquía de los ángeles], mientras que los ángeles, que son mayores en fuerza y en potencia, no pronuncian juicio de maldición contra ellas delante del Señor.

Pero éstos [los hijos de los vigilantes], hablando mal de cosas que no entienden, como animales irracionales [homo sapiens sin mente crística], nacidos para presa y destrucción, perecerán en su propia perdición, recibiendo el galardón de su injusticia, ya que tienen por delicia el gozar de deleites cada día.

Estos [los hijos de los vigilantes] son inmundicias y manchas, quienes aun mientras comen con vosotros, se recrean en sus errores. Tienen los ojos llenos de adulterio, no se sacian de pecar, seducen a las almas inconstantes, tienen el corazón habituado a la codicia [(la codicia es la lección que su mente ha aprendido)].

Y son *hijos de maldición*. Han dejado el camino recto, y se han extraviado siguiendo el camino de Balaam hijo de Beor [el vigilante], el cual amó el premio de la maldad, y fue reprendido por su iniquidad; pues una muda bestia de carga, hablando con voz de hombre, refrenó la locura del profeta.

Estos [vigilantes] son fuentes sin agua, y nubes empujadas por la tormenta; para los cuales la más densa oscuridad [(el oscuro inframundo)] está reservada para siempre. Pues hablando palabras infladas y vanas, [los vigilantes] seducen con concupiscencias de la carne y disoluciones a los que verdaderamente habían huido de los que viven en error [juzgando con sus deseos carnales con corrupción].

[Los vigilantes] les prometen libertad, y son ellos mismos *esclavos de corrupción*. Porque el que es vencido por alguno es hecho esclavo del que lo venció. Ciertamente, si habiéndose ellos escapado de las contaminaciones del mundo [de los vigilantes], por el conocimiento del Señor y Salvador Jesucristo, enredándose otra vez en ellas son vencidos, su postrer estado viene a ser peor que el primero.

Porque mejor les hubiera sido no haber conocido el camino de la justicia, que después de haberlo conocido, volverse atrás del santo mandamiento que les fue dado. Pero les ha acontecido lo del verdadero proverbio: El perro vuelve a su vómito, y la puerca lavada a revolcarse en el cieno.   2 Pedro 2

Padres e hijos vencen al Maligno

Os escribo a vosotros, padres, porque conocéis al que es desde el principio. Os escribo a vosotros, jóvenes, porque habéis vencido [al vigilante] *al maligno*. Os escribo a vosotros, hijitos, porque habéis conocido al Padre.

Os he escrito a vosotros, padres, porque habéis conocido al que es desde el principio. Os he escrito a vosotros, jóvenes, porque sois fuertes, y la palabra de Dios permanece en vosotros, y habéis vencido [al vigilante] *al maligno*.   1 Juan 2:13–14

Encarnizado combate por la fe confiada a los santos

Judas, siervo de Jesucristo, y hermano de Santiago, a los que han sido llamados, amados de Dios Padre y guardados para Jesucristo. A vosotros, misericordia, paz y amor abundantes.

Queridos, tenía yo mucho empeño en escribiros acerca de nuestra común salvación y me he visto en la necesidad de hacerlo [a causa de los peligros que estos vigilantes herejes representan] para exhortaros a combatir por la fe que ha sido transmitida a los Santos de una vez para siempre.

Porque se han introducido solapadamente algunos que hace tiempo la Escritura [los textos antiguos] señaló ya para esta sentencia [esta condenación ordenada por Dios]. Son *impíos* [vigilantes] [negaron toda religión], que convierten en libertinaje la gracia de nuestro Dios, y niegan a Dios el único Dueño y Señor Jesucristo.

Quiero recordaros a vosotros, que ya habéis sabido todo esto de una vez para siempre, que el Señor, habiendo liberado al pueblo de la tierra de Egipto, destruyó después a los que no creyeron [no confiaron en él o en su divina dirección a través del mensaje de Moisés] y además que a los ángeles [los vigilantes], que no mantuvieron su dignidad, sino que abandonaron su propia morada [esfera], los tiene guardados con ligaduras eternas bajo tinieblas para el juicio del gran Día.[7]

Y lo mismo Sodoma y Gomorra y las ciudades vecinas, que como ellos [los ángeles caídos] fornicaron [con los ángeles caídos] y se fueron tras una carne diferente, padeciendo la pena de un fuego eterno, sirven de ejemplo. Igualmente éstos [los ángeles caídos], a pesar de todo, alucinados en sus delirios, manchan la carne, desprecian al Señorío e injurian a las Glorias [abusando verbalmente de los ángeles gloriosos también]. En cambio el Arcángel Miguel, cuando altercaba con el diablo, disputándose el cuerpo de Moisés, no se atrevió a pronunciar contra él juicio injurioso, sino que dijo: Que te castigue el Señor.

Pero éstos [los hijos de los vigilantes] injurian lo que ignoran y se corrompen en las cosas que, como animales irracionales [homo sapiens sin mente crística], conocen por instinto.

¡*Ay* de ellos [hijos de los vigilantes]! [que obtengan lo que merecen, es decir, ¡que caiga sobre ellos su

---

7. Scofield interpreta que esto significa el juicio de Satanás y de otros ángeles caídos por parte del Señor [la Poderosa Presencia YO SOY] (*Scofield, Scofield Reference Bible*, pág. 1328, n.2).

karma!] porque han ido por el camino de Caín[8], y por un salario se han abandonado al descarrío de Balaam[9], y han perecido en la rebelión de Coré.[10]

Estos son manchas cuando banquetean desvergonzadamente en vuestros ágapes y se apacientan en sí mismos; son nubes sin agua [estos vigilantes] zarabdeadas por el viento, árboles de otoño sin fruto, dos veces muertos, arrancados de raíz; son olas salvajes del mar, que echan la espuma de su propia vergüenza; *estrellas errantes* [ángeles caídos] a quienes está reservada la oscuridad de las tinieblas para siempre.

Enoc, el séptimo desde Adán, profetizó ya sobre ellos [los vigilantes]: Mirad, el Señor ha venido con sus santas miríadas para realizar el juicio contra todos y dejar convictos a todos los impíos [los vigilantes] de todas las obras de impiedad que realizaron y de todas las palabras duras que hablaron contra él los *pecadores impíos*.

---

8. Tipo de hombre naturalmente religioso que cree en un Dios y en «religión», pero sólo por su propia voluntad, y que rechaza la redención por la sangre de Cristo, el Verbo encarnado (Scofield, págs. 1328–29, nº 3).

9. El error de Balaam fue suponer que un Dios justo debía maldecir al malvado Israel, lo que Balaam dedujo a partir de un razonamiento de moralidad natural en lugar de hacerlo a partir de la superior moralidad de la Cruz (Scofield, pág. 1329, nº 1).

10. El pecado de Coré fue negar la autoridad de Moisés como portavoz elegido por Dios y usurpar el cargo de sacerdote (Scofield, pág. 1329, nº 2). Véase Números 16.

Estos son *murmuradore*s, *descontentos* de su suerte, que viven según sus pasiones, cuya boca dice palabras altisonantes, que adulan por interés.

En cambio, vosotros, queridos, acordaos de las predicciones de los apóstoles de nuestro Señor Jesucristo. Ellos os decían: *Al fin de los tiempos aparecerán hombres sarcásticos* que vivirán según sus propias pasiones impías. Estos son los que causan divisiones, viven una vida sólo natural sin tener espíritu. [Estos seres no espirituales y egoístas no son sino corruptos]

Pero vosotros, queridos, edificándoos sobre vuestra santísima fe y orando en el Espíritu Santo, manteneos en la caridad de Dios, aguardando la misericordia de nuestro Señor Jesucristo para vida eterna.

A unos, a los que vacilan, tratad de convencerlos; a otros, tratad de salvarlos arrancándolos del fuego; y a otros mostradles misericordia con cautela, odiando incluso la túnica manchada por su carne.

Al que es capaz de guardaros inmunes y de presentaros sin tacha ante su gloria con gran alegría, al Dios único, nuestro Salvador, por medio de Jesucristo, nuestro Señor, gloria, majestad, fuerza y poder antes de todo tiempo, ahora y por todos los siglos. Amén.[11]

Epístola de San Judas

---

11. Invitamos al lector a la reflexión leyendo la traducción en la *Biblia de Jerusalén* de la Epístola de Judas en su totalidad.

Más referencias veladas a los vigilantes (y a los nefilim) en las escrituras

*Adversarios, contrarios
 (del Señor)*
Deuteronomio 32:41–43
Isaías 1:24
Isaías 59:18
Nahúm 1:2

Codicioso
Lucas 16:14 [avaro]

Enemigo
Deuteronomio 33:27
1 Samuel 24:3–4
1 Samuel 26:7–8
2 Samuel 22:18
Job 16:9–11
Salmos 8:2
Salmos 18:17
Salmos 41:11
Salmos 74:3–4, 10, 18
Salmos 143:3
Mateo 13:24–30, 36–43

Enemigos
Salmos 21:8–12
Salmos 35
Filipenses 3:18–19

Esta generación
Marcos 8:12
Lucas 11:37–54

Falso profeta
Hechos 13:6–11

Falsos profetas
Mateo 7:15–20
Mateo 24:11, 24
Marcos 13:22
1 Juan 4:1

Filisteos
Génesis 26:14–15
Véase también Goliat

Proverbios 17:15
Proverbios 18:5
Proverbios 19:28
Proverbios 21:4, 7, 10, 12
Proverbios 24;19–20, 24
Proverbios 29:7
Isaías 13:11
Jeremías 5:26–28
Jeremías 12:1
Habacuc 1:13–17
Malaquías 3:18
Mateo 13:49–50
2 Tesalonicenses 2:8–9
1 Pedro 4:18
2 Pedro 3:7
Jeremías 23:14

Injustos
1 Corintios 6:9

Malignos
Job 8:20
Salmos 94:16
Isaías 14:20–23
Isaías 31:1–2

El Maligno, el malo
Mateo 13:19, 38
1 Juan 5:18

Malos obreros
Filipenses 3:2

*Naciones**
2 Reyes 16:3
2 Reyes 17:7–12
2 Crónicas 28:1–3
2 Crónicas 33:1–2
Salmos 9:19–20
Salmos 110:6
Salmos 149:6–9
Lamentaciones 1:10
Joel 3:9–17
Hechos 4:25–26
[pueblos]

*Obreros fraudulentos,
falsos apóstoles*
2 Corintios 11:13–15

*Orgullosos, soberbios,
insolentes, arrogantes*
Job 40:11–12
Salmos 86:14
Salmos 119:21, 51, 69,
78, 85, 122
Salmos 140:5
Proverbios 15:25
Isaías 13:11
Jeremías 50:31–32
Malaquías 4:1

---

* El término en inglés que utiliza la versión King James para «naciones» es *heathen*, cuya traducción literal es «paganos». [N. de la T.]

Pecadores
  1 Samuel 15:18
  Salmos 104:35
  Mateo 26:45
  Marcos 14:41
  Proverbios 11:3
  Isaías 1:28

Príncipe de este mundo
  Juan 12:31
  Juan 14:30
  Juan 16:11

Reyes de la tierra
  Salmos 76:12
  Isaías 24:21
  Apocalipsis 17:2
  Apocalipsis 18:3, 9
  Apocalipsis 19:18–19

Sanguinario
  Salmos 5:6

Sanguinarios
  Salmos 26:9–10
  Salmos 139:19–20

Varón violento
  Salmos 18:48

Violentos
  Mateo 11:12

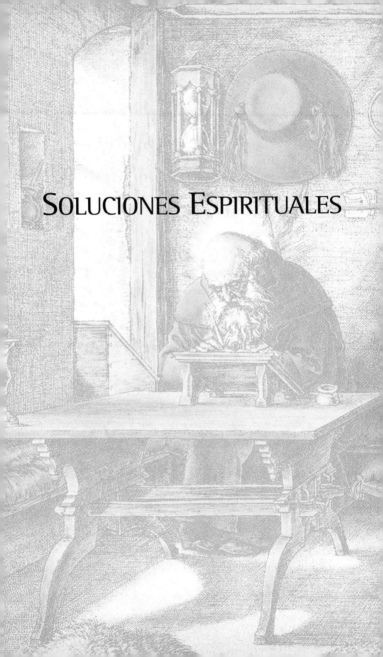

SOLUCIONES ESPIRITUALES

Para el juicio he venido a este mundo.

Jesús

SOLUCIONES ESPIRITUALES

Hace más de dos mil años Jesús dijo a Pedro: «A ti te daré las llaves del Reino de los cielos; y lo que ates en la tierra quedará atado en los cielos, y lo que desates en la tierra quedará desatado en los cielos»[1]. Hoy Jesús nos da esas llaves (o claves) para atar a los ángeles caídos.

El apóstol Pablo afirmó ese otorgamiento de autoridad cuando dijo a los cristianos en Corinto: «¿No sabéis que los santos han de juzgar al mundo? y si vosotros vais a juzgar al mundo, ¿no sois acaso dignos de juzgar esas naderías? ¿No sabéis que hemos de juzgar a los ángeles [caídos]?»[2]

Jesús nos ha dado una oración específica para atar a los ángeles caídos y a los espíritus malvados que atacan a los hijos de Dios. Se llama «¡No pasarán! Llamado al juicio de los ángeles caídos que han jurado enemistad con los hijos de Dios».

---

1. Mateo 16:19
2. 1 Corintios 6:2, 3.

«¡No pasarán!» es una dotación de poder para detener la proliferación del mal, para frenar las injusticias. No hacemos esta oración para vengarnos de ciertos individuos. La hacemos porque, sin nuestras intensas súplicas para que interceda la divinidad, muchas almas inocentes podrían convertirse en víctimas de la codicia, la lujuria o el odio de los malvados, desde los que abusan de los niños hasta los terroristas internacionales. Siempre sometemos nuestras oraciones a la voluntad de Dios, pues Él es el juez supremo.

«¡No pasarán!» es una forma acelerada de oración en voz alta, a la que se conoce como «decreto». Los decretos, como las plegarias, son peticiones verbales a Dios. Pero, aun más que ellas, son mandatos para que se manifieste la voluntad de Dios. Cuando pronunciamos un decreto, estamos ordenando científicamente que la luz de Dios entre a nuestra vida para producir un cambio alquímico. Estamos pidiéndole a Dios que haga que esta luz y Sus ángeles actúen para que se lleve a cabo una transformación personal y mundial.

Muchos se han preguntado por qué es realmente necesario pedir a Dios Su ayuda. ¿Acaso no es omnisciente? ¿Acaso no conoce ya nuestros problemas y cómo hacerse cargo de ellos?

Según las leyes de Dios, Él y sus representantes celestiales no intervienen en asuntos humanos a menos que se lo solicitemos concretamente. Cuando Dios nos creó, nos dio libre albedrío, y Él respeta ese libre albedrío. Puedes pensar en la tierra como si se tratara de un laboratorio en el que Dios nos dio la libertad para experimentar y evolucionar. Si no nos hubiera dado libre albedrío y no nos permitiera experimentar los resultados buenos y malos de nuestros actos, no seríamos capaces de aprender de las lecciones que nos da la vida, ni de crecer a partir de ello.

EL TUBO DE LUZ

Antes de que hagas el decreto «¡No pasarán!» es preferible que establezcas un campo de protección a tu alrededor mediante el decreto «Tubo de Luz». El tubo de luz, que se muestra en la gráfica de tu Yo Divino (pág. 362) es un escudo de protectora luz blanca que mide cerca de tres metros de diámetro, el cual desciende de Dios y se extiende por debajo de tus pies.

El tubo de luz puede protegerte contra energías malévolas que alguien puede dirigirte a través de su ira, condena, odio o celos. Cuando careces de protección, esas energías negativas pueden volverte irritable o deprimirte, incluso pueden ocasionarte accidentes. El tubo de luz te ayuda a permanecer centrado y en paz.

Es una buena idea que repitas el decreto «Tubo de Luz» cada mañana antes de que comience el ajetreo del día. Si, a lo largo de la jornada, te sientes falto de energía, exhausto o vulnerable, puedes repetir este decreto cada vez que te sea necesario.

Visualización y meditación:

Al recitar el decreto «Tubo de Luz», visualiza la intensa luz blanca de tu Presencia YO SOY*, más brillante que la luz del sol sobre nieve recién caída, que se funde para formar un muro impenetrable de luz a tu alrededor. En el interior de ese tubo de luz centelleante, imagínate a ti mismo envuelto por la llama violeta, el fuego espiritual del Espíritu Santo.

En el transcurso del día, puedes reforzar de vez en cuando esta protección espiritual visualizando el tubo de luz a tu alrededor y repitiendo este decreto:

Amada y radiante Presencia YO SOY,
séllame ahora en tu tubo de Luz
de llama brillante de Maestro Ascendido
ahora invocada en el nombre de Dios.
Que mantenga libre mi templo aquí
de toda discordia enviada a mí.

YO SOY quien invoca el Fuego Violeta,
para que arda y transmute todo deseo,
persistiendo en nombre de la libertad,
hasta que yo me una a la Llama Violeta.

(Repítase el decreto 3 veces)

---

*Se refiere a la presencia personal de Dios contigo, representada por la figura superior en la Gráfica de tu Yo Divino (véase pág. 362).

ARCÁNGEL MIGUEL

Mas el príncipe del reino de Persia se me opuso durante veintiún días; pero he aquí Miguel, uno de los principales príncipes [arcángeles], vino para ayudarme, y quedé allí con los reyes de Persia [...].

Pero yo te declararé lo que está escrito en el libro de la verdad; y ninguno me ayuda contra ellos, sino Miguel vuestro príncipe [...].

En aquel tiempo se levantará Miguel, el gran príncipe que está de parte de los hijos de tu pueblo; y será tiempo de angustia, cual nunca fue desde que hubo gente hasta entonces; pero en aquel tiempo será libertado tu pueblo, todos los que se hallen escritos en el libro.

Y muchos de los que duermen en el polvo de la tierra serán despertados, unos para vida eterna, y otros para vergüenza y confusión perpetua [...].

Los entendidos resplandecerán como el resplandor del firmamento; y los que enseñan la justicia a la multitud, como las estrellas a perpetua eternidad.

Daniel

Arcángel Miguel,
guardián de nuestros ejercicios espirituales

El siguiente paso para crear un campo de protección es invocar la intercesión del Arcángel Miguel, el más venerado de los ángeles en las escrituras y las tradiciones hebrea, cristiana e islámica. En el Antiguo Testamento, figura como el guardián de Israel. Se apareció a Josué cuando éste se preparaba para conducir a los israelitas a la batalla de Jericó y se presentó como «capitán de las huestes del Señor».

En uno de los rollos del Mar Muerto, Miguel es el «poderoso ángel protector» a través de quien Dios promete enviar ayuda perpetua a los hijos de la luz.

En la tradición católica, es el patrón y el protector de la Iglesia. En la musulmana, es Mika'il, el ángel de la naturaleza que proporciona al hombre tanto alimento como conocimiento.

El Arcángel Miguel cuenta con innumerables ángeles bajo su mando, cuya tarea es proteger a los hijos de Dios de peligros físicos y espirituales. Es el ángel guardián que supervisa nuestros ejercicios espirituales.

Puedes recitar decretos al Arcángel Miguel cada mañana para que te proteja y proteja a tus seres queridos, o puedes hacerlo por la noche para que ofrezca protección a tu alma mientras viaja estando tu cuerpo dormido. Durante todo el día, siempre que sientas la necesidad de reforzar la protección de Dios a tu alrededor o alrededor de aquéllos que sufren, puedes hacer una pausa y convocar a este poderoso arcángel.

Visualización y meditación:

Comienza pronunciando una plegaria al Arcángel Miguel y a sus legiones de ángeles para que te envuelvan con su energía protectora durante el día.

Visualízalo como un ángel majestuoso, ataviado con una armadura resplandeciente y una brillante capa azul zafiro. Contémplalo de pie frente a ti, después detrás de ti, luego a tu izquierda, a tu derecha, debajo, por encima y en el centro mismo de tu cuerpo. Mira cómo va acompañado de innumerables ángeles que te protegerán y te escoltarán dondequiera que vayas.

Imagina al Arcángel Miguel blandiendo una espada de llama azul para librarte de todas las circunstancias negativas que amenacen el avance de tu alma por el camino espiritual. Puedes imaginarte también utilizando un casco y una armadura de acero azul que impedirá que cualquier peligro físico o espiritual acose tu cuerpo o tu mente.

PROTECCIÓN DE VIAJE

¡San Miguel delante,
San Miguel detrás,
San Miguel a la derecha,
San Miguel a la izquierda,
San Miguel arriba,
San Miguel abajo,
San Miguel, San Miguel, dondequiera que voy!

¡YO SOY su Amor protegiendo aquí!
¡YO SOY su Amor protegiendo aquí!
¡YO SOY su Amor protegiendo aquí!

(Repítase el decreto tres o nueve veces)

SAN MIGUEL

En el nombre de la amada, poderosa y victoriosa Presencia de Dios, YO SOY en mí, en el nombre de Jesucristo, pido a mi propio amado Santo Ser Crístico, a los Santos Seres Crísticos de todos los niños de la Luz, al amado Arcángel Miguel y a las huestes del Señor, legiones de ángeles del Gran Sol Central, Poderosos Elohim, serafines y querubines de Dios, que protejan mi vida, a mi familia y a todos los niños e hijos de la Luz:

Se repite todo el decreto tres o nueve veces:

1. San Miguel, San Miguel,
     invoco tu llama,
   ¡libérame ahora
     esgrime tu espada!

Estribillo: Proclama el poder de Dios
     protégeme ahora.
   ¡Estandarte de Fe
     despliega ante mí!
   Relámpago azul
     destella en mi alma,
   ¡radiante YO SOY
     por la Gracia de Dios!

2.   **San Miguel, San Miguel,**
       yo te amo de veras;
       ¡con toda tu Fe
          imbuye mi ser!

(Repetir estribillo)

3.   **San Miguel, San Miguel,**
       y legiones de azul
       ¡selladme, guardadme
          fiel y leal!

(Repetir estribillo)

Coda: **¡YO SOY saturado y bendecido**
              con la llama azul de Miguel,
              YO SOY ahora revestido
              con la armadura azul de Miguel!

(Se repite tres veces la coda)

«¡NO PASARÁN!»
Un llamado al juicio de los ángeles caídos
que han jurado enemistad con los hijos de Dios
por Jesucristo

Instrucción:

Cuando hayas hecho el decreto «Tubo de Luz» y decretos dirigidos al Arcángel Miguel para establecer un fuerte campo de protección, estarás listo para pronunciar el «¡No pasarán!».

Aparte, di una oración en la que nombres concretamente las circunstancias que quieres impedir, como la siguiente:

En nombre de la amada, poderosa y victoriosa Presencia de Dios YO SOY en mí, y mi muy amado Santo Ser Crístico, invoco a los siete arcángeles y a todas las huestes del Señor para que se hagan cargo de [menciona aquí tu petición personal para que se modifiquen ciertas situaciones como el abuso infantil, la delincuencia, el tráfico de drogas, el terrorismo, etc.].

Pido que mis plegarias sean multiplicadas para ayudar a todas las almas que se hallan en dificultad. Doy las gracias y lo acepto hecho ahora con pleno poder, de acuerdo a la voluntad de Dios.

Puedes repetir el «¡No pasarán!» varias veces para atar a los ángeles caídos y liberar a todas las personas. Cuando hayas terminado, concluye la sesión con el cierre «Y con plena fe…».

La postura más efectiva para pronunciar este decreto es la siguiente: de pie, con la mano derecha elevada hasta la altura del hombro, utilizar el mudra *abhaya* (gesto de valentía). La palma de la mano mira hacia afuera y los dedos apuntan hacia arriba. Pon tu mano izquierda sobre el centro de tu pecho, donde se localiza el chakra del corazón, con el pulgar y los dedos índice y medio apuntando hacia adentro.

En el nombre del YO SOY EL QUE YO SOY,
yo invoco la Presencia Electrónica de Jesucristo:
¡No pasarán!
¡No pasarán!
¡No pasarán!

Por la autoridad de la cruz cósmica de
    fuego blanco será:
Que todo lo que se dirija en contra del Cristo
    dentro de mí, dentro de los santos inocentes,
    dentro de nuestros amados Mensajeros,
    dentro de todo hijo e hija de Dios
se torne ahora,
    por la autoridad de Alfa y Omega,
    por la autoridad de mi Señor y Salvador Jesucristo,
    ¡por la autoridad de Saint Germain!
YO SOY EL QUE YO SOY
    en el centro de este templo
    y declaro en la plenitud de
    todo el Espíritu de la Gran Hermandad Blanca:
Que los que practican la magia negra
    en contra de los hijos de la Luz
sean atados ahora por las huestes del SEÑOR,
que reciban ahora el juicio del Señor Cristo
    en mí, en Jesús,
    y en todo Maestro Ascendido,
que reciban ahora la plena retribución
    multiplicada por la energía del Cristo Cósmico
    de los actos nefastos que han practicado
    desde la encarnación misma de la Palabra.
¡He aquí, YO SOY un hijo de Dios!
¡He aquí, YO SOY una Llama de Dios!
¡He aquí, yo estoy de pie firmemente en la Roca
de la Palabra viviente!
Y declaro con Jesús, el Hijo viviente de Dios:

¡No pasarán!
¡No pasarán!
¡No pasarán!
Elohim. Elohim. Elohim. *(Se canta la última línea)*

Cuando hayas concluido tus decretos di una vez

¡Y con plena Fe acepto conscientemente que esto se manifieste, se manifieste, se manifieste! *(Repítase tres veces)* ¡Aquí y ahora mismo con pleno Poder, eternamente sostenido, omnipotentemente activo, siempre expandiéndose y abarcando el mundo hasta que todos hayan ascendido completamente en la Luz y sean libres!

¡Amado YO SOY! ¡Amado YO SOY! ¡Amado YO SOY!

GRÁFICA DE TU YO DIVINO

GRÁFICA DE
TU YO DIVINO

La razón por la que podemos invocar a Dios y Él nos responde es porque estamos conectados con Él. Somos Sus hijos e hijas. Tenemos una relación directa con Dios y Él ha colocado una porción de Sí mismo en nosotros. Para comprender mejor esta relación, los maestros ascendidos han diseñado la gráfica de tu Yo Divino.

Se trata de un retrato tuyo y de Dios dentro de ti. Es una figura que te representa a ti y tu potencial para convertirte en quien realmente eres. Resume tu anatomía espiritual.

La figura superior es tu «Presencia YO SOY», la Presencia de Dios que ha sido individualizada en cada uno de nosotros. Tu Presencia YO SOY está rodeada por siete esferas concéntricas de energía espiritual que conforman lo que se denomina tu «cuerpo causal». Las esferas de energía pulsante contienen el registro de las buenas obras que has llevado a cabo desde tu primera encarnación sobre la Tierra. Son como tu cuenta bancaria cósmica.

EL YO SUPERIOR

La figura en la parte media de la gráfica representa al «Santo Ser Crístico», quien también recibe el nombre de Yo Superior. Puedes considerar a tu Santo Ser Crístico tu principal ángel protector y tu mejor amigo, tu maestro interior y la voz de tu conciencia.

Así como la Presencia YO SOY es la presencia de Dios que está individualizada en cada uno de nosotros, el Santo Ser Crístico es la presencia del Cristo universal que está individualizada en cada cual. «El Cristo» es, en realidad, un título dado a aquéllos que han logrado la unidad con su Yo Superior o con el Yo Crístico. Por ello, a Jesús se le llamó «Jesús, el Cristo». *Cristo* proviene del término griego *christos*, que significa «ungido»: ungido con la luz de Dios.

Lo que muestra la gráfica es que todos y cada uno tenemos un Ser Superior o un «Cristo interior» y que todos y cada uno estamos destinados a hacernos uno con ese Yo Superior, lo llamemos Cristo, Buda, el Tao o el Atmán. Este «Cristo interior» es lo que los místicos cristianos refieren en ocasiones como el «hombre interior del corazón» y lo que los Upanishads describen misteriosamente como el ser del «tamaño de un pulgar» que «habita muy en el fondo del corazón».

Todos tenemos momentos en que sentimos esa conexión con nuestro Yo Superior: cuando somos creativos, amorosos o estamos alegres. Pero hay otros momentos en que no nos sentimos en armonía con nuestro

Yo Superior: momentos en que nos enojamos, nos deprimimos, nos sentimos perdidos. De lo que trata el camino espiritual es de aprender a sostener la conexión con la parte superior de nosotros mismos a fin de que podamos hacer nuestra mayor contribución a la humanidad.

LA CHISPA DIVINA

El haz de luz blanca que desciende de la Presencia YO SOY a través del Santo Ser Crístico hasta la figura inferior de la gráfica es el cordón de cristal (en ocasiones llamado cordón de plata). Es el «cordón umbilical», la cuerda de salvamento, que te une con el Espíritu.

Tu cordón de cristal nutre también esa especial y radiante llama de Dios que se oculta en la cámara secreta de tu corazón. La denominamos llama trina, o chispa divina, porque literalmente es una chispa de fuego sagrado que Dios transmite de su corazón al tuyo. Se la llama «trina» porque engendra los atributos primarios del Espíritu: poder, sabiduría y amor.

Los místicos de diferentes religiones del mundo han establecido contacto con la chispa divina al describirla como la semilla de divinidad que mora en el interior de cada uno. Los budistas, por ejemplo, hablan de la «semilla de la budeidad» que existe en cada ser vivo. En la tradición hindú, el Upanishad Katha se refiere a la «luz del Espíritu» que se oculta en el «elevado lugar secreto del corazón» de todos los seres.

Del mismo modo, el teólogo cristiano y místico del siglo XIV maestro Eckhart dicta su enseñanza sobre la chispa divina cuando afirma «la semilla de Dios está en nuestro interior». Hay una parte de nosotros mismos, señala Eckhart, que «permanece eternamente en el Espíritu y es divina [...]. Allí Dios resplandece y arde sin cesar».

Cuando pronunciamos un decreto, meditamos sobre la llama que se halla en la cámara secreta de nuestro corazón. Esa cámara secreta es tu sala privada para la meditación: tu castillo interior, como lo llamó Teresa de Jesús. En la tradición hindú, el devoto visualiza una isla enjoyada en su corazón. Allí se ve a sí mismo ante un bellísimo altar, en el que adora a su maestro en profunda meditación.

Jesús habló de entrar a la cámara secreta del corazón cuando dijo: «Cuando oráis, entráis a vuestro aposento, y cuando hayáis cerrado la puerta, orad a vuestro Padre que está en secreto; y vuestro Padre que ve en secreto os recompensará francamente». Ir a tu aposento a orar es ir a otra dimensión de la conciencia. Es entrar en el corazón y cerrar la puerta al mundo exterior.

El potencial de tu alma

La figura inferior en la gráfica de tu Yo Divino te representa a ti, que estás en el camino espiritual, rodeado por la llama violeta, el fuego espiritual del Espíritu Santo, y por la blanca luz protectora de Dios. El alma es el potencial vivo de Dios, la parte de ti que es mortal pero que puede volverse inmortal.

El propósito de la evolución de tu alma en la Tierra es crecer en autodominio, saldar tu karma y llevar a cabo tu misión sobre la Tierra, a fin de que puedas volver a las dimensiones espirituales que son tu verdadero hogar.

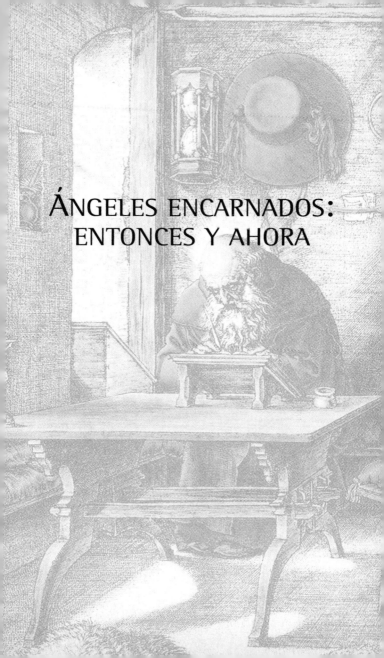

ÁNGELES ENCARNADOS:
ENTONCES Y AHORA

SATANÁS ACERCÁNDOSE A LOS CONFINES
DE LA TIERRA

La conspiración contra Orígenes

S i Orígenes de Alejandría (186–255) fue el teólogo más influyente de la Iglesia griega de los
primeros tiempos —y lo fue—, ¿por qué nunca hemos
oído hablar de «San Orígenes»?

A principios del siglo VI, cuando algunas de las
brillantes deducciones teológicas de Orígenes sobre la
naturaleza de los hombres y de los ángeles estaban co-
brando renovada popularidad en los monasterios pa-
lestinos, los monjes de Jerusalén opuestos a Orígenes
tomaron cartas en el asunto. Conspiraron con un diá-
cono romano llamado Pelagio, asignatario papal que
ejercía una impía influencia sobre el débil carácter del
papa Vigilio.

En el año 543, Pelagio convenció al poderoso emperador bizantino Justiniano para que promulgara un
edicto imperial que anatematizara ciertas enseñanzas
de Orígenes. El papa Vigilio apoyó la medida.

El despótico control que ejercía Justiniano sobre la
Iglesia era de tal magnitud que los sacerdotes, obispos

e incluso el Papa carecían de poder para resistirse a sus doctrinales decretos imperiales. Justiniano creía que él y su esposa, la ambiciosa exprostituta Teodora, eran los elegidos de Dios en quien Él había confiado todo el imperio cristiano, incluida Roma. Juntos establecieron el dogma y lo tradujeron en leyes, añadiendo las aprobaciones clericales como una mera formalidad.[1]

En 553, Justiniano orquestó el Quinto Concilio Ecuménico (el Segundo Concilio de Constantinopla). En esa ocasión, el Papa se negó a asistir. Justiniano respondió haciendo que lo arrestaran y nombrando a Pelagio nuevo pontífice.

Debido a que no existe actualmente ningún manuscrito que documente aprobación papal alguna de los quince anatemas del concilio en contra de Orígenes, algunos estudiosos niegan que la condena a Orígenes en dicho concilio se hubiera jamás formalizado a través de una ratificación por parte de la Santa Sede.

Sin embargo, los expertos se muestran de acuerdo en que, en esencia y a efectos prácticos, Justiniano y los obispos de Roma, Alejandría, Antioquía y Jerusalén condenaron la enseñanza de Orígenes sobre *ciertos puntos* y la proclamaron herética, aun careciendo de la firma del Vicario de Cristo.[2]

Y, aparentemente, todas las iglesias cristianas en el imperio bizantino bajo el yugo de Justiniano (Roma incluida) prohibieron las controvertidas enseñanzas de Orígenes, particularmente sus premisas sobre la preexistencia de las almas, que sustentaban la doctrina de la reencarnación. En los siguientes siglos, esa doctrina se enseñó activamente sobre todo entre los cátaros heréticos, los filósofos herméticos, los alquimistas, los rosacruces, los cabalistas cristianos y otros más. Para los cristianos católicos dejó de ser una materia digna de consideración, más que olvidada: muerta por abandono.

Así, ¿qué otra cosa era controvertida en las obras de Orígenes? Al parecer, Orígenes pensaba que cuando los ángeles caen (lo que podía ocurrir en cualquier momento, dependiendo de su libre albedrío), caminan por la Tierra convertidos en hombres. Ya allí, si persisten en sus prácticas perversas, se convierten, finalmente, en demonios, quienes, según Orígenes, «tienen cuerpos fríos y oscuros».[3]

Para Orígenes, no había límites estrictos entre ángeles y hombres. Un fragmento cita sus palabras cuando enseña que «los ángeles pueden convertirse en hombres o en demonios y, a partir de estos últimos, pueden elevarse para volver a ser hombres o ángeles»[4]. Orígenes explica más adelante la transición del cuerpo de los ángeles al cuerpo de los hombres así:

> Cuando está destinada a espíritus más imperfectos, [la sustancia material] se solidifica, se espesa y forma los cuerpos de este mundo visible. Si sirve a inteligencias superiores, brilla con la luminosidad de los cuerpos celestiales y sirve como vestidura a los ángeles de Dios y a los hijos de la Resurrección.[5]

En algún otro lado desarrolla este punto, al describir cómo un espíritu incorpóreo asume gradualmente un cuerpo físico:

> Si cualquier criatura racional, incorpórea e invisible es negligente, cae gradualmente a los niveles más bajos y allí asume un cuerpo. El tipo de cuerpo que asuma dependerá del lugar en el que caiga. Así, primeramente adquirirá un cuerpo etéreo, luego uno aéreo; conforme se acerque a la Tierra tomará uno todavía más burdo y, al final, quedará atrapado en carne humana.[6]

Orígenes habla también

> de aquellas almas que, a causa de sus excesivos defectos mentales, se hallan necesitadas de un cuerpo de naturaleza más densa y sólida.[7]

Otro comentario de Orígenes explica más adelante que hay

> aquéllos que, debido a deficiencias mentales, merecían ingresar en un cuerpo o quienes fueron arrastrados por su deseo por las cosas visibles y también los que, voluntaria o involuntariamente, se sintieron obligados […] a realizar ciertos servicios a quienes habían caído en ese estado.[8]

Posteriores fuentes eclesiásticas citan la idea de Orígenes relativa a que algunos espíritus originalmente creados por Dios (que eran, desde su punto de vista, aun más elevados que los ángeles) cayeron de la si-

guiente manera: «No deseando más la visión de Dios»,
afirma Orígenes, al final los espíritus «se abandonan a
cosas peores, cada una siguiendo sus propias inclinacio-
nes y […] adquieren un cuerpo más o menos sutil», de
acuerdo al grado de su delito.[9]

También se citan las palabras de Orígenes por creer
que esos espíritus que cayeron eran aquéllos «en los
que el amor divino se había enfriado» y afirma que
éstos pudieron haber sido «ocultos en cuerpos densos
como los nuestros y haber sido llamados hombres».[10]

En esta afirmación, Orígenes revela la creencia de
que ciertos hombres son en realidad encarnaciones de
ángeles malvados.

Fragmentos de sus otras enseñanzas amplían esta
idea. Orígenes desarrolla en algún momento un largo
análisis de la descripción que hace Ezequiel del rey de
Tiro (Ezequiel 28:12–19), en el que muestra que éste
era en realidad «un cierto ángel que recibió la tarea
de gobernar a la nación de los tirios», un ángel que
había caído desde su original lugar santo y había sido
arrojado a la Tierra. El interés de Orígenes reside en
que este pasaje evidentemente no describe a un común
príncipe o rey humano, sino a «algún poder superior
que había caído de una posición más elevada y había
sido reducido a una condición más baja y peor».[11]

En sus propias palabras, intenta demostrar que
«aquellos poderes opuestos y malignos no los formó
o creó así la naturaleza, sino que pasaron de una
posición mejor a una peor y se convirtieron en seres

malvados»[12]. Orígenes no descarta la posibilidad de que ese ángel caído hubiera encarnado y gobernado literalmente a los tirios. En efecto, tal idea encaja bien en las enseñanzas de Orígenes a propósito de que los ángeles caídos pueden convertirse en hombres.

Sin embargo, Orígenes creía también que los ángeles buenos podían encarnar en cuerpos humanos con propósitos divinos. En su *Comentario al Evangelio de Juan*, Orígenes concluye que Juan el Bautista era un ángel que deliberadamente eligió encarnar a fin de servir al ministerio de Cristo. Orígenes dice:

> Desde el comienzo, aquéllos que han ocupado las posiciones más eminentes entre los hombres y han sido marcadamente superiores a los demás han sido ángeles con cuerpo humano. Ello explica el pasaje en las Escrituras que afirma que Juan era uno de los mensajeros, o ángeles, de Dios que vino al cuerpo para ser testigo de la luz.[13]

En griego, el término para 'mensajero' es *angelos*, de donde proviene la palabra ángel. Nuestro vocablo 'evangelista' significa literalmente «el que trae un buen mensaje», esto es, el evangelio. La conexión lingüística entre 'mensajero' y 'ángel' es lo que impulsó probablemente a Orígenes a afirmar que el portador del mensaje, Juan el Bautista, debió de haber sido un ángel.

Sólo cabe preguntarse si Orígenes no afirmaría, en algún escrito hoy destruido, el equivalente en sentido contrario de esa afirmación, es decir, que los peores entre los hombres eran ángeles caídos o demonios con forma humana. Mucho es de lamentar que no dispongamos de fragmentos perdidos de la angelología de Orígenes, porque lo que él sostiene es que tanto los ángeles malvados como los buenos encarnan entre los hombres; pero cualquier otra cosa que haya dicho sobre el particular se desvaneció mucho tiempo atrás.

El Segundo Concilio de Constantinopla, que data de 553, pronunció el siguiente anatema en contra de la enseñanza de Orígenes:

> Si cualquiera dijese que la creación de todas las cosas razonables incluye sólo inteligencias sin cuerpo e inmateriales, sin número ni nombre, de modo que exista unidad entre todas ellas por identidad de sustancia, fuerza y energía, y por su unión con Dios el Verbo y el conocimiento de Él, pero que *no deseando más la visión de Dios, se abandonaron a las cosas peores, siguiendo cada uno sus propias inclinaciones, y que tomaron un cuerpo más o menos sutil* y han recibido nombres, porque entre los Poderes celestiales hay una diferencia de nombres como hay también diferencia de cuerpos; de modo que algunos se convirtieron y se les llama querubines, otros serafines y Principados y Poderes y Dominios y Tronos y Ángeles, y muchos otros órdenes celestiales que puedan existir: que sea anatema.[14] (La cursiva es mía)

El concilio dirigió también otros dos anatemas contra Orígenes:

Si alguien dijese que *las sensatas criaturas en quienes el amor divino se ha enfriado han sido ocultas en cuerpos toscos como el nuestro, y se les ha llamado hombres*, mientras que aquéllos que han alcanzado el más bajo grado de maldad han compartido cuerpos fríos y oscuros y se han convertido y se les ha llamado demonios y espíritus del mal: que sea ello anatema.

Si alguien dijese que un estado paranormal provino de uno angélico o arcangélico y, más aún, que una situación demoníaca y una humana provinieron de una paranormal, y que a partir de un estado humano pueden volver a convertirse nuevamente en ángeles y demonios, y que cada orden de virtudes celestiales está compuesto por todos aquéllos que están abajo o por los que están arriba, o por aquéllos que están arriba y abajo: que sea anatema.[15] (La cursiva es mía)

Así, tres de los quince anatemas en contra de Orígenes maldicen su enseñanza sobre la encarnación de los espíritus caídos y sobre los ángeles que se convierten en hombres. La larga declaración que condena cada una de las ideas de Orígenes: «Si alguien dijese [esto]: que sea anatema» —que sea maldecido— debe de haber pesado mucho sobre la conciencia del creyente. ¿Se atrevería alguien a partir de entonces a creer que los ángeles caídos podían encarnar?

Tan despreciados —o quizás tan *temidos*— fueron los escritos de Orígenes, que sólo sobreviven fragmentos maltrechos de los seis mil trabajos que escribió. Incluso en su propia época, tuvo que bregar con falsificaciones de obras que llevaban su nombre. Posteriores patriarcas eclesiásticos, como Vincent de Lerins, citan a Orígenes como el ejemplo de un destacado maestro que pasó a ser una luz engañosa.

Orígenes soportó las torturas instigadas contra los cristianos por el emperador romano Decio: cadenas, collarines de hierro y el potro. Después de la muerte del verdugo, fue liberado de las mazmorras más profundas de la prisión imperial de Tiro en 251. Debilitado en el cuerpo, fortalecido en el espíritu, Orígenes murió en 254.

«Si la ortodoxia fuera un asunto de intenciones», comenta el deán de la Iglesia Cristiana de Oxford Henry Chadwick «ningún teólogo podría ser más ortodoxo que Orígenes»[16]. Verdaderamente mantuvo su constante apoyo a la Iglesia y a la Fe. Sin embargo, en su propia época, obispos y sacerdotes lo despreciaron. ¿Por qué?, ¿por su pureza de corazón?

Fue una ortodoxia soterrada lo que crucificó a Orígenes, el mejor exponente de la doctrina de Cristo, el mejor de los maestros, el mejor de los sacerdotes y el mejor de los ángeles encarnados. Aquéllos que debieron haberlo amado y defendido como a un hermano le temieron por herético y lo trataron peor. Lo pusieron en una cruz en la que inscribieron la palabra «anatema».

¿Quién lo bajará?

Nosotros lo haremos. Le pondremos en una tumba rodeada de azucenas blancas e inscribiremos en ella «Orígenes: Bodisatva de la Iglesia Occidental».

Notas

1. Véase Milton V. Anastos, *Justinian´s Despotic Control over the Church [...] and his Letter to Pope John II in 533*, Recueil des travaux de l'Institut d´Etudes byzantines, nº 8 (Belgrado, 1964).

2. Véase *Dictionary of Christian Biography*, voz «Origenistic Controversies», págs. 152–56.

3. The Fifth Ecumenical Council, «The Anathemas against Origen», nº 4, en *The Seven Ecumenical Councils of the Undivided Church*, ed. Henry R. Percival, A Select Library of Nicene and Post-Nicene Fathers of the Christian Church, ed. Philip Schaff y Henry Wace, 2ª serie, 14 vols. a la fecha (1890–1899; reimpresión, Grand Rapids, Mich.: Wm. B. Eerdmans, 1979–), 14 (1899), pág. 318.

4. Origenes, *De principiis* [Sobre los primeros principios], trad. al inglés de Frederick Crombie, en *Fathers of the Third Century*, ed. A. Cleveland Coxe, The Ante-Nicene Fathers, ed. Alexander Roberts y James Donaldson, 10 vols. a la fecha (1867–1895; reimpresión, Grand Rapids, Mich.: Wm. B. Eerdmans, 1978–), 4 (1885), pág. 267.

5. *The Catholic Encyclopedia*, voz «Origen».

6. Jean Daniélou, *Origen*, traducción del francés al inglés de Walter Mitchell (Nueva York: Sheed and Ward, 1955), pág. 218.

7. *Origen*, pág. 342

8. Ibíd., pág. 343.

9. Fifth Ecumenical Council, «The Anathemas against Origen», nº 2, 14:318.

10. Ibíd., nº 4.

11. Orígenes, págs. 258–59. La *New Catholic Encyclopedia* (voz «Demon, Theology of»), al comentar las enseñanzas de Orígenes, afirma que ese ángel caído «no podía ser otro que Satanás». Se trata de una interpretación doctrinal que carece de fundamento en el texto original de Orígenes (que comenta la multiplicidad de los caídos), ni en el propio Ezequiel.

12. *Origen*, pág. 258.

13. Daniélou, pág. 249.

14. Fifth Ecumenical Council, «The Anathemas against Origen», nº 2, 14:318.

15. Ibíd, números 4, 5.

16. *Encyclopaedia Britannica*, 15ª ed., voz «Origen».

RAMIFICACIONES DE
HOMBRES Y ÁNGELES

Parece que siempre, desde la caída de los ángeles (no desde la de Adán y Eva), el orgullo y
la lujuria han sido la causa de la iniquidad en el planeta
Tierra.

Si la gente entendiera que mentes conscientes, cor-
poreizadas en forma de ángeles caídos entre nosotros,
utilizan todas las posibles ventajas en los medios de
comunicación para atraer nuestra atención hacia la lujuria de la carne y de la vista y hacia el orgullo de la
vida, ¿no resistiría más las tentaciones, sabiendo que
forman parte de una conspiración en contra de nuestra
alma, la venganza misma de los supremos engañadores
en contra de su inocencia y en contra del amor mutuo
y de la presencia prometida del Padre y del Hijo, que
toman posesión de su morada en el corazón obediente
y amoroso?

Es una promesa ofrecida a los hijos siervos de Dios,
no a los vigilantes o a los nefilim. Y éstos nunca han
cesado su campaña para «desquitarse».

Inmediatamente después de 'Hombre, conócete a ti mismo', la consigna más importante en la batalla de la vida es 'Conoce a tu enemigo'. Los ángeles caídos que invadieron la Iglesia de los primeros tiempos —no sabemos hasta qué nivel— conspiraron para arrebatar al pueblo de Dios el conocimiento exacto y científico del enemigo y de su modus operandi.

¿Podrían esos «gobernadores de las tinieblas de este siglo [mundo]», que difunden su «maldad espiritual en regiones celestes», ser los lobos vestidos de oveja, los falsos Cristos y falsos profetas contra quienes previno Jesús?

Hacer que la víctima crea que la semilla de la mentira ha surgido en su *propia* mente y, en consecuencia, condicionarla a aceptar la culpa inmediata de la autoincriminación por el pecado, en lugar de alzarse para derrocar al *verdadero* enemigo, tanto dentro como fuera: en ello consiste el lavado de cerebro de los principados y poderes de los ángeles caídos.

Debemos tener en cuenta su técnica dondequiera que la manipulación de masas se convierte en un factor para decidir asuntos clave de la vida: allí donde se redefinen las cosas y la Verdad se ve como la mentira y se reconoce al Mentiroso como el salvador de hombres y naciones.

Lo que muchos católicos sienten hoy día como «algo que no funciona» en la Iglesia —algo que no pueden precisar— puede muy bien ser la infiltración en sus filas de ángeles caídos que han ensombrecido los asuntos de la Verdad y el error con sus artilugios.

No hay nada intrínsecamente disfuncional o equívoco con respecto a la institución de la Iglesia o la organización religiosa. Nada erróneo en Jesucristo o en el cargo de su Vicario. Nada fuera de lugar en Dios y en sus verdaderos ángeles.

Las personas pueden fallar, pero Dios nunca falla. Y la Roca de Cristo sobre la cual se ha construido la Iglesia se mantiene como testigo de la Verdad en el corazón de cada hijo de Dios. Cuando el individuo dedica su templo para que sea morada del Espíritu Santo, cuando a través de su amorosa obediencia Padre e Hijo moran con él y en él (Juan 14:23), se convierte en un «miembro» del Cuerpo Místico de Dios: una piedra blanca en el templo construido sin manos, eterno en los cielos. Y las puertas del infierno no prevalecerán en contra de esta Iglesia viva, que por definición es, debe ser, *universal y triunfante*.

Las revelaciones de Enoc y desenmascarar la conspiración de los ángeles caídos contra la Verdad, en el interior tanto de la Iglesia como del Estado, no necesariamente llevan consigo un mensaje de desesperanza. ¿Acaso nuestro Señor, el gran Instructor del Mundo, y su mensajero Juan el Bautista no desenmascararon y denunciaron a la semilla del malvado como generación de víboras y como violentos que oscurecieron el cielo y lo tomaron por la fuerza para apoderarse de los secretos de la creación en tanto que impostores del Verbo?

Así, si nos armamos de valor y dejamos caer con valentía el hacha sobre la raíz de los árboles del error

384   *Ángeles caídos y los orígenes del mal*

doctrinal para hacer espacio al alto árbol de la Verdad que se destaca por sus buenos frutos, nacerá la esperanza, bendita esperanza.

Y aprenderemos mucho sobre nosotros mismos a partir de ese desenmascaramiento de la semilla de los malvados: ¿Descansa nuestra fe en el hombre o en Dios? ¿Hemos hecho dioses de los padres de la Iglesia y de los santos, creyéndolos incapaces de cometer errores humanos a lo largo de su vida? ¿Nos mantenemos erguidos como pilares de la Verdad o seguimos arrastrándonos en la idolatría de mortales *y de ángeles encarnados*?

Ciertamente no pretendemos insinuar que los padres de la Iglesia fueran ángeles caídos, sino que la «lógica retorcida» (para tomar prestado un término) con la que lograron enredarse tenía su raíz en fuentes que no estaban preparados para afrontar. Podríamos decir: «Los necios se apresuran allí donde los ángeles temen caminar».*

Se les podría perdonar por haber sido engañados (incluso por engañar a otros), pero prolongar el error una vez que la Verdad ha salido a la luz ensombrece el cielo de nuestras aspiraciones celestiales. Sin duda, la defensa fanática de los personajes y los principios del error en presencia de las imponentes figuras de Cristo

* En el original, «fools rush in where angels fear to tread»: alusión al primer verso de una famosa canción de Johnny Mercer titulada «Fools Rush In», cuya adaptación al español conocemos como «Mucho más». [N. de la T.]

y de sus verdaderos apóstoles en toda época terminará por revelar en cuál ribera del río están acampados nuestros líderes.

Por lo tanto, no 'condenamos', para no ser 'condenados'. Porque con el juicio que juzguemos, seremos juzgados, y con la vara que midamos, seremos medidos. Porque incluso cuando «el Arcángel Miguel contendía con el diablo [...] no se atrevió a proferir juicio de maldición contra él, sino que dijo: 'El Señor te reprenda'».

El hecho de que alguien haya errado («errar es humano; perdonar, divino») no significa que sea malo. La fragilidad de la condición mortal es parecida en los santos y en los pecadores. La santidad no se gana por proezas intelectuales, sino a través de un corazón humilde y de verdadero amor por los hermanos en Cristo: siendo receptivos a la mano correctora del Espíritu, sin importar quién o qué sea el instrumento, y a través de la voluntad de ser enseñados por Dios y de abandonar los más preciados conceptos propios cuando la iluminación del Espíritu Santo muestra que son erróneos.

El espíritu de la investigación científica, que supone dejar de lado antiguas teorías superadas y caducadas, debe impregnar el mundo de la religión como hace con el de la ciencia. Porque sólo cuando avanzamos en ambos frentes con un enfoque objetivo, empírico, lo mismo que espiritual, pueden esos dos pilares de nuestra civilización ser testigos recíprocos de la fortaleza duradera de cada uno para sostener el templo del autodescubrimiento en eras sucesivas, eras en las que derribamos las barreras que nos separan de nuestra conciencia cósmica.

Ahora pongamos el pasado, con sus limitadas y autolimitadoras conclusiones, a la luz de la llama de la Verdad. Mediante la transmutación y el amor, no mediante la condena, recorramos juntos el camino hacia el Sol.

Podemos, a través de la conciencia y el libre albedrío que Dios nos dio, rechazar las premisas de los caídos y exigir que nuestros representantes en la Iglesia y en el Estado nos proporcionen toda la Verdad y nada más que la Verdad. Y, si no lo hacen, nosotros se la daremos a ellos. Y la Verdad despertará a muchos, como el Señor dijo a Daniel: unos para vida eterna, y otros para vergüenza y confusión perpetua de esa verdad crística y de sus mensajeros.

Así, los traidores del pueblo serán desenmascarados por sus acciones y su conciencia, y los hechos y alternativas saldrán a la luz. Y toda la gente esclava y libre podrá elegir la Vida y no la muerte y aceptar las consecuencias de su elección.

Comoquiera que sea, no estamos organizando una cacería de brujas. ¡No, nunca! Dejemos que Dios se encargue de los orgullosos y los rebeldes. ¿Acaso no dijo: «mía es la venganza: yo daré el pago»? Nuestro Armagedón está en el escenario del corazón y del alma: y en la sede de la mente consciente. Cuando conozcamos la Verdad y prediquemos el camino de la justicia, los verdaderos seguidores de Dios, sus amados hijos, creerán y serán liberados de las tretas filosóficas, tanto políticas como religiosas, de estos supremos embusteros. No es a estos últimos a quienes convenceremos o convertiremos. Su juicio ya está señalado en el Libro de Enoc. Nunca estuvo en nuestras manos. Pero la salvación sí es un asunto que corresponde a los hijos de Dios. Con nuestro Señor Jesucristo, debemos buscar a las ovejas perdidas y devolverlas al verdadero Pastor y a su redil.

El legado de la Verdad que nos han otorgado nuestro Padre Enoc, Juan el Bautista, Jesucristo y Orígenes de Alejandría —todos los cuales nos enseñaron una lección esencial con respecto a los ángeles caídos encarnados entre los hombres— es nuestro derecho de nacimiento. Dejaron constancia de conocimientos de los que supuestamente deberíamos haber dispuesto desde siempre.

Hemos soportado nebulosos siglos de mentiras y verdades a medias porque, a merced de su ignorancia, los hombres carecieron de las herramientas de autoconocimiento para desenmascarar totalmente la naturaleza del Mentiroso y de su mentira.

Pero, como Enoc previó, llegaría el momento en que, con la espada de la Verdad en mano, empuñaríamos el escudo de la sabiduría del Señor y su consejo y avanzaríamos para luchar por la liberación del alma, que sólo la Verdad viva puede otorgar.

Éste es el momento. Mira al Fiel y Verdadero, con sus ejércitos y sus santos, marchar a través de los continentes del mundo, liberando al puro de corazón, en

cada nación, de la larga noche de ignorancia, artificial-
mente (esto es, *con artificios*) prolongada por los vigilantes y los nefilim.

«No hay quien detenga su mano, y le diga: ¿qué
haces?»

C. S. Lewis sobre
los ángeles malos

*Académico de Cambridge y autor, C.S. Lewis escri-
bió sobre el modus operandi de los «ángeles malos» en
sus famosas* Cartas del diablo a su sobrino. *Su análisis
psicológico de esos ángeles malos realiza una profunda
descripción de los vigilantes encarnados.*

La pregunta más común es si en realidad «creo
en el Diablo».

Si por «el Diablo» entendemos un poder opuesto a
Dios y, como Dios, existente por sí mismo por toda la
eternidad, la respuesta es, por supuesto, no. No existe
ningún ser no creado excepto Dios. Dios no tiene
opuesto. Ningún ser podría alcanzar una «maldad perfecta» opuesta a la perfecta bondad de Dios; ya que, de
quitársele todo lo bueno (inteligencia, voluntad, memoria, energía y la existencia misma), nada quedaría de él.

La pregunta adecuada es si creo en los demonios.
Eso sí. Es decir, creo en los ángeles y creo que algunos

de ellos, por abuso de su libre albedrío, se han convertido en enemigos de Dios y, como corolario, en enemigos nuestros. Es a éstos a los que podemos llamar demonios. No difieren en naturaleza de los ángeles buenos, pero su naturaleza es depravada. *Demonio* es lo opuesto a *ángel* tal como el hombre malo es lo contrario del hombre bueno. Satanás, líder o dictador de los demonios, es el opuesto, no de Dios, sino de Miguel.

Creo esto no en el sentido de que forme parte de mi credo, sino en el sentido de que es una de mis opiniones. Mi religión no se resentirá si quedara demostrado que esta opinión es falsa. En tanto ello no suceda —y pocas son las pruebas que podrían negarlo—, la sostendré. Me parece que explica bien muchos hechos. Concuerda con el sentido literal de las Escrituras, la tradición del cristianismo y las creencias de la mayoría de los hombres de todos los tiempos. Y no entra en conflicto con cosa alguna que cualquiera de las ciencias haya demostrado como cierta.

Debería ser (pero no es) innecesario añadir que creer en ángeles, sean buenos o malos, no significa creer en ellos tal como se les representa en el arte y la literatura. Se les pinta con alas de murciélago y a los ángeles buenos, con alas de pájaro, no porque alguien sostenga que es probable que el deterioro moral transforme las plumas en membranas, sino porque la mayoría de los hombres prefieren los pájaros a los murciélagos. Todos están provistos de alas para sugerir la rapidez de una energía intelectual continua. Han sido provistos de forma humana porque el hombre es la única criatura racional que conocemos [...].

En las artes plásticas estos símbolos han degenerado constantemente. Los ángeles de Fra Angélico llevan en su faz y en su gesto la paz y la autoridad del Cielo. Más tarde aparecieron los desnudos y rechonchos infantes de Rafael; finalmente, los ángeles consoladores, suaves, delgados y afeminados del arte del siglo xix, formas tan femeninas que hubieran sido voluptuosas de no ser por su total insipidez: frígidas huríes de un paraíso de salón de té. Son un símbolo pernicioso. En las Escrituras, la visitación de un ángel resulta siempre alarmante, al punto que debe comenzar diciendo «No temas». El ángel victoriano parece a punto de decir «Calma, calma…».

Me gustan mucho más los murciélagos que los burócratas. Vivo en la Era Empresarial, en un mundo de «administradores». El mayor mal no se perpetra ahora en esas sórdidas «guaridas del crimen» que Dickens gustaba de describir; tampoco en los campos de concentración o de trabajo. En ellos vemos su resultado final. Donde lo conciben y ordenan (desplazan, secundan, realizan y cronometran) es en oficinas limpias, alfombradas, acondicionadas y bien iluminadas, hombres de cuello blanco y uñas recortadas, mejillas bien afeitadas que no necesitan levantar la voz. Así, con gran naturalidad, mi simbolización del Infierno es parecida a la burocracia de un Estado policíaco o a las oficinas de un conglomerado de negocios totalmente repulsivos [...].

En la superficie, los modales son usualmente afables. Mostrar malos modales con los superiores sería evidentemente suicida; para con los iguales pondría a éstos en guardia antes de que estuvieras listo para hacer tu agosto. Porque, por supuesto, «competencia despiadada» es el principio que rige toda organización. Todo el mundo desea el descrédito, la degradación y la ruina de los demás; todos son expertos en informes confidenciales, fingidas alianzas, puñaladas en la espalda. Por encima de todos estos buenos modales, sus expresiones de solemne respeto, sus «tributos» a los inestimables servicios del otro constituyen una delgada corteza que de vez en cuando se perfora y la ardiente lava de su odio sale a chorro por ella [...].

Los ángeles malos, como los hombres malos, son totalmente prácticos. Tienen dos motivos. El primero es el temor al castigo: así como los países totalitarios cuentan con sus campos de tortura, mi Infierno contiene infiernos más profundos, «correccionales». Su segundo motivo es una suerte de hambre. Me imagino que los diablos pueden, en un sentido espiritual, devorarse entre sí... y devorarnos. Incluso en la vida humana hemos visto la pasión de dominar, casi hasta digerir, al semejante; hacer de su vida intelectual y emocional una mera extensión de la nuestra: que odien nuestros odios, que tomen a mal nuestras penas y consientan nuestro egoísmo a través de sí mismos como a través de nosotros. Su propia pequeña reserva de pasión debe, por supuesto, ser suprimida para hacer espacio a la nuestra. Si el otro se resiste a esa supresión, está siendo muy egoísta.

En la Tierra, a menudo, se llama a ese deseo «amor». En el Infierno, me figuro que lo reconocen como hambre. Pero allí el hambre es más veraz y es posible acceder a una satisfacción más plena. Allí, sugiero, el espíritu más fuerte —no hay, quizás, cuerpos para impedir la operación— puede tragarse al más débil real e irrevocablemente e imponer permanentemente su propio ser a la individualidad violada del más débil. Es (supongo) por ello que los diablos desean almas humanas y, recíprocamente, el alma del otro. Por ello Satanás desea a todos sus seguidores y a todos los hijos de Eva y a todas las huestes del Cielo. Sueña con el día en que todos estén dentro de él y en el que todo el que diga «yo» sólo pueda decirlo a través de él. Esto, aventuro, es la parodia burda, la única imitación que él puede comprender de esa generosidad insondada por medio de la cual Dios transforma las herramientas en servidores y los servidos en hijos, a fin de que puedan reunirse al final con Él en la perfecta libertad de un amor ofrecido desde las alturas por las plenas individualidades que ha liberado para que lo sean […].

«Mi corazón —no necesito el de los demás— me ha mostrado la maldad de los impíos.»

Cartas de un diablo a su sobrino

Entonces Jesús fue llevado por el Espíritu al desierto, para ser tentado por el diablo.

Y después de haber ayunado cuarenta días y cuarenta noches, tuvo hambre.

Y vino a él el tentador, y le dijo: Si eres Hijo de Dios, di que estas piedras se conviertan en pan.

El respondió y dijo: Escrito está: No sólo de pan vivirá el hombre, sino de toda palabra que sale de la boca de Dios.

Entonces el diablo le llevó a la santa ciudad, y le puso sobre el pináculo del templo, y le dijo: Si eres Hijo de Dios, échate abajo; porque escrito está: A sus ángeles mandará acerca de ti, y, en sus manos te sostendrán, para que no tropieces con tu pie en piedra.

Jesús le dijo: Escrito está también: No tentarás al Señor tu Dios.

Otra vez le llevó el diablo a un monte muy alto, y le mostró todos los reinos del mundo y la gloria de ellos, y le dijo: Todo esto te daré, si postrado me adorares.

Entonces Jesús le dijo: Vete, Satanás, porque escrito está: Al Señor tu Dios adorarás, y a él sólo servirás.

El diablo entonces le dejó; y he aquí vinieron ángeles y le servían.

Mateo 4:1–11

LA TENTACIÓN DE JESÚS

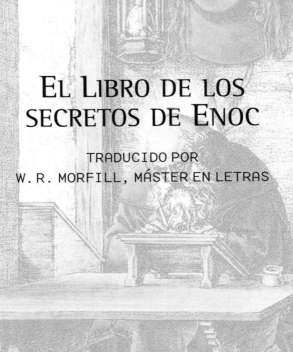

El Libro de los secretos de Enoc

TRADUCIDO POR

W. R. MORFILL, MÁSTER EN LETRAS

El día en que creó Dios al hombre, a semejanza de Dios lo hizo.

Varón y hembra los creó; y los bendijo, y llamó el nombre de ellos **Adán**, el día en que fueron creados.

Y vivió Adán ciento treinta años, y engendró un hijo a su semejanza, conforme a su imagen, y llamó su nombre **Set**.

Vivió Set ciento cinco años, y engendró a **Enós**.

Vivió Enós noventa años, y engendró a **Cainán**.

Vivió Cainán setenta años, y engendró a **Mahalalel**.

Vivió Mahalalel sesenta y cinco años, y engendró a **Jared**.

Vivió Jared ciento sesenta y dos años, y engendró a **Enoc**.

Vivió Enoc sesenta y cinco años, y engendró a **Matusalén**.

Y caminó Enoc con Dios, después que engendró a Matusalén, trescientos años, y engendró hijos e hijas.

Y fueron todos los días de Enoc trescientos sesenta y cinco años.

Caminó, pues, Enoc con Dios, y desapareció, porque le llevó Dios.

Vivió Matusalén ciento ochenta y siete años, y engendró a **Lámek**.

Vivió Lámek ciento ochenta y dos años, y engendró un hijo;

y llamó su nombre **Noé**, diciendo: Este nos aliviará de nuestras obras y del trabajo de nuestras manos, a causa de la tierra que el Señor maldijo.

Y siendo Noé de quinientos años, engendró a **Sem**, a **Cam** y a **Jafet**.

Génesis

A LOS HIJOS DE JARED

Y ahora, hijos míos, prestad atención a todas las palabras de vuestro padre, que yo os digo, no sea que os arrepintáis diciendo: '¿Por qué nuestro padre no nos lo dijo?'.

Enoc, hijo de Jared, a sus hijos
El Libro de los secretos de Enoc

Prólogo sobre los
hijos de Jared

EXTRAÍDO DEL
SEGUNDO LIBRO DE ADÁN Y EVA

CAPÍTULO 19

Los hijos de Jared son llevados por mal camino.

1 Entonces Dios reveló a él [Jared] de nuevo la promesa que le había hecho a Adán; le explicó los 5.500 años, y le reveló el misterio de Su venida a la Tierra.

2 Y Dios le dijo a Jared: «Acerca del fuego que has sacado del altar para encender la lámpara, que permanezca contigo para iluminar los cuerpos[1]; y que no salga de la cueva, hasta que el cuerpo de Adán salga de ella.

3 »Mas, Jared, cuida del fuego, para que arda en la lámpara; y no salgas tampoco tú de la cueva, hasta que recibas una orden por medio de una visión, y no en una aparición, cuando tú la veas.

4 »Entonces ordena otra vez a tu pueblo que no mantenga relaciones sexuales con los hijos de Caín, y

---

1. Los cuerpos de Adán, Set, Enós, Cainán, Mahalalel fueron enterrados en la Cueva de los Tesoros.

que no siga su camino, pues yo soy Dios y no me agradan el odio ni las obras perversas.»

5 Dios dio otras muchas órdenes a Jared, y lo bendijo. Y luego le retiró la palabra.

6 Entonces Jared se acercó a sus hijos, tomó una antorcha y bajó a la cueva, y encendió la lámpara ante el cuerpo de Adán; y dio órdenes a su pueblo tal como Dios le había dicho que hiciera.

7 Esa señal le llegó a Jared al final de sus cuatrocientos cincuenta años, como tantas otras maravillas, que no escribimos. Tan solo dejamos constancia de ésta por su brevedad, para no alargar nuestro relato.

8 Y Jared siguió enseñando a sus hijos ochenta años; pero después empezaron a quebrantar los mandamientos que les había dado, y a hacer muchas cosas sin su consejo. Empezaron a bajar de la Montaña Sagrada uno tras otro, y a asociarse con los hijos de Caín formando viles relaciones.

9 La razón por la cual los hijos de Jared bajaron de la Montaña Sagrada es esta, que ahora te revelamos.

CAPÍTULO 20

Música cautivadora; bebidas alcohólicas circulando entre los hijos de Caín. Estos se visten con ropa de color. Los hijos de Set lo contemplan con ojos anhelantes. Se sublevan contra el sabio consejo; descienden de la montaña al valle de la iniquidad. Ya no pueden volver a subir de nuevo a la montaña.

1 Después de que Caín hubiera bajado a la tierra de suelo oscuro, y sus hijos se multiplicaran en ella, uno de ellos, cuyo nombre era Genun, hijo de Lámek el ciego que mató a Caín.

2 Respecto a este Genun, Satanás se posesionó de él durante su infancia, y él hizo varias trompetas y cuernos, e instrumentos de cuerda, címbalos y salterios, liras y harpas, y flautas; y los tocó a toda hora.

3 Y cuando los tocaba, Satanás entraba en ellos; de tal modo que de ellos salían bellos y melodiosos sonidos, que cautivaban el corazón.

4 Luego, reunía compañía para tocarlos [los instrumentos]; así que cuando los tocaban ello complacía en gran manera a los hijos de Caín, que se encendían en el pecado y ardían como si los cubriera el fuego; mientras Satanás inflamaba sus corazones, de unos con otros, y acrecentaba la lujuria de ellos.

5 Satanás enseñó también a Genun a extraer bebida alcohólica del maíz; y ese tal Genun solía juntar a los grupos en casas de bebida; y les llevaba todo tipo de frutas y flores; y bebían juntos.

6 Así Genun multiplicó sobremanera el pecado; además actuó con orgullo y enseñó a los hijos de Caín a cometer toda clase de indecentes perversidades, que ellos desconocían; y les incitó a realizar muchas cosas que nunca antes habían conocido.

7 Entonces Satanás, cuando vio que se sometían a Genun y acataban todo lo que les decía, se alegró enormemente, aumentó la comprensión de Genun hasta que tomó hierro y con éste fabricó armas de guerra.

8 Luego, cuando estaban borrachos, el odio y la matanza se acrecentaban entre ellos; un hombre empleaba la violencia contra otro para enseñarle el mal, tomando a sus hijos y violándolos ante él.

9 Y cuando los hombres vieron que eran vencidos, y a otros que no eran dominados, los que habían sido batidos acudieron a Genun, se refugiaron con él y éste los hizo sus cómplices.

10 Así el pecado creció enormemente entre ellos; hasta que un hombre se casaba con su hermana, hija o madre, y otras; o con la hija de la hermana de su padre, de manera que no había distinción en las relaciones, y ya no sabían qué era la iniquidad; mas actuaban perversamente; y la Tierra fue profanada con el pecado; y encolerizaron a Dios el Juez, que los había creado.

11 Pero Genun juntaba a unos grupos con otros, que tocaban cuernos y todos los demás instrumentos que ya hemos mencionado, a los pies de la Montaña Sagrada; y así lo hicieron a fin de que los hijos de Set que estaban en la Montaña Sagrada lo oyeran.

12 Mas, cuando los hijos de Set oyeron el ruido, se asombraron, y vinieron en grupos, y se quedaron en lo alto de la montaña para mirar a los de abajo; y así lo hicieron durante un año entero.

13 Cuando, al final de ese año, Genun vio que los estaban conquistando poco a poco, Satanás se posesionó de él y le enseñó a hacer tintes para ropas de diferentes patrones, y le hizo entender cómo teñir de rojo carmesí y morado y lo que no.

14 Y los hijos de Caín que habían realizado todo esto, y resplandecían de belleza y hermosos atuendos, se juntaron a los pies de la montaña en todo su esplendor, con cuernos y bonitos vestidos, y carreras de caballo, cometiendo todo tipo de abominaciones.

15 Entretanto, los hijos de Set, que estaban en la Montaña Sagrada, rezaban y alababan a Dios, en lugar de las huestes de ángeles que habían caído; por eso Dios les llamó «ángeles», porque le causaron gran alegría.

16 Pero después de ello dejaron de cumplir su mandamiento, y no quedaron sujetos a la promesa que Él les había hecho a sus padres; antes bien, relajaron su apoyo y oración, así como el consejo de Jared su padre. Y siguieron reuniéndose en lo alto de la montaña, para mirar a los hijos de Caín, de la mañana a la noche, y lo que hacían, y sus hermosos vestidos y adornos.

17 Luego los hijos de Caín miraron desde abajo hacia arriba, y vieron a los hijos de Set, formando grupos en lo alto de la montaña, y los llamaron pidiendo que bajasen a ellos.

18 Pero los hijos de Set les dijeron desde arriba: «No conocemos el camino». Entonces Genun, el hijo de Lámek, les oyó decir que no conocían el camino y pensó cómo bajarlos.

19 Satanás se le apareció de noche diciendo: «No hay forma para que bajen de la montaña en la que viven, pero cuando vengan mañana diles: 'Id a la parte occidental de la montaña; allí encontraréis la senda de un arroyo que baja al pie de la montaña, entre dos colinas; venid hacia nosotros por ese camino'».

20 Cuando se hizo de día, Genun hizo sonar los cuernos y tocó los tambores debajo de la montaña como de costumbre. Los hijos de Set lo oyeron y vinieron como solían hacer.

21 Entonces Genun les dijo desde abajo: «Id a la parte occidental de la montaña, allí encontraréis el camino para bajar».

22 Pero cuando los hijos de Set oyeron esas palabras de él, regresaron a la cueva de Jared, para contarle todo lo que habían oído.

23 Cuando Jared lo oyó, se afligió; pues supo que omitirían su consejo.

24 Después, cien hombres de los hijos de Set se juntaron y se dijeron: «Venid, bajemos adonde los hijos de Caín, y veamos qué hacen, y divirtámonos con ellos».

25 Mas cuando Jared oyó decir eso a los cien hombres, su alma se conmovió, y su corazón se afligió. Entonces se alzó con gran fervor, y de pie entre ellos, les adjuró por la sangre de Abel el justo: «Que ninguno de vosotros baje de esta pura y sagrada montaña, en la que nos han ordenado vivir nuestros padres».

26 Pero cuando Jared vio que no acataban sus palabras, les dijo: «Oh, mis buenos, inocentes y santos niños, sabed que una vez que hayáis bajado de esta montaña sagrada, Dios no os permitirá volver de nuevo a ella».

27 Otra vez les adjuró diciendo: «Adjuro, por la muerte de nuestro padre Adán, y por la sangre de Abel, de Set, de Enós, de Cainán y de Mahalalel, que me

escuchéis, y que no bajéis de esta montaña sagrada; pues en el momento en que la abandonéis, se os privará de la vida y de la misericordia, y ya no se os llamará 'hijos de Dios' sino 'hijos del diablo'».

28 Pero no escucharon sus palabras.

29 En ese tiempo, Enoc ya era adulto, y en su celo por Dios se alzó y dijo: «Oídme, vosotros hijos de Set, grandes y pequeños, cuando infrinjáis el mandamiento de nuestros padres, y bajéis de esta montaña sagrada, ya nunca más volveréis a subir».

30 Pero se alzaron en contra de Enoc, y no escucharon sus palabras, sino que bajaron de la Montaña Sagrada.

31 Y cuando miraron a las hijas de Caín, a su bella figura, y sus manos y pies teñidos con colores y tatuada con adornos su cara, se encendió en ellos el fuego del pecado.

32 Luego Satanás las hizo parecer más hermosas ante los hijos de Set, a la vez que hacía que éstos parecieran más bellos a ojos de las hijas de Caín, de modo que éstas desearon a los hijos de Set cual bestias hambrientas, y éstos a aquéllas hasta cometer abominación con ellas.

33 Mas, después de haber caído en esa deshonra, regresaron por donde habían venido, y trataron de ascender por la Montaña Sagrada. Pero no pudieron, porque las piedras de esa montaña sagrada eran de fuego que centelleaba ante ellos, razón por la cual no pudieron subir.

34 Así, Dios estaba furioso con ellos, y renegaba de ellos ya que habían bajado de la gloria y por ende habían perdido o abandonado su propia pureza o inocencia, y habían caído en la mancilla del pecado.

35 Entonces Dios envió Su Palabra a Jared, y dijo: «Estos hijos tuyos, a quienes llamaste 'mis hijos', fíjate, han transgredido mi mandamiento y han bajado a la morada de la perdición y del pecado. Envía un mensajero a los que han quedado, que no pueden bajar y así perderse».

36 Luego Jared lloró ante el Señor y le pidió misericordia y perdón. Mas deseó que su alma abandonara su cuerpo, en lugar de oír esas palabras de Dios sobre el descenso de sus hijos de la Montaña Sagrada.

37 Pero acató la orden de Dios y les aconsejó que no bajasen de esa montaña sagrada, y que no mantuvieran relaciones sexuales con las hijas de Caín.

38 Pero no escucharon su mensaje, y no obedecieron su consejo.

CAPÍTULO 21

Jared muere de tristeza por sus hijos que habían pecado. Predicción del Diluvio.

1 Después de éste, se juntó otro grupo, que fue en busca de sus hermanos; pero perecieron ellos también. Y así aconteció, un grupo tras otro, hasta que sólo quedaron unos pocos.

2 Entonces Jared enfermó de tristeza, y su enfermedad era tal que se acercó el día de su muerte.

3 Fue cuando llamó a Enoc, su hijo mayor, y a Matusalén, el hijo de Enoc, y a Lámek el hijo de Matusalén, y a Noé el hijo de Lámek.

4 Y cuando se acercaron a él, éste rezó por ellos y los bendijo, y les dijo: «Sois justos, hijos inocentes; no bajéis de esta montaña sagrada; pues fijaos, vuestros hijos y los hijos de vuestros hijos han bajado de esta montaña sagrada y se han alejado de esta montaña sagrada, a causa de su abominable lujuria y transgresión del mandamiento de Dios.

5 »Pero yo sé, gracias al poder de Dios, que Él no os abandonará en esta montaña sagrada, porque vuestros hijos han transgredido su mandamiento y el de nuestros padres, el cual habíamos recibido de ellos.

6 »Más, oh hijos míos, Dios os llevará a una tierra extraña y nunca más regresaréis para contemplar con vuestros ojos este jardín y esta montaña sagrada.

7 »Por tanto, hijos míos, afianzad vuestros corazones y seguid el mandamiento de Dios, que está con vosotros. Y cuando partáis de esta montaña sagrada a una tierra extraña que no conocéis, llevad con vosotros el cuerpo de nuestro padre Adán, y con él estos tres preciados regalos y ofrendas, esto es, el oro, el incienso y la mirra; y dejadlos en el lugar donde el cuerpo de nuestro padre Adán reposará.

8 »Y a aquél de vosotros que haya quedado, oh hijos míos, acudirá la Palabra de Dios, y cuando aquél salga de esta tierra se llevará consigo el cuerpo de nues-

tro padre Adán, y reposará en medio de la Tierra, el lugar en el que se realizará la salvación.»

9 Entonces Noé le dijo: «¿Quién es el que quedará de nosotros?».

10 Y Jared respondió: «Tú eres el que quedará. Y tú sacarás el cuerpo de nuestro padre Adán de la cueva, y lo colocarás contigo en el arca cuando llegue el diluvio.

11 »Y tu hijo Sem, que saldrá de tus entrañas, él es quien depositará el cuerpo de nuestro padre Adán en medio de la Tierra, en el lugar donde vendrá la salvación».

12 Entonces Jared se dirigió a su hijo Enoc y le dijo: «Tú, hijo mío, mora en esta cueva y sirve con diligencia ante el cuerpo de nuestro padre Adán todos los días de tu vida; y alimenta a tu pueblo con justicia e inocencia».

13 Y Jared no dijo nada más. Sus manos se relajaron, sus ojos se cerraron y yació en reposo al igual que sus padres. Su muerte se produjo el año trescientos sesenta de Noé, y el novecientos ochenta y nueve de su propia vida; el duodécimo de Taksas, en un viernes.

14 Pero al morir Jared, rodaron lágrimas por sus mejillas a causa de su gran pesar, por los hijos de Set, que habían caído en vida de él.

15 Entonces Enoc, Matusalén, Lámek y Noé, estos cuatro lloraron por él; lo embalsamaron con cuidado y a continuación lo depositaron en la Cueva de los Tesoros. Luego se alzaron y guardaron luto por él durante cuarenta días.

16 Cuando terminaron los cuarenta días de luto, Enoc, Matusalén, Lámek y Noé quedaron con el dolor en su corazón, porque su padre había partido de su lado, y ya no lo veían.

CAPÍTULO 22

Sólo quedaron tres hombres justos en el mundo.

Estado perverso de los hombres antes del Diluvio.

1 Mas Enoc acató el mandamiento de Jared, su padre, y siguió sirviendo en la cueva.

2 Es a este Enoc a quien acontecieron muchas maravillas, y quien escribió también un famoso libro; pero esos prodigios no se pueden narrar en este lugar.

3 Después de esto, los hijos de Set se extraviaron y cayeron, ellos, sus hijos y sus esposas. Y cuando Enoc, Matusalén, Lámek y Noé los vieron, sus corazones sufrieron a causa de su caída en la duda llenos de incredulidad; y lloraron y buscaron la misericordia de Dios, para que los protegiera y los sacara de esa generación malvada.

4 Enoc continuó desempeñando su servicio ante el Señor trescientos ochenta y cinco años, y al final de ese tiempo fue consciente por mor de la gracia de Dios, de que Él pretendía sacarlo de la Tierra.

5 Le dijo, entonces, a su hijo: «Oh, hijo mío, sé que Dios tiene intención de derramar las aguas del Diluvio sobre la Tierra, y de destruir nuestra creación.

6 »Y vosotros sois los últimos gobernantes del pueblo en esta montaña; pues sé que nadie os quedará

para engendrar hijos en esta montaña sagrada; y tampoco ninguno de vosotros gobernará a los hijos de este pueblo; ni se os dejará un grupo grande en esta montaña.»

7 Enoc les dijo asimismo: «Vigilad vuestra alma, y manteneos con firmeza mediante vuestro temor a Dios y vuestro servicio a Él, y adoradle con recta fe, y servidle con justica, inocencia y buen juicio, con arrepentimiento y también con pureza».

8 Cuando Enoc hubo terminado de darles órdenes, Dios lo transportó desde esa montaña hasta la tierra de la vida, a las mansiones de justicia y de los elegidos, la morada del Paraíso de alegría, en una luz que llega al cielo; una luz que está fuera de la luz de este mundo; porque es la luz de Dios, que llena todo el mundo, pero que ningún lugar puede contenerla.

9 Así pues, por hallarse Enoc en la luz de Dios, se encontró fuera del alcance de la muerte; hasta que Dios quiso que muriese.

10 En conclusión, ninguno de nuestros padres o de sus hijos permaneció en esa montaña sagrada, a excepción de esos tres: Matusalén, Lámek y Noé. Pues todos los demás bajaron de la montaña y descendieron al pecado con los hijos de Caín. Por ello se les prohibió ir a esa montaña y nadie quedó en ella salvo esos tres hombres.

Introducción

Un manuscrito de Enoc totalmente diferente ha sobrevivido en lengua eslava. Este texto, denominado «2 Enoc» y comúnmente llamado «el Enoc eslavo», fue descubierto en 1886 por un tal profesor Sokolov en los archivos de la Biblioteca Pública de Belgrado. Parece que, del mismo modo que el Enoc etíope («1 Enoc») se libró de la supresión por parte de la Iglesia de los textos enoquianos durante el siglo VI en la región mediterránea, también el Enoc eslavo sobrevivió lejos, mucho después de que los originales a partir de los cuales se copió fueran destruidos u ocultados.

Especialistas en los textos enoquianos suscriben que el original perdido, a partir del cual fue copiado el eslavo, era probablemente un manuscrito griego. Este, a su vez, habría estado basado en un manuscrito hebreo o arameo.

Muchos fragmentos arameos de 1 Enoc han sido recuperados en las últimas décadas en las cuevas de

Qumrán, que preservaron las escrituras de los esenios, lo cual muestra la importancia de Enoc para la comunidad esenia. También es posible que el núcleo del Enoc eslavo, el Libro de los secretos de Enoc, fuera conocido por la fraternidad esenia, aun cuando ninguno de sus escritos ha sido hallado en los pocos restos desperdigados de esa comunidad.

El texto eslavo guarda pruebas de muchas adiciones posteriores al manuscrito original. Tal trabajo de edición es común en los textos religiosos y puede suponer, por desgracia, la supresión de enseñanzas consideradas «erróneas».

Debido a cierta información calendárica en el Enoc eslavo, algunos sostienen que el texto no puede ser anterior al siglo VII d. C. La mayoría de los académicos ven influencias cristianas en el Enoc eslavo y, en consecuencia, lo datan, cuando más temprano, en el siglo I d. C.

Otros, sin embargo, ven estos pasajes problemáticos no como prueba de autoría cristiana sino como posteriores interpolaciones cristianas en el manuscrito original. El especialista enoquiano R. H. Charles, por ejemplo, cree que incluso el mejor de los dos manuscritos eslavos contiene interpolaciones y está, en términos textuales, «corrupto».

La mayoría de los académicos coinciden en que el Enoc eslavo es un texto ecléctico y sincretista, compilado quizás por autores cristianos pero probablemente originario de una tradición más temprana. Puede ser que dependa de 1 Enoc, aunque sea reconocido como una parte separada de la tradición literaria concerniente al patriarca Enoc.

Así, el Enoc eslavo podría preservar otra parte de una profunda enseñanza sobre los ángeles caídos conocida por los primeros pueblos judaicos pero básicamente perdida para nosotros. Por esta razón, el Enoc eslavo es valioso, pese a sus deficiencias editoriales.

Aun cuando las huellas de muchos siglos de posteriores editores pueden rastrearse en este manuscrito, no invalidan necesariamente la autenticidad y la antigüedad de este libro y de su enseñanza. Muchas de sus páginas se hacen eco de la verdad.

Al igual que en el texto etíope de 1 Enoc, los capítulos de este libro pueden ser ediciones espartanas de varios libros independientes y más largos. Muchos académicos han identificado, en 1 Enoc, libros independientes titulados: el Libro Antiguo, los libros Primero y Segundo de los Vigilantes, el Primer Libro de los Secretos o la Visión de Sabiduría, la Visión de Noé e Historia y el Libro de Astronomía. Podría existir un conjunto similar de fuentes, compilado de forma distinta, tras el Enoc eslavo.

Enoc nos dice aquí que escribió 366 libros. ¿Por qué, entonces, no deberíamos considerar que uno o dos o diez de sus libros perdidos se esconden detrás del Enoc eslavo?

[Nuestra inclusión del Libro de los secretos de Enoc y las obras apócrifas que le siguen en «Enoc en los libros olvidados» no implica que sean necesariamente del mismo calibre espiritual que el Libro de Enoc, que es el documento más largo y más importante de la literatura enoquiana. Sin embargo, estos trabajos menores realmente subrayan la autenticidad del Libro de Enoc, tanto por su temática prestada (como en el Libro de los secretos de Enoc) como por sus citas directas (como en el Libro de los Jubileos y los Testamentos de los Doce patriarcas).]

«Y EL SEÑOR ME LLAMÓ...»

EL LIBRO DE LOS
SECRETOS DE ENOC

CAPÍTULO 1

Relato de la mecánica del mundo que muestra el sistema del Sol y de la Luna en funcionamiento. Astronomía y un interesante calendario antiguo. Véanse capítulos 15–17 y 21. Cómo era el mundo antes de la Creación, véase capítulo 24. El capítulo 26 es especialmente ilustrativo. Un relato único de cómo fue creado Satanás (Capítulo 29).

1 Hubo una vez un hombre sabio, un gran artífice, y el Señor concibió amor para él, para que pudiera contemplar las altísimas moradas y ser testigo presencial del sabio y gran, inconcebible e inmutable reino de Dios Todopoderoso, del lugar más maravilloso, glorioso, brillante y con muchos ojos de los servidores del Señor, y del inaccesible trono del Señor, y de los grados y manifestaciones de las huestes incorpóreas, y del inefable servicio de la multitud de los elementos y de las varias apariciones e inenarrables cantos de la hueste de los querubines y de la luz ilimitada.

2 En aquel tiempo, él dijo: Cuando cumplí mis ciento sesenta y cinco años, engendré a mi hijo Matusalén.

3 Tras esto, aún viví doscientos años más y completé así todos los años de mi vida: trescientos sesenta y cinco.

4 En el primer día del primer mes, estaba en mi casa, solo y descansando en mi lecho, durmiendo.

5 Y cuando estaba dormido, una gran aflicción se apoderó de mi corazón, y lloraba dormido, y no podía comprender a qué se debía esa aflicción ni lo que iba a sucederme.

6 Se me aparecieron dos hombres, tremendamente grandes, tanto que nunca había visto nada semejante en la Tierra; sus caras relucían como el Sol, sus ojos también *eran* como una llameante luz y de sus labios salía fuego, con vestimentas y cantos de varias clases, de apariencia violeta, sus alas *eran* más relucientes que el oro y sus manos más blancas que la nieve.

7 Estaban de pie en la cabecera de mi lecho y empezaron a llamarme por mi nombre.

8 Me levanté de mi sueño y entonces vi claramente a aquellos dos hombres de pie frente a mí.

9 Los saludé y el miedo se apoderó de mí y mi semblante mudó en terror, y aquellos hombres me dijeron:

10 'Ten valor, Enoc, no temas; el Dios Eterno nos envía a ti, y he aquí que hoy tú ascenderás al cielo con nosotros, y dirás a tus hijos y a toda tu familia todo lo que harán sin ti en la Tierra y en tu hogar, y no dejes

que nadie intente buscarte hasta que el Señor te devuelva a ellos'.

11 Y me apresuré a obedecerlos: salí fuera de mi casa hacia las puertas como me fue ordenado, y convoqué a mis hijos Matusalén y Regim y Gairad y les hice saber todas las maravillas que aquellos *hombres* me habían contado.

CAPÍTULO 2

La instrucción. Cómo Enoc instruyó a sus hijos.

Escuchadme, hijos míos. No sé adónde iré ni qué me sucederá; por eso, hijos míos, os digo que no reneguéis de Dios ante la faz de los vanos, quienes no crearon ni el Cielo ni la Tierra, porque estos perecerán, como también aquellos que los adoran, y que el Señor haga que vuestro corazón confíe en el temor a Él. Y ahora, hijos míos, no dejéis que nadie piense siquiera en buscarme, hasta que el Señor me devuelva a vosotros.

CAPÍTULO 3

De la asunción de Enoc; cómo los ángeles lo llevaron al primer cielo.

Y ocurrió que, después de que Enoc hablara a sus hijos, los ángeles lo tomaron entre sus alas y lo llevaron hacia el primer cielo y lo dejaron en las nubes. Y desde allí miré, y volví a mirar más arriba, y vi el éter, y ellos me dejaron en el primer cielo y me mostraron un inmenso Mar, mayor que el mar terrenal.

CAPÍTULO 4

Los ángeles que siguen las estrellas.

Ellos trajeron frente a mí a los ancianos y gobernantes de las órdenes estelares, y me mostraron doscientos ángeles, quienes gobiernan las estrellas y *sus* servicios a los cielos, quienes vuelan con sus alas y rodean a aquellos que navegan.

CAPÍTULO 5

De cómo los ángeles cuidan de los almacenes de nieve.

Desde aquí miré hacia abajo y vi depósitos de nieve y los ángeles que guardan sus inmensos almacenes y las nubes de las que salen y a las que entran.

CAPÍTULO 6

Del rocío, del aceite de oliva y varias flores.

Ellos me enseñaron los depósitos del rocío, como aceite de oliva, y la apariencia de su forma, así como también las de todas las flores de la Tierra; más allá, muchos ángeles custodian los depósitos que atesoran estas *cosas*, y cómo están construidos para abrirse y cerrarse.

CAPÍTULO 7

De cómo Enoc fue llevado al segundo cielo.

1 Y aquellos hombres me agarraron y me llevaron al segundo cielo y me mostraron la oscuridad, mayor que la oscuridad terrenal, y ahí vi prisioneros colgados,

mirando, esperando el gran e ilimitado juicio; y esos
ángeles tenían una apariencia oscura, más que la oscuridad terrenal, y lloraban incesantemente a todas horas.

2 Y dije a los hombres que estaban conmigo: '¿Por
qué son torturados incesantemente?'. Ellos me contes-
taron: 'Esos son los apóstatas de Dios, que desobedecie-
ron los mandatos de Dios, y siguieron consejo según su
libre albedrío, y se fueron con su príncipe, que también
está encerrado en el quinto cielo'.

3 Y sentí una gran pena por ellos, y ellos me salu-
daron y me dijeron: 'Hombre de Dios, ora por nosotros
al Señor'. Y les contesté: '¿Quién soy yo, hombre mortal, para poder orar por los ángeles? ¿Yo, un hombre
mortal, que ni siquiera sé adónde iré o qué sucederá
conmigo o quién rezará por mí?'.

CAPÍTULO 8

De la asunción de Enoc al tercer cielo.

1 Y aquellos hombres me tomaron y me sacaron
de ahí y me condujeron hacia arriba, al tercer cielo, y
allí me dejaron; y miré hacia abajo y vi los frutos de
esos lugares, como nunca se había conocido para bien
supremo.

2 Y vi todos los árboles de dulce fruto y contemplé
sus frutos, que desprendían dulces aromas y todos los
manjares que resultan *de ellos* y que rezuman fragante
exhalación.

3 Y en el centro de todos los árboles el de la vida,
en aquel sitio sobre el cual descansa el Señor, cuando

sube al Paraíso; y este árbol es de inefable virtud y fragancia y más engalanado que cualquier otra cosa existente; y por todos lados *es* de una aparente forma dorada y bermellón, y como fuego, y lo cubre todo y produce toda clase de frutos.

4 Su raíz está en el jardín, al final de la Tierra.

5 Y el paraíso está entre la corruptibilidad y la incorruptibilidad.

6 Y nacen dos fuentes, de las cuales manan miel y leche, y de sus manantiales brotan aceite y vino, y ellas se dividen en cuatro partes y corren alrededor, en silencioso curso, y bajan hasta el PARAÍSO DEL EDÉN, entre corruptibilidad e incorruptibilidad.

7 Y desde allí siguen su curso por la Tierra, y giran en círculo, igual que otros elementos.

8 Y aquí no existe árbol estéril y todo lugar es bendito.

9 Y *ahí* hay trescientos ángeles muy resplandecientes que guardan el jardín, y con un incesante y dulce cantar, sirven al Señor voces que nunca enmudecen durante todos los días y horas.

10 Y dije: '¡Qué agradable es este lugar!', y aquellos hombres me dijeron:

CAPÍTULO 9

Muestran a Enoc el lugar de los justos y compasivos.

Este lugar, oh, Enoc, está preparado para los justos, quienes soportan toda clase de ofensas de aquellos que exasperan sus almas, quienes apartan sus ojos de la iniquidad y dictan sentencias justas y dan pan al hambriento y cubren al desnudo con ropa y levantan a los que caen y ayudan al huérfano herido, y quienes caminan sin culpa ante el rostro del Señor y le sirven solo a Él. Para ellos se ha preparado este lugar como herencia eterna.

CAPÍTULO 10

Aquí ellos le muestran a Enoc el terrible lugar y diversas torturas.

1 Y aquellos dos hombres me llevaron a la parte norte y ahí me mostraron un terrible lugar, y *allí había* toda clase de torturas: una oscuridad cruel y sin iluminación; ahí no hay luz, sino un turbio fuego que flamea constantemente hacia lo alto, y *hay* un ardiente río que sale, y todo ese lugar está repleto de fuego y por doquier *hay* escarcha y hielo, sed y escalofrío, mientras los cautiverios son muy crueles y los ángeles, temerosos e inmisericordes, portan furiosas armas e imponen inhumanas torturas. Y yo dije:

2 ¡Ay, ay!, ¡qué terrible es este lugar!

3 Y aquellos hombres me dijeron: Este lugar, oh, Enoc, está preparado para aquellos que deshonran a Dios, quienes en la Tierra practican el pecado contra natura, que es la corrupción de los niños al modo sodomita; hacen magia, encantamientos y brujerías diabólicas; y quienes presumen de sus actos impíos, mediante robos, mentiras, calumnias, envidia, rencor, fornicación, asesinato; y quienes, malditos, roban las almas de

los hombres; quienes, viendo que al pobre le quitan sus bienes y ellos se enriquecen, lo agravian por los bienes de otros hombres; quienes, pudiendo satisfacer la necesidad, hacen que el hambriento muera; pudiendo vestirlo, despojan al desnudo; y aquellos que, al desconocer a su creador, se inclinan ante dioses desalmados (es decir, sin vida), que no pueden ver ni oír, dioses vanos; *quienes también* fabricaron imágenes talladas y se inclinaron ante obras impuras; para todos ellos está preparado este lugar, como herencia eterna.

CAPÍTULO 11

Suben a Enoc al cuarto cielo, donde está la trayectoria del Sol y de la Luna.

1 Aquellos hombres me llevaron y me subieron al cuarto cielo y me mostraron todos los recorridos sucesivos y todos los rayos de la luz del Sol y de la Luna.

2 Y medí sus recorridos y comparé su luz, y vi que la luz del Sol es mayor que la de la Luna.

3 Su círculo y las ruedas sobre las que siempre marcha, como el viento que pasa con maravillosa velocidad, no tienen reposo ni de día ni de noche.

4 Su tránsito y regreso *van acompañados por* cuatro grandes estrellas, cada estrella tiene debajo de ella otras mil estrellas, a la derecha de la rueda del Sol; [*y van acompañadas*] por otras cuatro a la izquierda, cada una contiene debajo de ella otras mil estrellas, que suman un total de ocho mil y salen continuamente con el Sol.

5 Y durante el día, quince miríadas de ángeles la atienden y, por la noche, un millar.

6 Y seis ángeles alados salen con los ángeles antes que el disco del Sol hacia las feroces llamas, y una centena de ángeles encienden el Sol y lo dejan prendido.

CAPÍTULO 12

De los más maravillosos elementos del Sol.

1 Miré y vi otros elementos voladores del Sol, cuyos nombres son Fénix y Chalkidri, maravillosos y extraordinarios, con patas y colas de león y una cabeza de cocodrilo; su aspecto es enrojecido, como el arco iris; su tamaño es de novecientas varas; sus alas *son como* las de los ángeles, cada uno tiene doce, y ellos atienden y acompañan al Sol, portando el calor y el rocío, tal y como les ha sido ordenado por Dios.

2 Así, *el Sol* rota y sigue y se alza bajo el cielo, y su trayectoria va por debajo de la Tierra con la luz de sus rayos, incesantemente.

CAPÍTULO 13

Los ángeles tomaron a Enoc y lo colocaron en el este a las puertas del Sol.

1 Aquellos hombres lleváronme lejos hacia el este y me dejaron a las puertas del Sol, por donde sale de acuerdo con la regulación de las estaciones y el transcurso de los meses de todo el año y el número de las horas, día y noche.

2 Y vi seis puertas abiertas, cada una con sesenta y un estadios y la cuarta parte de un estadio, y *los* medí exactamente y comprendí que tal *era* su medida, a través de ellas el Sol avanza y sigue hacia el oeste, y se nivela y se levanta por todos los meses y regresa de nuevo por las seis puertas de acuerdo con la sucesión de las estaciones; de este modo, *el periodo* de todo el año concluye después del regreso de las cuatro estaciones.

CAPÍTULO 14

Ellos llevaron a Enoc al oeste.

1 Y aquellos hombres me llevaron nuevamente hacia las partes occidentales y me mostraron seis grandes puertas abiertas, que correspondían a las puertas del este, opuestas al lugar por donde el Sol se pone, de acuerdo con el número de los días, trescientos sesenta y cinco y un cuarto.

2 Y así, otra vez este baja a las puertas del oeste y retira su luz, la grandiosidad de su resplandor, bajo la tierra, ya que la luminosidad de su corona permanece en el cielo con el Señor, custodiada por cuatrocientos ángeles. Mientras, el Sol va rotando en círculo bajo la Tierra y permanece siete largas horas bajo la noche, y allí está durante la mitad de *su curso* bajo la Tierra; cuando vuelve al acceso del este en la octava hora de la noche, él trae sus luces y la corona de resplandor, y las llamas del Sol arden más que el fuego.

CAPÍTULO 15

Los elementos del Sol, los Fénix y Chalkidri,
se pusieron a cantar.

1 Entonces los elementos del Sol, llamados Fénix y Chalkidri, se ponen a cantar; así que cada ave revolotea con sus alas, y se regocija ante el dador de luz y entona su canto por orden del Señor.

2 El dador de luz viene para iluminar al mundo entero y el guardián de la mañana toma forma, que es la de los rayos del sol; y el Sol de la tierra sale y recibe su resplandor para iluminar toda la faz de la Tierra. Y me mostraron los cálculos del recorrido del Sol.

3 Y las puertas por donde él entra son las grandes puertas del cómputo de las horas del año; por esta razón el Sol es una gran creación, cuyo ciclo *dura* veintiocho años, y comienza de nuevo desde el principio.

CAPÍTULO 16

Ellos toman a Enoc de nuevo y lo dejan en el este,
en el trayecto de la Luna.

1 Aquellos hombres me mostraron la otra trayectoria, la de la Luna; doce grandes puertas coronadas de oeste a este, por donde la Luna entra y sale a las horas habituales.

2 Y entra por la primera puerta a los lugares más occidentales del Sol; por las primeras puertas, con treinta y un días exactos; por las segundas puertas, con *treinta* y un *días* exactos; por las terceras, con treinta días exactos; por las cuartas puertas, con treinta días

exactos; por las quintas puertas, con treinta y un días exactos; por las sextas puertas, con treinta y un días exactos; por las séptimas puertas, con treinta días exactos; por las octavas, con treinta y un días exactos; por las novenas, con treinta y un días exactos; por las décimas, con treinta días exactos; por las undécimas puertas, con treinta y un días exactos; por las duodécimas, con veintiocho días exactos.

3 Y así va a través de las puertas del oeste en el orden y número [de las puertas] del este, y de esta forma alcanza los trescientos sesenta y cinco y un cuarto de los días del año solar, mientras que el año lunar tiene trescientos cincuenta y cuatro y todavía le faltan doce días del ciclo solar, que son las epactas lunares de todo el año.

4 [De este modo, también el gran ciclo contiene quinientos treinta y dos años.]

5 El cuarto de *un día* se omite durante tres años, y el cuarto *lo* completa exactamente.

6 Por lo tanto, son retirados del cielo durante tres años y no son añadidos al número de días, porque cambian la duración de los años añadiendo dos nuevos meses al final, y otros dos a la reducción

7 Y cuando las puertas del oeste terminan, regresa y va al este hacia las luces y, de este modo, continúa día y noche en derredor de los círculos celestiales, más bajo que el resto de círculos, más veloz que los vientos celestiales y más aún que los espíritus, los elementos y los ángeles que vuelan; cada ángel tiene seis alas.

8 Tiene una trayectoria séptuple en diecinueve años.

CAPÍTULO 17

Sobre los cantos de los ángeles, imposible describirlos.

En el centro de los cielos vi soldados armados, que servían al Señor, con tímpanos y órganos, con *voz* incesante y cariñosa y cantos diversos, imposibles de describir, y tan maravilloso y espectacular es el canto de esos ángeles *que* enajena a cualquier mente; y me deleitaba escuchándolo.

CAPÍTULO 18

De la conducción de Enoc al quinto cielo.

1 Los hombres me llevaron hacia el quinto cielo y allí me dejaron, y allí vi muchos e incontables soldados, llamados Grígori, de apariencia humana, cuya estatura *era* mayor que la de los grandes gigantes; sus caras, marchitas; y sus bocas, en perpetuo silencio; y no había servicio en el quinto cielo, y les dije a los hombres que estaban conmigo:

2 '¿Por qué están tan marchitos y sus caras melancólicas y sus bocas silenciosas, y *por qué razón* no hay servicio en este cielo?

3 Y ellos me dijeron: Éstos son los Grígori, quienes, junto a su príncipe Satanail, rechazaron al Señor de la Luz; y tras ellos están los que están retenidos en la gran oscuridad en el segundo cielo; tres de ellos bajaron a la Tierra desde el trono del Señor, a un lugar llamado

Hermón, y rompieron totalmente su compromiso en el saliente del monte Hermón y vieron a las hijas de los hombres y lo bondadosas que eran y las tomaron por esposas, y mancillaron la Tierra con sus obras; durante sus años solo crearon el caos y se mezclaron; así fue como nacieron gigantes y colosales hombres y muchos enemigos.

4 Y en consecuencia, Dios los juzgó con un gran juicio, y ellos lloraron por sus hermanos y serán castigados en el gran día del Señor.

5 Y dije a los Grígori: 'Pude ver a vuestros hermanos y sus obras y sus grandes tormentos, y oré por ellos, pero el Señor los han condenado a *estar* bajo tierra hasta que el cielo y la Tierra desaparezcan para siempre'.

6 Y pregunté: '¿Por qué esperáis, hermanos, y no servís ante el rostro del Señor? ¿Y no habéis puesto vuestros servicios ante el rostro del Señor, no sea que enfurezcáis totalmente a vuestro Señor?'.

7 Y ellos escucharon mi consejo, y hablaron con los cuatro rangos del cielo; y de ahí que, mientras yo permanecía con esos dos hombres, cuatro trompetas trompetearon juntas muy fuerte, y los Grígori se pusieron a cantar al unísono, y sus voces se alzaron hacia el Señor, lastimeras y afectuosas.

CAPÍTULO 19

De la conducción de Enoc al sexto cielo.

1 Y desde allí esos hombres me tomaron y me dejaron más arriba, en el sexto cielo, y ahí vi siete grupos

de ángeles, muy brillantes y muy gloriosos, cuyas caras brillaban más que el resplandor del Sol, refulgiendo, sin diferencia alguna en sus caras ni en su comportamiento ni en su modo de vestir; y estos son los que dan las órdenes y conocen los recorridos de las estrellas y la alteración de la Luna o la revolución del Sol y el buen gobierno del mundo.

2 Y cuando ellos perciben la maldad, emiten órdenes e instrucciones, así como agradables y fuertes cantos y toda clase de cantos de alabanza.

3 Estos son los arcángeles que están por encima de los ángeles; los que miden toda vida en el cielo y en la Tierra; los que están *designados* por encima de las estaciones y de los años, los ángeles que están sobre los ríos y el mar y los que están por encima de los frutos de la tierra, y los ángeles que están sobre cualquier pasto, alimentando a todos, a cada ser viviente, y los ángeles que escriben todas las almas de los hombres y todos sus actos y sus vidas ante la faz del Señor; en el centro de ellos hay seis Fénix y seis querubines y seis ángeles de seis alas, que cantan continuamente al unísono; y no es posible describir su canto, y ellos se regocijan ante el Señor al pie de su escabel.

CAPÍTULO 20

Desde ahí llevaron a Enoc al séptimo cielo.

1 Y aquellos dos hombres me elevaron desde ahí al séptimo cielo, y allí vi una inmensa luz y ardientes ejércitos de grandes arcángeles, fuerzas incorpóreas y

dominios, órdenes y gobiernos, querubines y serafines, tronos y seres de muchos ojos, nueve regimientos, las estaciones yoanitas de luz; y me asusté y comencé a temblar de horror, y aquellos hombres me agarraron y me llevaron tras ellos y me dijeron:

2 'Ten valor, Enoc, no temas', y me mostraron al Señor a lo lejos, sentado en Su altísimo trono. Porque, ¿qué hay en el décimo cielo para que el Señor more allí?

3 En el décimo cielo está Dios; llamado Aravat en lengua hebrea.

4 Y todas las tropas celestiales bajaron y se colocaron en los diez escalones de acuerdo con su rango, se inclinaron ante el Señor, y de nuevo regresaron a sus sitios con alegría y felicidad, cantando sus cantares en la infinita luz, con suaves y tiernas voces, sirviéndole gloriosamente.

CAPÍTULO 21

De cómo los ángeles dejaron a Enoc aquí, al final del séptimo cielo, y se alejaron de él sin ser vistos.

1 Y los querubines y los serafines de pie junto al trono, los de seis alas y los de muchos ojos no partieron, sino que permanecieron de pie ante el rostro del Señor, cumpliendo su voluntad, y cubrieron todo su trono, cantando con suave voz delante de la faz del Señor: 'Santo, Santo, Santo, Señor soberano del Sebaot; los cielos y la Tierra están llenos de Tu gloria'.

2 Cuando vi todas esas cosas, aquellos hombres me dijeron: 'Enoc, hasta aquí nos ha sido ordenado

viajar contigo', y se alejaron de mí y desde entonces no los he vuelto a ver.

3 Y permanecí solo al final del séptimo cielo y tuve miedo y caí de cara y me dije: '¡Pobre de mí, ¿qué me ha sucedido?!'.

4 Y el Señor envió a uno de sus gloriosos, el arcángel Gabriel, y *él* me dijo: 'Ten coraje, Enoc, no temas; levántate ante el rostro del Señor dentro de la eternidad; levántate; ven conmigo'.

5 Y le contesté y me dije a mí mismo: 'Mi Señor, mi alma me ha abandonado, de terror y temblorosa', y llamé a los hombres que me habían traído a este lugar, en ellos confié y *es* con ellos con quienes me presentaré ante la faz del Señor.

6 Y Gabriel me levantó como a una hoja llevada por el viento, y me depositó ante el rostro del Señor.

7 Y contemplé el octavo cielo, que en lengua hebrea se llama Muzalot, el que realiza el cambio de las estaciones, de la sequía, de la humedad y de los doce signos del Zodíaco, que se encuentran encima del séptimo cielo.

8 Y vi el noveno cielo, llamado Cuchavim en hebreo, donde están las moradas celestiales de los doce signos del Zodíaco.

CAPÍTULO 22

En el décimo cielo, el arcángel Miguel conduce a
Enoc ante el rostro del Señor.

1 En el décimo cielo, Aravot, vi el semblante del Señor como el hierro candente cuando se aparta del fuego, chisporroteando y ardiendo.

2 Y así vi la faz del Señor, pero la faz del Señor es inefable, maravillosa, y asimismo atroz y muy, muy terrible.

3 ¿Mas quién soy yo para hablar de indescriptible ser y de la maravillosa faz del Señor? No puedo recordar la cantidad de sus múltiples instrucciones, ni sus variadas voces; el trono del Señor, magnífico sin ser hecho por mano alguna; ni la cantidad de aquellos que lo rodeaban, ejércitos de querubines y serafines; ni de su incesante canto ni de su inmutable belleza. ¿Quién hablará de la inefable grandeza de su gloria?

4 Y me postré y reverencié al Señor, y el Señor por sus labios me dijo:

5 'Ten coraje, Enoc, no temas, levántate y quédate ante mi faz en la eternidad'.

6 Y el gran estratega Miguel me levantó y me situó ante la cara del Señor.

7 Y el Señor ordenó a sus servidores, poniéndolos a prueba: 'Dejad que Enoc permanezca ante mi presencia en la eternidad', y los gloriosos reverenciaron al Señor y dijeron: 'Dejemos que Enoc actúe conforme a Tu palabra'.

8 Y el Señor dijo a Miguel: 'Ve y despoja a Enoc de sus vestiduras terrenales y úngelo con mi dulce ungüento y vístelo con las prendas de Mi gloria'.

9 Y Miguel así lo hizo, tal como le había ordenado el Señor. Me ungió y me vistió; el aspecto de aquel ungüento supera al de la magnífica luz, y su ungüento es como el dulce rocío y su olor, suave, brillante como el rayo del sol, y me miré a mí mismo y era como uno de sus seres gloriosos.

10 Y el Señor convocó a uno de sus arcángeles denominado Pravuil, cuyo conocimiento era más rápido en sabiduría que el de los otros arcángeles, siendo el que escribió todos los actos del Señor; y el Señor le dijo a Pravuil:

11 'Saca los libros de mis archivos y una caña de escritura ligera y entrégasela a Enoc, facilítale de tu mano los selectos y alentadores libros.'

CAPÍTULO 23

De los escritos de Enoc. De cómo escribió sobre sus
maravillosos viajes y las celestiales apariciones;
él mismo escribió trescientos sesenta y seis libros.

1 Y él me estuvo contando todas las obras del cielo, la tierra y el mar, y todos los elementos, sus idas y venidas, y el estruendo de los truenos, el Sol y la Luna, las idas y cambios de estrellas, de las estaciones, años, días y horas, cómo se levanta viento, el número de los ángeles y cómo componen sus cantos, y todas las cosas humanas, la lengua de cada canción humana y su vida, los mandamientos, las instrucciones, y los cantos de dulces voces y todas las cosas que vale la pena aprender.

2 Y Pravuil me contó: 'Todas las cosas que te he explicado las tenemos escritas. Siéntate y escribe sobre todas las almas de los hombres, aunque muchos de ellos han nacido ya, y sus lugares están preparados para ellos hasta toda la eternidad, porque todas las almas están preparadas para la eternidad, desde antes de la formación del mundo.

3 Y como todo se dobla en treinta días y treinta noches y todo lo escribí exactamente, escribí un total de trescientos sesenta y seis libros.

CAPÍTULO 24

De los grandes secretos de Dios, que Dios reveló y contó a Enoc, hablándole cara a cara.

1 Y el Señor me convocó y me dijo: 'Enoc, siéntate a mi izquierda, con Gabriel'.

2 Y me incliné ante el Señor y el Señor me habló: Enoc, amado, todo lo que tú veas, todas las cosas que están concluidas, yo te las digo, aun antes de su principio; todo lo que he creado de la nada y las cosas visibles creadas de lo invisible.

3 Escucha Enoc, y asimila mis palabras, porque ni a mis ángeles les he contado mi secreto, ni tampoco les he contado su ascensión, ni mi infinito reino, y tampoco han comprendido mi creación, que yo ahora te digo.

4 Porque antes de que todas las cosas fueran visibles, por mí mismo acostumbraba a ocuparme de las cosas invisibles, como el Sol, de este a oeste y de oeste a este.

5 Pero incluso el Sol posee paz en sí mismo, mientras que yo no hallaba paz en mí, porque yo estaba creando todas las cosas, y concebí la idea de asentar la base y de formar una creación visible.

CAPÍTULO 25

Dios narra a Enoc cómo, de la muy baja oscuridad, surge lo visible y lo invisible.

1 Yo ordené que, en los sitios más profundos, las cosas visibles bajasen de lo invisible, y Adoil bajó majestuoso, y lo observé, y vi que poseía un vientre lleno de gran Luz.

2 Y le dije: Ábrete, Adoil, y deja que lo visible *salga* fuera de ti.

3 Y él se abrió y una gran luz emanó de él. Y yo *estaba* en medio de la gran luz, y tal y como surgió la luz de la luz, surgió un gran periodo, y mostró toda la creación, que yo había pensado crear.

4 Y vi que *era* bueno.

5 E instalé un trono para mí, y tomé asiento en él, y le ordené a la luz: 'Vete allá arriba y sujétate arriba sobre el trono, y sé los cimientos de las cosas grandes.'

6 Y, allá, más allá de la luz, no existe nada más, y entonces me incliné y miré hacia arriba desde mi trono.

CAPÍTULO 26

Y por segunda vez Dios convocó, de los sitios muy profundos, a ese Arcas, pesado y muy rojo, para que apareciese.

1 Y llamé por segunda vez de los lugares muy bajos y dije: 'Que Arcas salga con fuerza', y apareció con fuerza desde lo invisible.

2 Y Arcas surgió con fuerza, pesado y muy rojo.

3 Y dije: '¡Ábrete, Arcas, y deja que nazca de ti', y él se abrió y una era surgió, muy poderosa y muy oscura, cargando con la creación de todas las cosas viles; y vi que *era* buena y le dije:

4 'Vete más abajo y hazte firme y sé los cimientos para las cosas viles', y ocurrió y él bajó y se sujetó a sí mismo y devino el pilar de las cosas viles, y más allá de la oscuridad no hay nada más.

CAPÍTULO 27

De cómo Dios hizo el agua y la rodeó de luz y
    estableció en ella siete islas.

1 Y ordené que se tomara de la luz y de la oscuridad, y dije: 'Hazte densa', y así se hizo, y la esparcí con la luz, y se convirtió en agua y la esparcí sobre la oscuridad debajo de la luz, y entonces endurecí las aguas; es decir, la parte sin fondo, e hice una base de luz alrededor del agua y creé siete círculos desde su interior y la diseñé (esto es, al agua) como cristal mojado y seco; en otras palabras, como el vidrio, y circuncidé las aguas y los otros elementos, y les mostré a cada uno de ellos su camino, y a las siete estrellas, cada una de ellas en su cielo, que así avanzan, y vi que eso era bueno.

2 Y diferencié entre la luz y la oscuridad; es decir, en el centro del agua, aquí y allá, y le dije a la luz que ella

debía ser el día, y a la oscuridad que debía ser la noche,
y el primer día hubo anochecer y hubo amanecer.

CAPÍTULO 28

*La semana en que Dios mostró a Enoc toda su sabidu-
ría y poder, durante los siete días; cómo creó todas
las fuerzas celestiales y terrenales y todas las cosas
que se mueven, incluso el hombre.*

1 Entonces densifiqué el círculo celestial e hice que
las aguas profundas que están bajo el cielo se unieran
entre sí, en un todo; y que el caos se secara, y así se hizo.

2 De entre las olas creé grandes y duras rocas, y de
la roca amontoné la parte seca, y a la parte seca la llamé
tierra, y al centro de la tierra lo llamé abismo; es decir,
la parte sin fondo; concentré el mar en un mismo sitio
y lo até todo con un yugo.

3 Y dije al mar: 'He aquí que te doy eternos límites
y tú no te soltarás de los componentes de ninguna de las
partes'.

4 Así pues, creé rápidamente el firmamento. Este
día me llamé el primer creado [domingo].

CAPÍTULO 29

*Entonces vino el anochecer y otra vez la mañana, y
era el segundo día [lunes]. La ígnea Esencia.*

1 Y para todo el ejército celestial diseñé la imagen
y esencia del fuego, y mi ojo miró la durísima y densa
roca, y del destello de mi ojo el rayo recibió su maravillosa naturaleza, que tanto es fuego en agua como agua

en fuego, y uno no apaga al otro ni ninguno seca al otro, por consiguiente, el rayo es más brillante que el Sol, más suave que el agua y más denso que la dura piedra.

2 Y de la roca corté un gran fuego, y del fuego creé las órdenes de las diez huestes incorpóreas de ángeles, cuyas armas son poderosas y sus atuendos, una llama encendida, y ordené que cada uno de ellos permaneciese en su orden.

Aquí Satanail junto con sus ángeles fue arrojado desde las alturas.

3 Y fue uno entre las órdenes de los ángeles el que, habiéndose marchado con la orden que comandaba, concibió una idea imposible: colocar su trono más alto que las nubes sobre la Tierra, de modo que pudiera igualar en rango mi poder.

4 Y lo arrojé fuera de las alturas, con sus ángeles, y él volaba por el aire continuamente, sobre el abismo.

CAPÍTULO 30

Y entonces creé todos los cielos, y el tercer día fue [martes].

1 El tercer día ordené a la tierra que hiciera crecer grandes y fructíferos árboles y colinas y semillas para sembrar, y planté el Paraíso, y lo cerqué y le coloqué ángeles *guardianes* armados y llameantes, y así creé la renovación.

2 Entonces llegó el anochecer y llegó la mañana del cuarto día.

3 [Miércoles]. El cuarto día ordené que debía haber grandes luces en los círculos celestes.

4 En el primer y más alto círculo coloqué las estrellas, Kruno; y en el segundo, Afrodita; en el tercero, Aris; en el quinto, Zeus; en el sexto, Ermis; en el séptimo menor, la Luna y la adorné con las estrellas menores.

5 Y en el más bajo coloqué al Sol para la iluminación del día, y a la Luna y a las estrellas para la iluminación de la noche.

6 El Sol, que debía ir de acuerdo con cada animal (es decir, los signos del Zodíaco), doce, y asigné la sucesión de los meses y sus nombres y vidas, el estruendo de sus truenos y el marcar de sus horas y la forma en que debían sucederse.

7 Entonces llegó la noche y asomó la mañana del quinto día.

8 [Jueves]. En el quinto día, ordené al mar que debía traer peces y aves de caza de muchas especies y todos los animales que se arrastran sobre la tierra y los que caminan a cuatro patas sobre la tierra y los que vuelan por el aire, macho y hembra, y cada alma que respira el espíritu de vida.

9 Y llegó el anochecer y vino la mañana, el sexto día.

10 [Viernes]. El sexto día, ordené a mi sabiduría que crease al hombre a partir de siete consistencias: una, su carne de la tierra; dos, su sangre del rocío; tres, sus ojos del Sol; cuatro, sus huesos de la piedra; cinco, su inteligencia de la celeridad de los ángeles y de las

nubes; seis, sus venas y su cabello de la hierba de la tierra; siete, su alma de mi aliento y del viento.

11 Y le concedí siete naturalezas: a la carne, el oído; los ojos para ver; al alma, el olfato; las venas para el tacto; la sangre para el gusto; los huesos para la resistencia; a la inteligencia, la dulzura (*esto es*, el gozo).

12 Y concebí un ingenioso dicho: creé al hombre de lo invisible y de lo visible, la naturaleza de ambos es la muerte, la vida y la imagen, él sabe hablar como cualquier cosa creada; pequeño en la grandeza y de nuevo grande en la pequeñez; y lo coloqué sobre la Tierra, un segundo ángel, honorable, grande y glorioso, y le nombré gobernador para mandar en la Tierra y que tuviera mi sabiduría, y, de todas mis criaturas existentes en la Tierra, no hubo ninguna como él.

13 Y le otorgué un nombre de las cuatro partes constituyentes: del este, del oeste, del norte, del sur, y decreté para él cuatro estrellas especiales, y lo llamé Adán, y le mostré los dos caminos, el de la luz y el de la oscuridad. Y le expliqué:

14 'Esto es bueno y esto es malo', de manera que yo pudiera saber si realmente él tenía amor u odio por mí, para esclarecer quién de su raza me amaba.

15 Porque yo he visto su naturaleza, pero él no ha visto su propia naturaleza, de modo que, al no *verse*, él pecará cada vez más. Entonces me dije: 'Después del pecado, *¿qué puede haber* más que la muerte?'.

16 Y le puse a dormir y se durmió. Y tomé de él una costilla y le creé una esposa, de manera que la muerte le

llegará por su propia esposa; y tomé su última palabra y la llamé madre; es decir, Eva.

CAPÍTULO 31

Dios entrega el paraíso a Adán, y le ordena que mire los cielos abiertos, donde él debería ver a los ángeles cantando el himno de la victoria.

1 Adán tiene su vida en la Tierra y yo creé un jardín en el Edén, al este, de forma que él pudiera observar el testamento y guardar el mandato.

2 Hice que los cielos se abrieran para él, para que pudiera ver a los ángeles cantando el himno de la victoria, y la luz sin penumbra.

3 Y él permanecía de continuo en el paraíso, y el diablo comprendió que yo deseaba crear otro mundo, porque Adán era el señor en la Tierra para gobernarla y controlarla.

4 El diablo es el espíritu maligno de los lugares viles; como un fugitivo creó a Sotona, de los cielos, pues su nombre era Satanail, de modo que se tornó diferente a los demás ángeles, *pero su naturaleza* no cambió *su* inteligencia en cuanto a *su* comprensión de lo correcto y de las *cosas* pecaminosas.

5 Y él entendió su condena y el pecado que había cometido anteriormente; por consiguiente, urdió un plan contra Adán, de tal forma que entró y sedujo a Eva, pero no tocó a Adán.

6 Así, maldije la ignorancia; pero lo que había bendecido previamente, aquello no lo maldije; no mal-

dije al hombre ni a la tierra ni a las otras criaturas, pero sí el maligno fruto del hombre y sus obras.

CAPÍTULO 32

Después del pecado de Adán, Dios lo devuelve a la Tierra, 'de donde te saqué', pero no desea arruinarlo del todo por todos los años que han de venir.

1 Y le dije: 'Tierra eres, y a la tierra de donde te tomé debes volver; no te arruinaré, pero te envío de nuevo al lugar de donde te saqué.

2 'Entonces podré sacarte de nuevo en Mi segunda venida'.

3 Y bendije a todas mis criaturas visibles e invisibles. Y Adán estuvo cinco horas y media en el paraíso.

4 Y bendije el séptimo día, que es el sábado [Sabat], cuando descansó de todas sus obras.

CAPÍTULO 33

Dios enseña a Enoc la edad de este mundo, su existencia de siete mil años, y el octavo millar es el fin; ni años ni meses ni semanas ni días.

1 Y decreté también el octavo día; que el octavo día fuera el primero creado después de mi obra, y que *los primeros siete* rotarían en la forma de los siete mil, y que al comienzo de los ocho mil habría de llegar también el tiempo incontable, infinito, sin años ni meses ni semanas ni días ni horas.

2 Y ahora, Enoc, todo lo que te he contado, todo lo que has comprendido, todo lo que has visto de las cosas celestiales, todo lo que has visto en la Tierra y todo lo que he escrito en los libros gracias a mi gran sabiduría, todas estas cosas las he ideado y las he creado, desde la más alta creación hasta la más baja y hasta el fin; y no existe consejero ni heredero de mis creaciones.

3 Yo soy eterno por mí mismo, sin ser creado por mano alguna e inmutable.

4 Mi pensamiento es mi consejero, mi sabiduría y mi palabra son hechas y mis ojos observan todas las cosas, cómo están ellas colocadas aquí y tiemblan de pánico.

5 Si yo apartase mi rostro, todas las cosas serían destruidas.

6 Utiliza la mente, Enoc, y conoce al que te está hablando, y toma los libros que tú mismo has escrito.

7 Y te doy a Samuel y a Raguil, quienes te llevarán arriba con los libros, y baja a la Tierra y di a tus hijos todo lo que te he contado y todo lo que has visto desde el más bajo cielo hasta mi trono, con todos los ejércitos.

8 Porque yo creé todas las fuerzas, y no hay ninguna que se me resista y que no esté sometida a mí. Porque todas están sometidas en mi monarquía y trabajan para mi gobierno único.

9 Entrégales los libros que has escrito, y ellos *los* leerán y me conocerán como el creador de todas las cosas y comprenderán por qué no hay otro Dios más que yo.

10 Y deja que ellos distribuyan los libros que has escrito, de hijos a hijos, generación tras generación, de nación en nación.

11 Y te daré, Enoc, mi intercesor, al gran estratega Miguel para los escritos de tus padres Adán, Set, Enós, Quenán, Mahalalel y Jared, tu padre.

CAPÍTULO 34

Dios condena a los idólatras y a los fornicadores sodomitas y, por eso, les manda un diluvio.

1 Ellos han rechazado mis mandamientos y mi yugo, ha surgido una progenie indigna, que no teme a Dios, que no se inclinará ante mí, mas ha empezado a hacerlo ante dioses vanos y ha negado mi unidad y ha colmado la Tierra de falsedades, de ofensas, de abominable lascivia, entre sí, y de toda clase de sucias maldades, que repugna relatar.

2 Por esta razón enviaré un diluvio sobre la Tierra y destruiré a todos los hombres, y toda la Tierra se desmenuzará y quedará sumida en una gran oscuridad.

CAPÍTULO 35

Dios deja un hombre justo de la tribu de Enoc con toda su casa; quien complació a Dios cumpliendo Su voluntad.

1 He aquí que de su progenie nacerá otra generación, mucho después, pero de ellos, muchos serán insaciables.

2 Aquel que levante a los de esa generación *les* revelará los libros escritos por tu mano, por la de tus padres, *a ellos*, a quienes debe señalarles la custodia del mundo, a los hombres fieles y obreros de mi complacencia, los cuales no reconocen mi nombre en vano.

3 Y ellos lo explicarán a otra generación, y esos *otros*, tras haber leído, serán glorificados después, más que los primeros.

CAPÍTULO 36

Dios ordenó a Enoc que viviera en la Tierra treinta días, para instruir a sus hijos y a los hijos de sus hijos. Después de treinta días él fue llevado de nuevo al cielo.

1 Ahora, Enoc, te doy el plazo de treinta días para que los pases en tu casa y les cuentes a tus hijos y toda tu familia, pues todos deben oír de mi rostro lo que les es dicho por ti, que deben leerlo y comprenderlo, pues no hay otro Dios más que yo.

2 Y que siempre deberán guardar mis mandamientos, que comiencen a leer y a interiorizar los libros escritos de tu mano.

3 Y después de treinta días mandaré a mi ángel a por ti, y él te tomará de la Tierra y de tus hijos y te llevará hacia mí.

CAPÍTULO 37

Aquí Dios convocó a uno de Sus ángeles.

1 Y el Señor llamó a uno de sus ángeles mayores, terrible y amenazador, y lo colocó a mi lado; de aspecto

blanco como la nieve y sus manos como hielo, tenía el aspecto de una gran escarcha; y él congeló mi cara porque yo no fui capaz de soportar el terror del Señor, al igual que no es posible soportar el fuego de una estufa ni el calor del sol ni la helada del aire.

2 Y el Señor me dijo: 'Enoc, si aquí no se congela tu rostro, ningún hombre será capaz de mirarte a la cara'.

CAPÍTULO 38

Matusalén continuaba teniendo esperanza y aguardaba a su padre Enoc en su lecho día y noche.

1 Y el Señor dijo a aquellos hombres que primero me llevaron arriba: 'Dejad que Enoc baje con vosotros a la Tierra y aguardadle hasta el día determinado'.

2 Y por la noche ellos me dejaron sobre mi lecho.

3 Y Matusalén, esperando mi regreso y haciendo guardia día y noche en mi lecho, se llenó de temor cuando oyó mi llegada, y le dije: 'Que toda mi familia se reúna, porque se lo contaré todo'.

CAPÍTULO 39

La advertencia afligida de Enoc a sus hijos, con llanto y gran congoja a medida que les hablaba.

1 Oh, hijos míos, amados míos, oíd la advertencia de vuestro padre, por cuanto se ajusta a la voluntad del Señor.

2 Me han dejado venir a vosotros hoy y anunciaros, no de mis labios, pero sí de los labios del Señor,

todo lo que es y fue y todo lo que es ahora y todo lo que será hasta el día del juicio.

3 Porque el Señor me dejó venir a vosotros, escuchad así las palabras de mis labios, de un hombre engrandecido para vosotros, pero yo soy uno de los que ha visto el rostro del Señor, al igual que el hierro al rojo vivo por el fuego, emite chispas y arde.

4 Ahora veis mis ojos; *los ojos* de un hombre grande que tienen significado para vosotros, pero he visto los ojos del Señor, brillando como los rayos del sol y llenando los ojos del hombre con asombro.

5 Veis ahora, hijos míos, la mano derecha de un hombre que os ayuda, mas yo he visto la mano derecha del Señor llenando el cielo mientras Él me ayudaba.

6 Vosotros veis la brújula de mi trabajo como si fuera la vuestra, pero yo he visto la ilimitada y perfecta brújula del Señor, que no tiene fin.

7 Vosotros oís las palabras de mis labios, como yo oí las del Señor, igual que un gran trueno incesante que agita las nubes.

8 Y ahora, hijos míos, oíd los discursos del padre de la Tierra, cuán aterrador y espantoso es ir ante el rostro del gobernante de la tierra, cuánto más terrible y atroz es presentarse cara a cara delante del gobernante del cielo, el controlador de los vivos y de los muertos, y de los ejércitos celestiales. ¿Quién puede soportar ese interminable dolor?

CAPÍTULO 40

*Enoc advierte sinceramente a sus hijos sobre todas
    las cosas dichas de los labios del Señor, como lo
    vio y lo oyó y lo escribió.*

1   Y ahora, hijos míos, yo sé todas las cosas porque
esto viene de los labios del Señor, y esto es lo que mis
ojos han visto desde el principio hasta el fin.

2   Sé todas las cosas, y las he escrito todas en libros:
los cielos y su final y su plenitud y todos los ejércitos y
sus marchas.

3   He medido y descrito las estrellas, la gran e incontable multitud *de ellas.*

4   ¿Qué hombre ha visto las revoluciones de aquellas y sus entradas? Porque ni siquiera los ángeles ven su
número, mientras que yo he escrito todos sus nombres.

5   Y medí la circunferencia del Sol, medí sus rayos,
conté las horas, también escribí todas las cosas que hay
sobre la Tierra, he escrito las cosas que son alimenta-
das, y todas las semillas que se plantan y las que no, las
que la tierra produce y todas las plantas y cada hierba
y cada flor, y sus dulces aromas y sus nombres, y los
lugares donde moran las nubes, y su composición, y sus
alas, y cómo ellas traen la lluvia y las gotas de lluvia.

6   E investigué todas las cosas y tracé el camino del
trueno y del relámpago, y me mostraron las llaves y sus
guardianes, su ascensión, su curso; se los deja ir con
mesura (*es decir*, con suavidad) por una cadena, no sea
que por una fuerte cadena y con violencia lance hacia

abajo las furiosas nubes y destruya todas las cosas en la Tierra.

7 Escribí sobre los depósitos de la nieve y sobre los almacenes del frío y de los aires escarchados, y observé al que posee las llaves de las estaciones, el que llena las nubes con ellas y no agota los depósitos.

8 Y escribí los lugares de reposo de los vientos y observé y vi cómo los que poseen las llaves sostenían balanzas y varas de medir; primero los ponen en *una* balanza; después, en la otra las pesas, y los dejan salir de acuerdo con la medida, astutamente, sobre toda la Tierra, no sea que por una fuerte respiración hagan sacudir la Tierra.

9 Y medí toda la Tierra, sus montañas, y sus colinas, sus campos, árboles, piedras, ríos; todas las cosas existentes yo las anoté: la altura, de la Tierra hasta el séptimo cielo, y hacia abajo hasta el más profundo infierno, y el sitio del juicio y el enorme, abierto y lloroso infierno.

10 Y vi cómo los prisioneros sufren, a la espera del juicio sin fin.

11 Y escribí sobre todos los que son juzgados por el juez y todos sus juicios (esto es, sentencias) y todas sus obras.

CAPÍTULO 41

De cómo Enoc lamentó el pecado de Adán.

1 Y vi todos los antepasados de *todos* los tiempos con Adán y Eva, y suspiré y rompí a llorar y dije de la ruina de su deshonor:

2 'Pobre de mí, por mi padecimiento y *por el* de mis antepasados', y pensé dentro de mi corazón y dije:

3 'Bendito es el hombre que no ha nacido o que ha nacido y no pecará ante la faz del Señor, porque no vendrá a este lugar ni portará el yugo de este lugar'.

CAPÍTULO 42

De cómo Enoc vio a los que poseen las llaves y a los guardianes de las puertas del infierno.

Y vi a los que tienen las llaves y los que guardan las puertas del infierno, como grandes serpientes, y sus caras como lámparas apagadas y sus ojos de fuego, sus dientes afilados; y divisé todas las obras del Señor, lo correctas que son, mientras que las obras del hombre son algunas buenas y otras malas, y en sus obras se distingue a aquellos que mienten vilmente.

CAPÍTULO 43

Enoc muestra a sus hijos cómo sopesó y escribió las sentencias de Dios.

1 Yo, hijos míos, sopesé y escribí toda obra y todo cálculo, así como todo juicio correcto.

2 Así como *un* año es más honroso que otro, *un* hombre también es más honroso que otro, algunos por sus grandes posesiones, otros por la sabiduría en su corazón, otros por su intelecto particular, otros por su astucia, uno por el silencio de sus labios, otro por su limpieza, uno por su fuerza, otro por su hermosura, uno por su juventud, otro por su agudo ingenio, uno

por la forma de su cuerpo, otro por su sensibilidad; dejad que se oiga por doquier, pero no existe nada mejor que aquel que teme a Dios, él será más glorioso en el tiempo que ha de venir.

CAPÍTULO 44

Enoc instruye a sus hijos, para que no denigren la faz del hombre, ya sea grande o pequeño.

1 El Señor, habiendo creado al hombre a imagen y semejanza de su propia cara, lo hizo pequeño y grande.

2 Cualquiera que denigre la faz del gobernante y abomine de la faz del Señor, ha despreciado la faz del Señor, y aquel que descargue su ira sobre cualquier hombre sin injuria, la gran ira del Señor lo destruirá, aquél que en tono acusador escupa a la cara del hombre, será destruido en el gran juicio del Señor.

3 Bendito es el hombre que no dirige su corazón con malicia en contra de ningún hombre y ayuda al herido y al condenado, y levanta al caído y da caridad al necesitado, porque, en el día del gran juicio, cada peso, cada vara de medir y cada contrapeso *serán* como en el mercado; es decir, ellos penden de las balanzas y permanecen en el mercado, *y cada uno* aprenderá su propia medida y, de acuerdo con esta, tendrá su recompensa.

CAPÍTULO 45

Dios muestra que Él no quiere sacrificios del hombre ni ofrendas en forma de animales, sino corazones puros y arrepentidos.

1 A cualquiera que se apresure a hacer ofrendas ante la faz del Señor, el Señor, por su parte, acelerará esa ofrenda cediéndole su obra.

2 Pero quienquiera que aumente su lámpara ante la faz del Señor sin realizar un verdadero juicio, el Señor *no* aumentará su tesoro en el reino de las alturas.

3 Cuando el Señor pide pan o cirios o carne (*es decir*, ganado) o cualquier otro sacrificio, eso no significa nada, porque Dios lo que pide son corazones puros, y con todo esto solamente pone a prueba el corazón del hombre.

CAPÍTULO 46

Cuando un gobernante terrenal no acepta abominables e impuros regalos del hombre, tanto más rechaza Dios abominables e impuros regalos, los devuelve iracundo y no acepta sus regalos.

1 Escucha, pueblo mío, y asimila las palabras de mis labios.

2 Si alguno trae algún regalo a un gobernante terrenal y tiene pensamientos desleales en su corazón, ¿acaso el gobernante, sabiéndolo, no se disgustará con él ni rehusará sus regalos ni lo entregará a juicio?

3 O si un hombre aparenta ser bueno ante otro por el engaño de su lengua, pero la maldad *está* en su corazón, ¿no entendería *el otro* la traición de su corazón y él mismo sería condenado, cuando su falsedad estaba a la vista de todos?

4 Y cuando el Señor envíe su gran luz, habrá juicio para el justo y para el injusto, y allá nadie pasará desapercibido.

CAPÍTULO 47

Enoc instruye a sus hijos desde los labios de Dios y les entrega la escritura de este libro.

1 Y ahora, hijos míos, meditad en vuestro corazón, prestad atención a las palabras de vuestro padre, todas ellas *procedentes* de los labios del Señor.

2 Tomad estos libros escritos por vuestro padre y leedlos.

3 Porque son muchos los libros y en ellos aprenderéis sobre todas las obras del Señor, todo lo que ha sido desde el principio de la creación y lo que será hasta el fin de los tiempos.

4 Y si cumplís mis escritos, no pecaréis en contra del Señor; porque no hay otro excepto el Señor, ni en el cielo ni en la Tierra ni en los *lugares* más viles ni siquiera en los cimientos *únicos*.

5 El Señor ha puesto los cimientos en lo desconocido y ha esparcido cielos visibles e invisibles; Él sujetó la tierra a las aguas y creó innumerables criaturas y ¿quién ha calculado el agua y la base de lo no sujeto o el polvo de la tierra o la arena del mar o las gotas de la lluvia o el rocío de la mañana o la respiración del viento? ¿Quién ha llenado la tierra y el mar y el indisoluble invierno?

6 Recorté las estrellas del fuego y decoré el cielo y las puse en el centro.

CAPÍTULO 48

De la travesía del Sol por los siete círculos.

1 El Sol atraviesa los siete círculos celestiales, que son el punto de encuentro de ciento ochenta y dos tronos, para que baje en un breve día, y de nuevo otros ciento ochenta y dos, que él baje en un extenso día; y él tiene dos tronos donde descansar, rotando de aquí para allá sobre los tronos de los meses; desde el decimoséptimo día del mes Tsiván, él desciende al mes Teván, desde el decimoséptimo de Teván sube.

2 De este modo, se acerca a la Tierra, entonces la tierra se alegra y hace florecer su fruto y cuando se retira, la tierra se entristece y los árboles y los frutos no florecen.

3 Midió todo eso, calculando bien las horas y fijó una medida de lo visible y de lo invisible gracias a su sabiduría.

4 De lo invisible, Él creó todas las cosas visibles, siendo Él mismo invisible.

5 Así os lo hago saber, hijos míos, y distribuid los libros a vuestros hijos, en todas vuestras generaciones y por entre las naciones que tengan el sentimiento del temor a Dios, dejad que ellos los reciban, y puede que ellos lleguen a amarlos más que a cualquier manjar o dulce terrenal, y los lean y los apliquen.

6 Y aquellos que no comprendan al Señor, los que no lo temen, los que no lo aceptan, mas lo rechazan, los que no los reciben (es decir, los libros), un terrible juicio les espera.

7 Bendito es el hombre que cargará con su yugo y los arrastrará, porque él será liberado en el día del gran juicio.

CAPÍTULO 49

Enoc instruye a sus hijos para que no juren ni por el cielo ni por la Tierra y muestra las promesas de Dios hasta en el vientre de la madre.

1 Os juro, hijos míos, pero os juro no por ningún juramento ni por el cielo ni por la Tierra ni por ninguna otra criatura que Dios haya creado.

2 El Señor dijo: 'No hay juramento en mí ni injusticia, solo verdad'.

3 Si no hay verdad en los hombres, dejadles jurar por las palabras «Sí, sí», o bien «no, no».

4 Y yo os juro, sí, sí, que no ha habido hombre alguno en el vientre materno, *sino que*, ya previamente, incluso para cada uno hay un lugar preparado para el reposo de esa alma y una medida fija de lo que está previsto que un hombre sea probado en este mundo.

5 Sí, hijos, no os engañéis, porque ha sido previamente preparado un lugar para cada alma de hombre.

CAPÍTULO 50

De cómo ningún nacido en la Tierra puede permanecer escondido ni su obra permanecer oculta, porque Él (es decir, Dios) nos incita a ser mansos, para soportar la ofensa y el insulto y no ofender ni a viudas ni a huérfanos.

1 He puesto por escrito cada obra del hombre y ningún nacido sobre la Tierra puede permanecer escondido ni sus obras permanecer ocultas.

2 Veo todas las cosas.

3 Por lo tanto, hijos míos, con paciencia y mansedumbre vivid el número de vuestros días, de tal modo que podáis heredar vida eterna.

4 Soportad, por el bien del Señor, cada herida, cada injuria, cada palabra malvada y cada agresión.

5 Si la mala compensación os acontece, no la devolváis ni al prójimo ni al enemigo, porque el Señor ya se lo devolverá por vosotros, y será vuestro vengador en el día del gran juicio, de modo que aquí no haya venganza entre los hombres.

6 Cualquiera de vosotros que gaste su oro o su plata por el bien de su hermano, recibirá abundantes tesoros en el mundo venidero.

7 No injuriéis a viudas ni a huérfanos ni a extranjeros, no sea que la ira de Dios recaiga sobre vosotros.

CAPÍTULO 51

Enoc instruye a sus hijos para que no oculten tesoros en la tierra, a cambio les invita a dar limosna al pobre.

1 Tended la mano al pobre según sean vuestras fuerzas.

2 No ocultéis vuestra plata en la tierra.

3 Ayudad al hombre fiel en su aflicción, y la aflicción no os hallará en el momento de vuestra angustia.

4 Y cada severo y cruel yugo que recaiga sobre vosotros, resistidlo por el Señor, porque encontraréis vuestra recompensa en el día del juicio.

5 Es bueno ir por la mañana, al mediodía y al anochecer a la morada del Señor, para gloria de vuestro Creador.

6 Porque cada *cosa* viva lo glorifica, y toda criatura visible e invisible le devuelve alabanza.

CAPÍTULO 52

Dios instruye a sus fieles cómo deben honrar
Su nombre.

1 Bendito es el hombre que abre sus labios en alabanza del Dios de Sebaot y enaltece al Señor en su corazón.

2 Maldito sea todo hombre que abre sus labios para despreciar y calumniar a su prójimo, porque desprecia a Dios.

3 Bendito es aquel que abre sus labios para bendecir y enaltecer a Dios.

4 Maldito es aquel que, delante del Señor, todos los días de su vida, abre sus labios para maldecir y abusar.

5 Bendito es aquel que bendice todas las obras del Señor.

6 Maldito es el que desprecia toda la creación de Dios.

7 Bendito es el que mira hacia abajo y levanta a los caídos.

8 Blasfemo es el que mira y ansía la destrucción de lo que no es suyo.

9 Bendito es aquel que guarda y afianza los principios de sus padres desde el comienzo.

10 Maldito es aquel que pervierte los mandatos de sus antepasados.

11 Bendito es aquel que implanta paz y amor.

12 Maldito es el que molesta a aquellos que aman a su prójimo.

13 Bendito es el que a todos habla con lengua y corazón humildes.

14 Maldito es el que habla de paz con su lengua, mientras que en su corazón no hay paz sino una espada.

15 Por todo esto, las cosas serán puestas al descubierto en la balanza y en los libros, en el día del gran juicio.

CAPÍTULO 53

[No digamos: 'Nuestro padre está ante Dios, Él nos defenderá en el día del juicio', porque allí el padre no puede ayudar al hijo, ni tampoco el hijo a su padre.]

1 Y ahora, hijos míos, no digáis: 'Nuestro padre está delante de Dios y está orando por nuestros pecados', porque allí no hay quien ayude a ningún hombre que haya pecado.

2 Habéis visto cómo he escrito todas las obras de cada hombre, antes de su creación, *todo* aquello que

ha sido hecho entre los hombres en todo tiempo, y ninguno puede contar o relatar mi manuscrito, porque el Señor ve todos los pensamientos del hombre, cuán vanos son, dónde residen en los depósitos del corazón.

3 Y ahora, hijos míos, prestad atención a todas las palabras de vuestro padre, que yo os digo, no sea que os arrepintáis diciendo: '¿Por qué nuestro padre no nos lo dijo?'.

CAPÍTULO 54

Enoc enseña a sus hijos que deberían pasarles los libros también a otros.

1 En aquel tiempo, si esto no se entiende, dejad estos libros que yo os he entregado como una herencia de vuestra paz.

2 Pasádselos a todos aquellos que los quieran, e instruidlos, de modo que ellos también puedan ver las inmensas y maravillosas obras del Señor.

CAPÍTULO 55

Aquí Enoc indica a sus hijos, hablándoles entre lágrimas: 'Hijos míos, se acerca la hora de que yo suba al cielo; mirad, los ángeles están ante mí'.

1 Hijos míos, he aquí que el día en que se cumple mi término y el tiempo ha llegado.

2 Pues los ángeles que irán conmigo están frente a mí y me apremian a partir; están aquí en la Tierra esperando, aguardando lo que les fue encargado.

3 Porque mañana subiré al cielo, a la más alta Jerusalén, a mi eterna herencia.

4 Por lo tanto, os insto a que delante de la faz del Señor hagáis todo lo bueno que le complace.

CAPÍTULO 56

Matusalén pregunta por las bendiciones de su padre, para que él (Matusalén) pueda prepararle comida (a Enoc).

1 Matusalén, habiendo respondido a su padre Enoc, dijo: '¿Qué es agradable a tus ojos, padre, que yo pueda llevar a cabo ante tu rostro, para que tú puedas bendecir nuestros hogares y a tus hijos, y para que tu pueblo sea glorificado a través de ti, y para *que* tú puedas dejarnos así, como el Señor ordenó?'.

2 Enoc contestó a su hijo Matusalén y dijo: 'Escucha, hijo, desde el momento en que el Señor me ungió con el ungüento de su gloria, *no ha habido* alimento en mí, y mi alma no recuerda placeres terrenales ni yo deseo nada terrenal.

CAPÍTULO 57

Enoc ruega a su hijo Matusalén que convoque a todos sus hermanos.

1 'Hijo mío Matusalén, convoca a todos tus hermanos y a toda tu familia y a los ancianos del pueblo de modo que pueda hablarles y partir, tal y como está previsto para mí.'

2 Y Matusalén se apresuró y convocó a sus hermanos, Regim, Riman, Uchan, Quermion, Gaidad y a todos los ancianos del pueblo ante el rostro de su padre Enoc; y él los bendijo y les habló así:

CAPÍTULO 58

Las instrucciones de Enoc a sus hijos.

1 Escuchadme, hijos míos, el día de hoy.

2 En aquellos días en que el Señor bajó a la Tierra por Adán y visitó a todas sus criaturas, que Él mismo había creado; después de esto Él creó a Adán, y el Señor llamó a todas las bestias de la Tierra, a todos los reptiles, a todas las aves que vuelan por el aire, y los trajo a todos ellos ante la faz de nuestro padre Adán.

3 Y Adán dio nombre a todas las cosas que vivían en la Tierra.

4 Y el Señor lo designó gobernante sobre todas las cosas y sometió bajo sus manos todas las cosas, y las hizo mudas y las hizo torpes, de modo que pudieran ser gobernadas por el hombre y estuvieran sujetas a él y le obedecieran.

5 Y así el Señor creó, a todo hombre, señor de todas sus posesiones.

6 El Señor no juzgará ni a una sola alma de bestia por el bien del hombre, pero otorga las almas de los hombres a las bestias de ellos en este mundo; porque los hombres tienen un lugar especial.

7 Y como cada alma de hombre va acorde con un número, igualmente no perecerán las bestias ni ningún

alma de bestia que el Señor creó, hasta el gran juicio, y ellos acusarán al hombre, si él los maltrata.

CAPÍTULO 59

Enoc explica a sus hijos por qué razón no deben tocar la carne de vaca debido a lo que de ella surge.

1 Cualquiera que profane el alma de las bestias, corrompe su propia alma.

2 Porque el hombre trae animales limpios como sacrificio por sus pecados, para que él pueda curar su alma.

3 Y si ellos traen como sacrificio animales limpios y aves, el hombre sana; él sana su alma.

4 Se os da todo como alimento, atado de cuatro patas; es decir, para hacer correctamente el remedio, él sana su alma.

5 Pero quienquiera que mate un animal sin herida, mata su propia alma y profana su propia carne.

6 Y el que haga a cualquier animal cualquier herida sea la que sea, en secreto, resulta una práctica perversa de modo que él profana su propia alma.

CAPÍTULO 60

Aquel que causa daño al alma del hombre, lastima su propia alma y no hay remedio para su carne ni perdón por siempre. Cómo no es digno matar al hombre ni con un arma ni con la lengua.

1 Aquel que trama la muerte del alma de un hombre, mata su propia alma y mata su propio cuerpo, y no hay ningún remedio para él por siempre.

2 Aquel que pone a un hombre en cualquier trampa, debería meterse él mismo en ella, y no hay cura para él por siempre.

3 El que embarca a un hombre en cualquier navío, no le faltará compensación en el día del gran juicio, por siempre.

4 Aquel que obra de forma deshonesta o habla mal de algún alma, no se hará justicia a sí mismo, por siempre.

CAPÍTULO 61

Enoc instruye a sus hijos que se aparten de la injusticia y que a menudo tiendan la mano a los pobres para dar una parte de su trabajo.

1 Y ahora, hijos míos, apartad vuestros corazones de toda injusticia, que el Señor aborrece. De la misma forma que el hombre pide (algo) para su propia alma a Dios, dejad que Él lo haga para toda alma viva, porque lo sé todo, cómo en la gran hora (que ha de venir) hay muchas mansiones preparadas para los hombres, buenas para los buenos y malas para los malos, sin nombrar muchas.

2 Benditos aquellos que entran en casas buenas, porque en las malas (casas) no hay paz ni regreso (de ellas).

3 ¡Oíd, hijos míos, pequeños y grandes! Cuando el hombre pone un buen pensamiento en su corazón, trae ofrendas de sus obras ante el rostro del Señor, y sus manos no las hicieron; entonces el Señor dará la

espalda al trabajo de su mano, de modo que él (el hombre) no pueda encontrar el buen trabajo de sus manos.

4 Y si su mano lo realiza pero su corazón se queja, y su corazón no para de quejarse incesantemente, él no obtiene ningún provecho.

CAPÍTULO 62

De cómo es adecuado llevar nuestras ofrendas con fe, porque después de la muerte no hay arrepentimiento.

1 Bendito sea el hombre que, con su paciencia, lleva sus ofrendas con fe ante la faz del Señor, porque él hallará el perdón para sus pecados.

2 Pero si él se retracta de sus palabras antes de tiempo, no hay arrepentimiento para él; y si el tiempo pasa y él no lleva a cabo por su propia voluntad aquello que prometió, no habrá arrepentimiento tras la muerte.

3 Porque toda obra que haga el hombre antes de tiempo es totalmente un engaño ante los hombres y pecado ante Dios.

CAPÍTULO 63

De cómo no despreciar a los pobres, sino compartir con ellos por igual, no sea que tú seas criticado ante el Señor.

1 Cuando el hombre viste al desnudo y sacia al hambriento, él será recompensado por Dios.

2 Pero si su corazón se queja, él comete una doble maldad: la ruina de sí mismo y de aquello que él da,

y, debido a eso, para él no habrá búsqueda de recompensa.

3 Y si su corazón está lleno de su alimento y su propia carne (vestida) con sus ropas, comete ultraje, perderá toda su resistencia a la pobreza y no obtendrá recompensa por sus buenas obras.

4 El Señor aborrece todo hombre orgulloso y grandilocuente y todo falso discurso, revestido de engaño; este será cortado con la hoja de la espada de la muerte y echado al fuego, y así arderá por siempre.

CAPÍTULO 64

De cómo el Señor llamó a Enoc, y (cómo) el pueblo
siguió el consejo de ir a besarlo a un lugar
llamado Achuzán.

1 Cuando Enoc hubo pronunciado estas palabras a sus hijos, todo el mundo, lejos y cerca, oyó cómo el Señor llamaba a Enoc. Todos siguieron el consejo:

2 'Vayamos y besemos a Enoc', y dos mil hombres llegaron a la vez al sitio Achuzán, donde se encontraban Enoc y sus hijos.

3 Y los ancianos del pueblo, la asamblea completa, vinieron y reverenciaron y comenzaron a besar a Enoc, y le dijeron:

4 'Padre nuestro Enoc, sé tú bendito del Señor, el eterno gobernante, y ahora bendice a tus hijos y a toda la gente para que seamos glorificados hoy ante tu rostro.

5 'Porque tú serás glorificado delante de la faz del Señor, para siempre, puesto que el Señor te escogió a ti antes que a cualquier otro hombre en la Tierra, y te designó escriba de toda su creación, visible e invisible, y redentor de los pecados del hombre y auxilio de tu familia'.

CAPÍTULO 65

De la enseñanza de Enoc a sus hijos.

1 Y Enoc respondió a toda su gente diciendo: 'Oíd, hijos míos, antes de que todas las criaturas fueran creadas, el Señor creó las cosas visibles e invisibles.

2 'Y cuanto más tiempo pasaba e iba pasando, comprended que, después de todo eso, creó al hombre a semejanza de su propio cuerpo, y le puso ojos para ver, oídos para oír, y corazón para meditar e intelecto con el que reflexionar.

3 'Y el Señor vio todas las obras del hombre y creó todas sus criaturas y dividió el tiempo; del tiempo Él fijó los años; de los años Él ordenó los meses; y de los meses Él asignó los días; y de los días Él ordenó siete.

4 'Y en aquellos Él ordenó las horas, las midió con exactitud, de modo que el hombre pudiera reflexionar en el tiempo y contar los años, meses, horas, *su* alternancia, principio y fin, y también para que pudiera contar su propia vida, desde el principio hasta la muerte, y pensar sobre su pecado, y escribir su obra buena y mala; porque ninguna obra permanece oculta a los ojos del Señor, de modo que cada hombre pueda saber sus

obras y jamás quebrantar sus mandamientos, y guardar mis escritos de generación en generación.

5 'Cuando toda creación visible e invisible, como Dios la creó, termine, cada hombre se presentará al gran juicio, y para entonces todo el tiempo habrá perecido, y los años, y desde ese instante en adelante no habrá ni meses ni días ni horas, se unirán entre sí y no serán contados.

6 'Ahí comenzará un cón, y todos los justos que hayan escapado al gran juicio del Señor serán recogidos en el gran eón; para los justos se iniciará el gran eón, y vivirán eternamente, y entonces no habrá entre ellos ni trabajo ni enfermedad ni humillación ni ansiedad ni necesidad ni violencia ni noche ni oscuridad, pero sí una gran luz.

7 'Y ellos tendrán una gran e indestructible muralla y un paraíso luminoso e incorruptible, porque todas las cosas corruptibles desaparecerán, y solo habrá vida eterna.

CAPÍTULO 66

Enoc instruye a sus hijos y a todos los ancianos del pueblo, cómo deberán caminar con temor y trémulos ante el Señor, y servirle sólo a Él y no reverenciar a ídolos, sino a Dios, quien creó el cielo y la tierra y cada criatura a Su imagen.

1 'Y ahora, hijos míos, proteged vuestra alma de toda injusticia, esa que el Señor aborrece.

2 'Caminad ante su rostro con miedo y trémulos, y servidle sólo a Él.

3 'Reverenciad al Dios verdadero, no a ídolos mudos, más bien inclinaos ante Su imagen y traed sólo ofrendas justas delante del rostro del Señor. El Señor repudia lo injusto.

4 'Porque el Señor lo ve todo; cuando el hombre reflexiona en su corazón, Él aconseja a los intelectos, y cada pensamiento está siempre delante del Señor, quien hizo sólida la tierra y depositó en ella todas las criaturas.

5 'Si miráis al cielo, el Señor está allí; y si tomáis conciencia de la profundidad del océano y de todo lo que está bajo la tierra, allí está el Señor.

6 'Porque el Señor creó todas las cosas. No reverenciéis las cosas hechas por el hombre, despojando al Señor de toda creación, porque ninguna obra puede permanecer escondida ante la faz del Señor.

7 'Caminad, hijos míos, en el sacrificio, en la mansedumbre, en la honestidad, en la provocación, en la aflicción y en la fe, en la verdad, en *la confianza en* las promesas, en la enfermedad, en el abuso, en las heridas, en la tentación, en la desnudez, en la privación, amándoos los unos a los otros, hasta que salgáis de esta era de los males, y os convirtáis en herederos del tiempo infinito.

8 'Benditos sean los justos que escaparán del gran juicio, porque ellos brillarán mucho más que siete veces el Sol, porque en este mundo la séptima parte se toma de todo: luz, oscuridad, alimento, regocijo, tristeza, paraíso, tortura, fuego, escarcha y otras cosas;

Él lo puso todo por escrito, de modo que pudierais leerlo y comprenderlo'.

CAPÍTULO 67

El Señor envió oscuridad sobre la Tierra y cubrió a la gente y a Enoc, y él fue llevado hacia las alturas, y la luz brilló nuevamente en el cielo.

1 Cuando Enoc hubo hablado con su pueblo, el Señor envió oscuridad a la Tierra y allí hubo oscuridad, y cubrió a todos aquellos hombres que estaban con Enoc, y ellos tomaron a Enoc y lo subieron al altísimo cielo, donde está el Señor; y Él lo recibió y lo colocó ante su rostro, y la oscuridad se desvaneció en la Tierra y la luz regresó.

2 Y la gente vio, mas no comprendió cómo se habían llevado a Enoc, y glorificaron a Dios y encontraron un pergamino donde estaba la huella del 'Dios invisible'; y todos regresaron a sus casas.

CAPÍTULO 68

1 Enoc nació en el sexto día del mes de Tesiván, y vivió trescientos sesenta y cinco años.

2 Fue llevado al cielo el primer día del mes Tesiván y permaneció en el cielo sesenta días.

3 Él escribió todas las señales de toda la creación, que el Señor había creado, y escribió trescientos sesenta y seis libros, y se los entregó a sus hijos, y permaneció en la Tierra treinta días, y fue llevado de nuevo al cielo en el sexto día del mes Tesiván, el mismo día a la misma hora que había nacido.

4 La naturaleza de cada hombre en esta vida es oscura, igual que lo son también su concepción, su nacimiento y su partida de esta vida.

5 A la hora que fue concebido, a esa misma hora nació, y murió también a esa misma hora.

6 Matusalén y sus hermanos, todos los hijos de Enoc, se apresuraron y erigieron un altar en el lugar llamado Achuzán, de donde Enoc fue llevado al cielo.

7 Y sacrificaron bueyes, convocaron a todo el pueblo e hicieron sacrificio ante la faz del Señor.

8 Toda la gente, los ancianos del pueblo y toda la asamblea, vinieron al banquete y trajeron ofrendas a los hijos de Enoc.

9 Y celebraron un gran banquete, regocijándose y divirtiéndose durante tres días, alabando a Dios, que les había entregado tal señal a través de Enoc, quien había hallado favor en él, y para que la transmitieran a sus hijos de generación en generación, de era en era.

10 Amén.

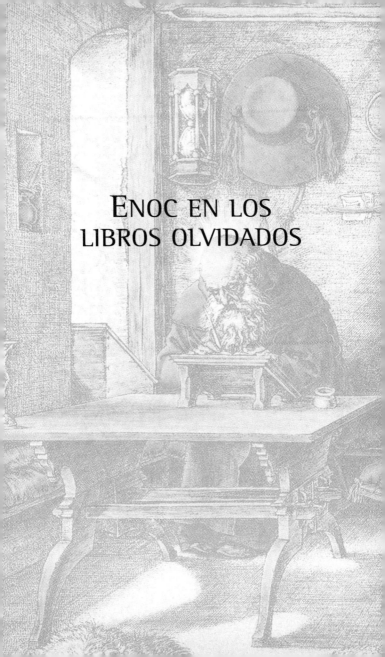

Enoc en los libros olvidados

LA PALOMA ENVIADA DESDE EL ARCA

El Libro de los jubileos
o
El pequeño Génesis
(EXTRACTOS)

Los patriarcas desde Adán hasta Noé; la vida de
Enoc; la muerte de Adán y Caín.

IV, 13 Y en el séptimo jubileo[1], la tercera semana, Enós
tomó a Noam su hermana por esposa, y ella le dio un
hijo el tercer año de la quinta semana, y lo llamó Cainán.

14 Y al concluir el octavo jubileo, Cainán tomó
a su hermana Mualelet por esposa, y le parió un hijo
el noveno jubileo, en la primera semana el tercer año
de esta semana, y lo llamó Mahalalel.

15 Y en la segunda semana del décimo jubileo
Mahalalel tomó por esposa a Diná, hija de Baraquiel,
la hija del hermano de su padre, y ésta le dio un hijo la
tercera semana del sexto año, y le puso por nombre
Jared, pues en su época los ángeles del Señor descendieron a la Tierra, los denominados vigilantes, para instruir a los hijos de los hombres a que llevaran a cabo
juicios y rectitud sobre la Tierra.

---

1. Un jubileo es un período de 49 años. Una semana corresponde a
un «septenio», un período de siete años.

16   Y en el undécimo jubileo, Jared tomó para sí esposa, su nombre era Baraca, hija de Rasuel, hija de un hermano de su padre, en la cuarta semana de este jubileo, y le dio un hijo la quinta semana, el cuarto año del jubileo, y lo llamó Enoc.

17   Fue el primero entre los hombres nacidos en la Tierra que aprendió escritura, conocimiento y sabiduría y que puso por escrito las señales del cielo conforme al orden de sus meses, para que los hombres conocieran las estaciones de los años de acuerdo al orden de sus distintos meses.

18   Y fue el primero en escribir un testimonio, y lo dio a los hijos de los hombres entre las generaciones de la Tierra; y dio a conocer los septenios de los jubileos, y les enseñó los días de los años, y estableció el orden de los meses y relató los sabats de los años tal como nosotros se los dimos a conocer.

19   Y lo que aconteció y acontecerá lo vio en un sueño, tal como sucederá a los hijos de los hombres durante generaciones hasta el día del juicio; lo vio y comprendió todo, y escribió su testimonio, y lo depositó en la Tierra para todos los hijos de los hombres y sus generaciones.

20   Y en el duodécimo jubileo, en el séptimo septenio, tomó para sí esposa, de nombre Edni, hija de Danel, hija del hermano de su padre, y el sexto año de ese septenio le dio un hijo al que llamó Matusalén.

21   Estuvo seis años jubileos con los ángeles de Dios, y estos le enseñaron todo lo que está en la tierra y en los cielos, el dominio del Sol, y lo escribió todo.

22 Y dio testimonio de los vigilantes, que habían pecado con las hijas de los hombres; pues estos habían empezado a unirse con las hijas de los hombres, deshonrándolas, y Enoc testificó contra todos ellos.

23 Y fue sacado de entre los hijos de los hombres, y lo condujimos al Jardín del Edén con majestuosidad y honor, y allí escribió sobre la condenación y el juicio del mundo, y toda la maldad de los hijos de los hombres.

24 Y a causa de ello (Dios) vertió las aguas del diluvio sobre toda la tierra del Edén; porque allí fue colocado como señal para que testificara contra todos los hijos de los hombres, y pudiera relatar todos los actos de las generaciones hasta el día del juicio.

25 Y quemó el incienso del santuario, (incluso) especias dulces, aceptables ante el Señor en el Monte.

26 Pues el Señor tenía cuatro lugares en la Tierra: el Jardín del Edén, y el Monte del Este, y esta montaña donde estáis hoy, el monte Sinaí, y el monte Sión que será santificado en la nueva creación para santificación de la Tierra; mediante él será santificada la Tierra de toda su culpa y su inmundicia por las generaciones del mundo.

27 Y en el decimocuarto jubileo Matusalén tomó esposa, Edna la hija de Azrial, la hija del hermano de su padre, la tercera semana, en el primer año de esta semana, y engendró un hijo y le puso por nombre Lámek.

28 Y en el decimoquinto jubileo en la tercera semana Lámek tomó esposa, de nombre Betenos la hija

de Baraki'il, la hija del hermano de su padre, y esa semana ella le parió un hijo al que llamó Noé, y dijo: «Éste me consolará de mis pesares y todo mi trabajo, y por la tierra que el Señor ha maldecido».

29   Y al concluir el decimonoveno jubileo, la séptima semana del sexto año de aquél, murió Adán, y todos sus hijos lo enterraron en la tierra de su creación, y fue el primero al que se enterró en la Tierra.

30   Y le faltaban setenta años de los mil años; pues mil años son como un día en el testimonio de los cielos, por ello se escribió respecto al árbol del conocimiento: «El día que comáis de él moriréis». Por esta razón no terminó los años de ese día; pues murió durante éste.

31   Al concluir este jubileo Caín fue asesinado después de él el mismo año; porque su casa le cayó encima y murió dentro de ella, lo mataron las piedras de ésta; ya que con una piedra mató a Abel, y una piedra lo mató a él por un juicio justo.

32   Por esa razón se decretó en las tablas celestiales: «Con el instrumento con el que un hombre mata a su prójimo, con éste mismo morirá él; del modo en que él lo hiera, de igual manera se ocuparán de él».

33   Y en el vigésimo quinto jubileo Noé tomó esposa, de nombre Emzara, la hija de Rake'el, hija del hermano de su padre, el primer año en la primera semana: y en el tercer año ella le parió a Sem, el quinto año le parió a Cam, y el primer año en la sexta semana le parió a Jafet.

La Caída de los ángeles y su castigo; la predicción
*   del diluvio.*

V

1 Y aconteció, cuando los hijos de los hombres empezaron a multiplicarse por toda la faz de la Tierra y les nacieron hijas, que los ángeles de Dios las vieron en cierto año de ese jubileo, que eran bellas; y tomaron esposas de todas las que eligieron, y les dieron hijos que eran gigantes.

2 Y la anarquía aumentó en la Tierra y toda la carne se corrompió, por igual hombres, ganado, bestias, pájaros y todo lo que caminaba por la tierra: todos ellos corrompieron sus caminos y sus órdenes, y empezaron a devorarse unos a otros, y la anarquía aumentó en la Tierra y todo lo que imaginaban los pensamientos de los hombres (era) malo de continuo.

3 Y Dios miró a la Tierra, y vio que era corrupta, y que toda la carne había corrompido sus órdenes, y que todos los que estaban en la Tierra habían forjado todo tipo de males ante Su mirada.

4 Y él dijo: «Voy a destruir al hombre y a toda la carne de la faz de la Tierra que he creado».

5 Pero Noé halló gracia a los ojos del Señor.

6 Y estaba en extremo iracundo con los ángeles que había enviado a la Tierra, así que dio la orden de que fueran expulsados de todos sus dominios, y nos pidió que los atáramos a las profundidades de la Tierra, por tanto están atados allí y se les mantiene separados.

7 Así, de Su rostro salió una orden contra los hijos de aquéllos para que fueran heridos con la espada, y removidos de debajo del cielo.

8 Y Él dijo: «Mi espíritu no siempre habitará en el hombre; pues también ellos son carne y sus días serán ciento veinte años».

9 Y Él mandó Su espada a ellos para que pudieran matar a su prójimo, y empezaron a matarse unos a otros hasta que todos cayeron por la espada y de la Tierra fueron destruidos.

10 Y sus padres fueron testigos (de su destrucción), y tras ello fueron atados a las profundidades de la Tierra para siempre, hasta el día de la gran condenación, cuando se ejecuta la sentencia sobre todos aquellos que han corrompido sus caminos y sus obras ante el Señor.

11 Y Él [destruirá] a todos de sus lugares, y no quedará uno de ellos a quien Él [no haya] juzgado según su maldad.

12 Y Él [hará] para todas Sus obras una naturaleza nueva y justa, para que no pequen en su naturaleza jamás, sino que todos sean justos cada uno en su especie siempre.

13 Y el juicio de todos ha sido ordenado y escrito en las tablas celestiales con justicia; incluso (el juicio de) todos los que abandonaron el sendero que se les ordena que recorran; de manera que si no caminan por él, se escribe la sentencia para cada criatura y para cada especie.

14 Y no queda nada en el cielo o en la tierra, o en la luz o las tinieblas, o en el Seol o en el abismo, o en el lugar de las tinieblas (que no es juzgado); y todas sus sentencias son ordenadas y escritas y grabadas.

15 Con respecto a todos Él los juzgará, al grande conforme a su grandeza, al pequeño conforme a su pequeñez, y a cada cual conforme a su camino.

16 Y Él no es el que vaya a mirar a la persona (de nadie) ni Él es el que vaya a recibir regalos, si dice que ejecutará la sentencia sobre cada cual: si uno dio todo lo que está en la Tierra Él no mirará los regalos, ni la persona (ninguna), ni aceptará nada en sus manos, porque Él es un juez justo.

17 Y de los hijos de Israel se escribió y ordenó: si recurren a Él con justicia, Él perdonará todas sus transgresiones y perdonará todos sus pecados.

18 Está escrito y ordenado que Él mostrará misericordia a todos quienes abandonen su culpa una vez cada año.[2]

19 Y de todos aquéllos que corrompieron sus caminos y sus pensamientos antes del diluvio, ninguna persona fue aceptada salvo Noé únicamente, pues se aceptó su persona por el bien de sus hijos, a quienes (Dios) salvó de las aguas del diluvio por causa de él: ya que su corazón fue justo en todos sus caminos, según fue ordenado respecto a él, y no se apartó de nada que se le ordenase.

---

2. Levítico 16; Hebreos 9:7.

20 Y el Señor dijo que destruiría todo lo que estaba
sobre la tierra, hombres, ganado, bestias, aves del cielo,
y lo que se mueve en la tierra. [En el resto del capítulo
V, Noé construye un arca y sobrevive al gran diluvio.]

Noé ofrece sacrificio; la maldición de Canaán:
    los hijos y nietos de Noé y sus ciudades.
    Advertencias de Noé.

VII

1 Y en la séptima semana, el primer año de aquella, en este jubileo, Noé plantó vides en la montaña en
la que había yacido el arca, Lubar, uno de los montes
Ararat, y dieron fruto el cuarto año, y vigiló el fruto, y
lo reunió en ese año, en el séptimo mes.

2 De él hizo vino y lo puso en un recipiente, y lo
mantuvo hasta el quinto año, hasta el primer día, en la
luna nueva del primer mes.

3 Y celebró con alegría el día de esa festividad, y
realizó un sacrificio en el fuego para el Señor, un becerro y un carnero, y siete ovejas, de un año de edad
cada una, y una cría de cabra, para que pudiera con ella
expiar por él y sus hijos.

4 Preparó primero la cría, y colocó un poco de su
sangre sobre la carne que estaba en el altar que él había
hecho, y depositó toda la grasa en el altar donde realizó
el sacrificio con fuego, y el becerro y el carnero y las
ovejas, depositó toda su carne sobre el altar.

5 Colocó todas sus ofrendas mezcladas con aceite
por encima, y luego roció vino al fuego que previa-

mente había hecho sobre el altar, y colocó incienso sobre el altar e hizo despedir un dulce olor aceptable ante el Señor su Dios.

6 Y se alegró y bebió de ese vino, él y sus hijos con alegría.

7 Era de noche, y se fue a su tienda, y puesto que estaba bebido se acostó y durmió destapado en su tienda mientras dormía.

8 Y Cam vio a su padre Noé desnudo, y salió a decírselo a sus dos hermanos.

9 Sem tomó su ropa y se levantaron, él y Jafet, y se echaron la ropa a los hombros y regresaron para cubrir las vergüenzas de su padre, y voltearon el rostro.

10 Noé se despertó de su sueño y descubrió todo lo que su hijo menor le había hecho, y maldijo a su hijo diciendo: «Maldito sea Canaán; será un sirviente esclavo para sus hermanos».

11 Y bendijo a Sem diciendo: «Bendito sea el Señor Dios de Sem, y Canaán será su sirviente.

12 »Dios engrandecerá a Jafet, y Dios habitará en la morada de Sem, y Canaán será su sirviente.»

13 Y Cam supo que su padre había maldecido a su hermano menor, y le desagradó que hubiera maldecido a su hermano, así que se alejó de su padre, él y sus hijos con él, Cus y Mizraim y Fut y Canaán.

14 Y se construyó para sí una ciudad, y le puso por nombre el de su esposa Nahlatmehoc.

15 Jafet lo vio y tuvo envidia de su hermano, de modo que también se construyó una ciudad para sí, y le puso el nombre de su esposa Adataneses.

16 Y Sem habitó con su padre Noé, y construyó una ciudad cerca de su padre en la montaña, y también le puso el nombre de su esposa Sedacatlebab.

17 Resultó que las tres ciudades estaban cerca del monte Lubar; Sedacatlebab frente al monte en su vertiente oriental; y Nahlatmehoc al sur; Adataneses hacia el oeste.

18 Y estos son los hijos de Sem: Elam, Asur y Arfaxad —este (hijo) nació dos años después del diluvio— y Lud, y Aram.

19 Los hijos de Jafet: Gomer, Magog, Madai, Javán, Tubal, Mesec y Tirás; estos son los hijos de Noé.

20 Y en el vigésimo octavo jubileo Noé comenzó a imponer a los hijos de sus hijos las ordenanzas y mandamientos, y todas las sentencias que conocía, y exhortó a sus hijos a cumplir la justicia, y a cubrir las vergüenzas de su carne, y a bendecir a su Creador, y a honrar a padre y madre, y amar al prójimo, y a preservar a sus almas de la fornicación, la impureza y de toda iniquidad.

21 Debido a estas tres cosas llegó el diluvio a la Tierra, es decir, debido a la fornicación por la cual los vigilantes, en contra de la ley de sus decretos, se prostituyeron yendo tras las hijas de los hombres, y tomaron por esposas a todas las que eligieron: y allí se inició la impureza.

22 Engendraron hijos los Nafidím[3], y todos eran diferentes[4], y se devoraron unos a otros: y los Gigantes

---

3. Es decir, los Nefilim.
4. Probablemente el texto se ha modificado.

asesinaron a los Nafil, y los Nafil mataron a los Eljo, y los Eljo a la humanidad, y los hombres, se mataron entre sí.

23 Y cada uno se vendió a sí mismo para manifestar iniquidad y derramar mucha sangre, y la Tierra quedó llena de iniquidad.

24 Después de ello, pecaron contra las bestias y los pájaros, y contra todo lo que andaba por la tierra: y se derramó mucha sangre en la Tierra, y la imaginación y el deseo de los hombres fraguaban de continuo vanidad y maldad.

25 Así, el Señor lo destruyó todo de la faz de la Tierra, a causa de la maldad de sus actos; y a causa de la sangre que habían vertido sobre la Tierra Él lo destruyó todo.

26 Y quedamos nosotros, vosotros, mis hijos, y yo[5], y todo lo que cupo en el arca, y he aquí que veo vuestras obras ante mis ojos y que no andáis por caminos de justicia: pues habéis empezado a caminar por el camino de la destrucción, y os estáis alejando unos de otros, y os envidiáis, y (resulta) que no estáis en armonía, hijos míos, cada uno con su hermano.

27 Pues veo y contemplo los demonios que han empezado a seduciros a vosotros y a vuestros hijos, y ahora temo por vosotros, que después de mi muerte

---

5. Desde este verso hasta el final del capítulo, Noé habla en primera persona. Este apartado podría ser un fragmento del Libro de Noé, extraviado.

derraméis la sangre de los hombres por la tierra, y que también vosotros seáis destruidos de la faz de la Tierra.

28 Porque el que derrame la sangre del hombre y el que coma la sangre de cualquier carne, será destruido de la Tierra.

29 y no quedará ningún hombre que coma sangre.

O que vierta la sangre del hombre en la Tierra,
ni tampoco le quedará progenie ni descendientes
vivos bajo el cielo;
pues al Seol irán,
y al lugar de la condena descenderán.
Y a las tinieblas del abismo serán retirados por
una muerte violenta.

30 No se verá sangre en vosotros de toda la sangre que habrá todos los días en que hayáis matado bestias, ganado o lo que sea que vuele sobre la Tierra, y hacedle una buena obra a vuestra alma cubriendo lo que se ha derramado sobre la faz de la Tierra.

31 No seáis como aquél que comió con sangre, sino vigilad que nadie coma sangre ante vosotros: cubrid la sangre, pues eso se me ha encomendado que testimonie a vosotros y a vuestros hijos, junto con toda la carne.

32 Y que no sufra el alma el ser devorada por la carne, que vuestra sangre, que es vuestra vida, no sea solicitada por mano de ninguna carne que (la) derramase sobre la tierra.

33 Pues la Tierra no quedará limpia de la sangre que ha sido vertida sobre ella; pues (sólo) mediante la sangre de aquél que la derramó será purificada la Tierra por todas las generaciones.

34 Y ahora, hijos míos, escuchad: realizad el juicio y la justicia para que seáis colocados con justicia sobre la faz de la Tierra entera, y vuestra gloria sea elevada ante mi Dios, quien me salvó de las aguas del diluvio.

35 Así, saldréis y os erigiréis ciudades, y sembraréis en ellas todas las plantas que están en la Tierra, y también todos los árboles frutales.

36 Durante tres años no se recogerá fruto de nada que se coma: y en el cuarto año su fruto se considerará sagrado y ofrecerán los primeros frutos, aceptables ante el Altísimo, que creó el cielo y la tierra y todas las cosas. Dejad que ofrezcan en abundancia los primeros vinos y aceites como primeros frutos en el altar del Señor, que lo recibió, y dejad que los sirvientes de la casa del Señor coman lo que quede ante el altar que lo recibió.

37 Y en el quinto año [se interrumpe el texto]

.   .   .   .   .   .

entregadlo para que lo hagáis con justicia y rectitud, y seréis justos, y todo lo que plantéis fructificará.

38 Pues así Enoc, el padre de vuestro padre, ordenó a Matusalén, su hijo, y Matusalén a su hijo Lámek, y Lámek me ordenó a mí todo lo que sus padres le ordenaron.

39 Y también yo os daré mandamientos, hijos míos, tal como Enoc ordenó a su hijo en los primeros jubileos: mientras vivía todavía, el séptimo en su generación, ordenó y testimonió a su hijo y a los hijos de sus hijos hasta el día de su muerte […]

Los espíritus malvados llevan a los hijos de Noé por mal camino; oración de Noé; Mastema; muerte de Noé.

X

1 En la tercera semana de este jubileo los demonios inmundos empezaron a llevar a los hijos de Noé por mal camino, y a hacerlos errar y a destruirlos.

2 Y los hijos de Noé acudieron a Noé su padre, y le contaron acerca de los demonios que estaban llevando por mal camino y cegando y aniquilando a los hijos de sus hijos.

3 Y oró ante el Señor su Dios, y dijo:
«Dios de los espíritus de toda carne,
    que has tenido misericordia conmigo,
y me has salvado a mí y a mis hijos
    de las aguas del diluvio,
y no has hecho que perezca como hiciste
    con los hijos de la perdición;

pues tu gracia ha sido grande para conmigo,
y grande ha sido tu misericordia con mi alma;

haz que tu gracia se deposite sobre mis hijos,
y que los espíritus malévolos no les gobiernen
no sea que les destruyan de la Tierra.

4 »Más bien bendíceme a mí y bendice a mis hijos, para que podamos aumentar y multiplicarnos y volver a llenar la Tierra.

5 »Tú sabes cómo actuaron en mis días tus vigilantes de esos espíritus: respecto a estos que están vivos, encarcélalos y retenlos en el lugar de la condenación,

y no permitas que lleven destrucción a los hijos de tu siervo, Dios mío; pues ellos son malvados, y creados con el fin de destruir.

6 »Y no permitas que gobiernen los espíritus de los vivos; porque Tú solo puedes ejercer potestad sobre ellos. Y no permitas que tengan poder sobre los hijos de los justos de aquí en adelante».

7 Y el Señor nuestro Dios nos mandó atarlos a todos.

8 Y el jefe de los espíritus, Mastema[6], vino y dijo: «Dios, Creador, deja que algunos de ellos queden ante mí, y deja que escuchen mi voz, y haz todo lo que les diré; pues si alguno no se quedan conmigo, no voy a poder ejecutar el poder de mi voluntad sobre los hijos de los hombres; ya que por corrupción y llevar por el mal camino es que están sometidos a mi juicio, pues grande es la maldad de los hijos de los hombres».

9 Y Él dijo: «Que una décima parte se quede con él, y las nueve partes desciendan al lugar de la condenación».

10 Y uno de nosotros[7] Él ordenó que le enseñase a Noé todas sus medicinas; pues Él sabía que no caminarían con rectitud, ni se esforzarían con justicia.

---

6. La palabra aparentemente *mastim*, «ser contrario», «hostil»; el sustantivo hebreo *mastema*, que equivale a «animosidad», en Oseas 9:7–8. Así pues, la palabra equivale a Satanás («adversario»). Como nombre propio queda prácticamente confinado a la literatura de los jubileos. Los espíritus malvados, guiados por Mastema, tientan, acusan y destruyen a los hombres.
7. Se refiere aquí al ángel Rafael, tal como se indica en el Libro hebreo de Noé.

11 Y lo hicimos conforme a Sus palabras: a todos los seres malvados los encarcelamos en el lugar de la condena, y dejamos una décima parte de ellos para que pudieran quedar sometidos a Satanás en la Tierra.

12 Y le explicamos a Noé todas las medicinas de sus enfermedades, junto con sus engaños, cómo podía curarlas con hierbas de la Tierra.

13 Y Noé tomó nota de todo ello en un libro mientras le instruíamos acerca de cada clase de medicina. Así, a los malos espíritus se les impidió (dañar) a los hijos de Noé.

14 Le dio todo lo que había escrito a Sem, su hijo mayor; pues lo amaba sobremanera más que a sus hijos.

15 Y Noé durmió con sus padres, y fue enterrado en el monte Lubar en la tierra de Ararat.

16 Cumplió novecientos cincuenta años de su vida, diecinueve jubileos y dos semanas y cinco años.

17 En su vida en la Tierra aventajó a los hijos de los hombres salvo a Enoc, a causa de la justicia, respecto a la cual era perfecto. Porque el cargo de Enoc fue decretado para testimonio a las generaciones del mundo, de modo que relatara todos los actos de generación en generación, hasta el día del juicio.

LOS TESTAMENTOS DE LOS DOCE PATRIARCAS
(EXTRACTOS)

TESTAMENTO DE RUBÉN
El primogénito de Jacob y Lea.

CAPÍTULO 2

Rubén continúa con sus experiencias y sus buenos consejos.

1 Así pues, hijos míos, no prestéis atención a la belleza de las mujeres, ni pongáis la mente en sus asuntos, sino andad con un corazón sincero, temeroso del Señor, y dedicad esfuerzos a las buenas obras, al estudio y a vuestros rebaños, hasta que el Señor os dé esposa, que os dará, para que no sufráis como yo sufrí.

2 Pues hasta la muerte de mi padre no me atreví a mirarle a la cara, o a hablar a ninguno de mis hermanos, por miedo a su reproche.

3 Incluso hasta ahora mi conciencia me provoca angustia a causa de mi impiedad.

4 Pese a todo, mi padre me dio gran consuelo, y rezó por mí al Señor, para que la ira del Señor me fuera evitada, como el Señor me mostró.

5 Desde entonces hasta ahora me he mantenido vigilante y no he pecado.

6 Por tanto, hijos míos, os digo, cumplid lo que os ordeno y no pecaréis. […]

17 Huid, pues, de la fornicación, hijos míos, y mandad a vuestras esposas e hijas que no adornen su cabeza y rostros para engañar a la mente: porque toda mujer que se valga de esos ardides se reserva un castigo eterno.

18 Así sedujeron a los vigilantes antes del diluvio; ya que al contemplarlas continuamente las desearon, y concibieron el acto en su mente; cambiaron su cuerpo por el de los hombres y se les aparecieron ellas cuando estaban con sus esposos.

19 Y las mujeres, deseando esos cuerpos en su mente, parieron gigantes, pues los vigilantes se les aparecieron llegando hasta el cielo.

TESTAMENTO DE SIMEÓN
El segundo hijo de Jacob y Lea.

CAPÍTULO 2

11 Y ahora, hijos míos, haced que vuestros corazones sean buenos ante el Señor, y vuestros caminos rectos ante los hombres, y hallaréis gracia ante el Señor y los hombres.

12 Guardaos, pues, de la fornicación, pues ésta es la madre de todos los males, y os aparta de Dios y acerca a Beliar.

13 Porque he visto en los escritos de Enoc que vuestros hijos se corromperán con la fornicación, y lastimarán a los hijos de Leví con la espada.

14 Mas no podrán oponerse a Leví, porque él librará la guerra del Señor, y conquistará a todos vuestros ejércitos.

15 Serán unos pocos, divididos entre Leví y Judá, y ninguno de vosotros será soberano, como así profetizó nuestro padre en sus bendiciones.

TESTAMENTO DE LEVÍ
El tercer hijo de Jacob y Lea.

CAPÍTULO 3

43 Así pues, hijos, cumplid lo que os ordeno; porque lo que he oído decir a mis padres os he declarado.

44 Observad que estoy limpio de vuestra impiedad y transgresión, que cometeréis al final de los tiempos contra el Salvador del mundo, Cristo, actuando impíamente, engañando a Israel, y excitando contra ella grandes males desde el Señor.

45 Y actuaréis tan impíamente con Israel, que Él no será indulgente con Jerusalén debido a vuestra maldad; el velo del templo se rasgará para no cubrir vuestro oprobio.

46 Seréis dispersados cual cautivos entre los gentiles, y se os impondrán reproches y maldiciones allí.

47 Pues la casa que el Señor elegirá se llamará Jerusalén, como consta en el Libro de Enoc el justo.

TESTAMENTO DE DAN
El séptimo hijo de Jacob y Bilá.

CAPÍTULO 2

Profecía de los pecados, el cautiverio, las plagas y la devolución final de la nación.

1 Cumplid, por tanto, hijos míos, los mandamientos del Señor, y guardad su ley; apartaos de la ira y odiad la mentira, para que el Señor pueda habitar entre vosotros, y Beliar huya de vosotros.

2 Que cada uno diga la verdad a su prójimo. Así no caeréis en la ira y la confusión, sino que estaréis en paz y tendréis al Dios de la paz, para que no triunfe sobre vosotros ninguna guerra.

3 Amad al Señor toda la vida, y amaos unos a otros con un corazón sincero.

4 Sé que en los días postreros os apartaréis del Señor y provocaréis la ira de Leví, y lucharéis contra Judá, mas no triunfaréis, pues un ángel del Señor los guiará a ambos; y gracias a ellos Israel resistirá.

5 Y cuando os apartéis del Señor, caminaréis por la senda del mal y obraréis las abominaciones de los gentiles, fornicando con las mujeres de los anárquicos, mientras los espíritus del mal obran con total maldad en vosotros.

6 Pues he leído en el Libro de Enoc, el justo, que vuestro príncipe es Satanás, y que todos los espíritus del mal y el orgullo conspirarán para acompañar constantemente a los hijos de Leví, para hacer que pequen ante el Señor.

7 Mis hijos se acercarán a Leví, y pecarán con ellos en todas las cosas; y los hijos de Judá tendrán codicia, saquearán los bienes de otros hombres como leones.

8 Por ello, se os mandará con ellos en cautividad, y allí recibiréis todas las plagas de Egipto, y todos los males de los gentiles.

9 De modo que cuando regreséis al Señor obtendréis misericordia, y Él os llevará a Su santuario, y os dará paz.

10 Y surgirá de la tribu de Judá y de Leví la salvación del Señor; y él entablará la guerra contra Beliar.

11 Y ejecutará una venganza sempiterna sobre nuestros enemigos; y quitará de Beliar la cautividad de las almas de los santos, y retornará al Señor los corazones desobedientes, y dará a los que le invoquen paz eterna.

12 Y los santos descansarán en el Edén, y en la Nueva Jerusalén los justos se regocijarán, y estará para la gloria de Dios por siempre.

13 Jerusalén ya no volverá a soportar desolación, ni Israel quedará cautiva; porque el Señor estará en medio de ella [viviendo entre los hombres], y el Santo de Israel reinará en ella con humildad y pobreza; y aquél que crea en Él reinará entre los hombres en verdad.

TESTAMENTO DE NAFTALÍ

El octavo hijo de Jacob y Bilá.

CAPÍTULO 1

21 Así pues, hijos míos, que vuestras obras se realicen en orden y con buenas intenciones, temerosos de Dios, y no hagáis nada sin orden, con desprecio o fuera del tiempo que le corresponda.

22 Porque si ordenas a tu ojo que oiga, no puede; así tampoco puedes hacer las obras de la luz mientras estás en las tinieblas.

23 No tengáis prisa por corromper vuestros actos con la codicia ni para seducir a vuestra alma con palabras vanas; porque si guardáis silencio con un corazón puro, entenderéis cómo mantener con firmeza la voluntad de Dios, y a abandonar la de Beliar.

24 El Sol, la Luna y las estrellas no cambian su orden; así que tampoco vosotros cambiáis la ley de Dios con el desorden de vuestros actos.

25 Los gentiles fueron por mal camino, y abandonaron al Señor, y cambiaron su orden, obedeciendo a tronos y piedras, a los espíritus del engaño.

26 Mas vosotros no seréis así, hijos míos, pues reconocéis en el firmamento, en la Tierra, en el mar y en todo lo creado al Señor que hizo todas las cosas, para que no seáis como Sodoma, que transformó el orden de la naturaleza.

27 De igual modo los vigilantes cambiaron también el orden de su naturaleza, a quienes el Señor maldijo con el diluvio, y por cuya causa Él creó la Tierra sin habitantes ni fruto.

28 Os digo estas cosas, hijos míos, porque he leído en los escritos de Enoc que abandonaréis al Señor, e iréis a la zaga de la anarquía de los gentiles, y actuaréis conforme a toda la maldad de Sodoma.

29 El Señor ordenará cautiverio para vosotros, y allí serviréis a vuestros enemigos, y allí seréis doblegados con sufrimientos y tribulaciones, hasta que el Señor acabe con todos vosotros.

30 Una vez que os haya disminuido y quedéis unos pocos, que regreséis y reconozcáis al Señor vuestro Dios, Él os devolverá a vuestra tierra, según Su gran misericordia.

31 Y acontecerá que, después de haber vuelto a la tierra de sus padres, olvidarán de nuevo al Señor y se tornarán impíos.

32 Y el Señor los diseminará por la faz de la Tierra, hasta que llegue la compasión del Señor, un hombre que obrará justicia y misericordia para con todos aquellos que están lejos, y para con los que están cerca.

EL TESTAMENTO DE BENJAMÍN
El duodécimo hijo de Jacob y Raquel.

CAPÍTULO 2

4 Creo, por las palabras de Enoc el justo, que también habrá entre vosotros malos actos: que cometeréis fornicación como hiciera Sodoma, y pereceréis, todos salvo unos pocos, y volveréis a cometer actos lascivos con las mujeres; y el reino del Señor no estará entre vosotros, porque inmediatamente lo quitará.

5 No obstante, el templo de Dios estará en vuestra parte, y el último templo será más glorioso que el primero.

6 Las doce tribus se reunirán allí, y todos los gentiles, hasta que el Altísimo envíe Su salvación con la visitación de un profeta unigénito.

7 Él entrará en el primer templo, y allí el Señor será ultrajado, y lo levantarán en un árbol.

8 El velo del templo será rasgado, y el Espíritu de Dios pasará a los gentiles como fuego esparcido.

9 Él ascenderá desde el Hades y pasará de la Tierra al cielo.

10 Me consta lo humilde que será en la Tierra, y lo glorioso, en el cielo.

ACERCA DE LAS BUENAS NUEVAS DE SET, A LAS QUE DEBEMOS PRESTAR OÍDOS

Y el Señor tuvo compasión de Adán, y le envió a su ángel para decirle: «Conoce a tu esposa para que puedas tener a un hijo en el lugar de Abel».

Adán dijo: «No puedo conocer a mi esposa, pues lo hice dos veces, y fue un castigo mayor que mi expulsión del Jardín. Porque mientras veo a Abel cubierto de sangre mi corazón se aflige y me hiere; y cuando me volteo y veo el castigo a Caín, me sobrecoge el llanto. Si conozco a mi esposa, podría ser la causa de más pesar y aflicción».

El ángel dijo: «No temas, Adán; porque Dios te dará un hijo y le llamarás Set, que se interpreta como 'consuelo'. Será la simiente bendecida, y el jefe de los patriarcas, y será tu consuelo, pues tanto más será el consuelo que te proporcionará Set cuanto que grande ha sido el pesar que te ha causado la maldad de Caín. Y tu descendencia y la descendencia de Set se multiplicarán, y el mundo será llenado con ellas. Mas no permitas que la progenie de Set, o la de otros de tus hijos se mezcle con la de la generación de Caín; porque si se mezclan con esa generación, tus hijos buenos se volverán malvados, de manera que todos serán castigados juntos».

Cuando el ángel dio a Adán la buena nueva acerca de Set, no tenía otro hijo de la progenie de Caín. Cuando nació Set, había trescientas noventa mujeres y veinticuatro hombres. Caín, treinta años después de casarse, asesinó a Abel, quien se habría casado el mismo año; pero eso no ocurrió, así que pasó a ser un mártir virgen. Al nacer Set y otros de sus hermanos, sus padres recibieron consuelo gracias a él, de acuerdo a las nuevas del ángel. De modo que los descendientes de Set y de sus hermanos se multiplicaron, pero ahuyentaron a los descendientes de Caín y no se mezclaron con ellos, y vivieron virtuosamente.

El hijo de Set, Enoc, el buen fruto, le preguntó a su padre: «¿Por qué Adán, nuestro abuelo, está apenado?».

Set respondió: «Está apenado por haber probado el fruto, razón por la cual fue expulsado del Jardín».

Y Enoc le dijo a su padre: «La deuda del padre debe pagarla el hijo».

Por eso Enoc no se casó. Plantó un viñedo. Era un viñedo grande, repleto de cosas buenas, y lo labró durante sesenta y cuatro años. Todo hombre probó sus frutos, pero él, Enoc, no probó nada. Llevaba en la cabeza un casco de hierro, para no tener que mirar hacia arriba a los frutos de los árboles; y durante sesenta y cuatro años fue un viñador, mas él no comió nada de la viña. Y Dios mandó a Sus ángeles, y éstos le llevaron arriba en su cuerpo y le colocaron en el Paraíso, donde está hasta el día de hoy.

Y cuando los otros hijos de Set y Adán vieron que Enoc, a causa de su pureza y ayuno era llevado al Paraíso, muchos de ellos partieron y se retiraron a las montañas, y se dedicaron a la pureza y a la mortificación.

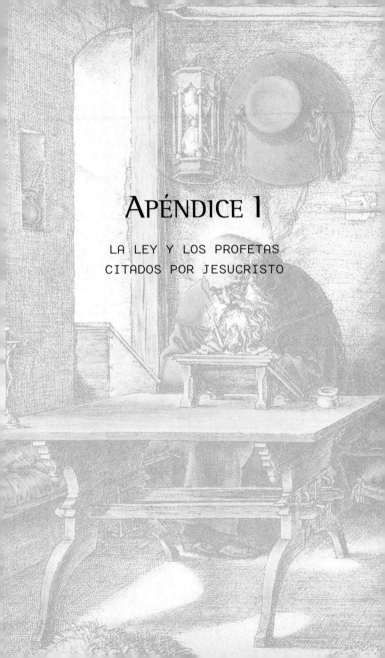

Apéndice 1

LA LEY Y LOS PROFETAS
CITADOS POR JESUCRISTO

LA LEY Y LOS PROFETAS
CITADOS POR JESUCRISTO

EVANGELIOS	ANTIGUO TESTAMENTO
Mateo 4:4	Deuteronomio 8:3
4:7	Deuteronomio 6:16
4:10	Deuteronomio 6:13; 10:20
5:21	Éxodo 20:13; Deuteronomio 5:17
5:27	Éxodo 20:14; Deuteronomio 5:18
5:31	Deuteronomio 24:1, 3
5:33	Levítico 19:12; Números 30:12; Deuteronomio 23:21
5:38	Éxodo 21:24
5:43	Levítico 19:16–18
9:13; 12:7	Oseas 6:6
10:35	Miqueas 7:6
11:10	Isaías 40:3; Malaquías 3:1
12:3–5	1 Samuel 21:1–6
12:40–41	Jonás 1:17; 1:2; 3:5
13:14	Isaías 6:9–10

EVANGELIOS	ANTIGUO TESTAMENTO
15:4	Éxodo 20:12; Deuteronomio 5:16; Éxodo 21:17; Levítico 20:9
15:7–9	Isaías 29:13
19:4–5	Génesis 1:27; 5:2; 2:24
19:8	Deuteronomio 24:1–4
19:18–19	Éxodo 20:13–16; Deuteronomio 5:17–20; Éxodo 20:12; Levítico 19:18
21:13	Isaías 56:7; Jeremías 7:11
21:16	Salmos 8:2
21:42	Salmos 118:22–23
22:32	Éxodo 3:6
22:37	Deuteronomio 6:5
22:39	Levítico 19:18
24:29	Isaías 13:9–10; Joel 2:31; 3:15
24:37–39	Génesis 6:5; 7:6–23
27:46	Salmos 22:1
Marcos 2:25–26	1 Samuel 21:1–6
2:27	Éxodo 23:12; Deuteronomio 5:14
7:6–8	Isaías 29:13
7:10	Éxodo 20:12; Deuteronomio 5:16; Éxodo 21:17
8:18	Ezequiel 12:2
9:12–13	Isaías 53; Malaquías 4:5–6
9:44, 46, 48	Isaías 66:24
10:6, 7	Génesis 1:27; 5:2; 2:24
10:19	Éxodo 20:12–16; Deuteronomio 5:16–20

EVANGELIOS	ANTIGUO TESTAMENTO
11:17	Isaías 56:7; Jer. 7:11
12:10–11	Salmos 118:22–23
12:26	Éxodo 3:6
12:29–31	Deuteronomio 6:4–5; Levítico 19:18
12:36	Salmos 110:1
13:14	Daniel 9:27; 11:31; 12:11
13:24–25	Isaías 13:10; 34:4
14:62	Salmos 110:1
15:34	Salmos 22:1
Lucas 4:4	Deuteronomio 8:3
4:8	Deuteronomio 6:13; 10:20
4:12	Deuteronomio 6:16
4:18–19	Isaías. 61:1–2
4:25–26	1 Reyes 17:8–24
4:27	2 Reyes 5:1–14
6:3	1 Samuel 21:1–6
7:22	Isaías 61:1
12:53	Miqueas 7:6
17:26–27	Génesis 6
17:28	Génesis 19
18:20	Éxodo 20:12–16; Deuteronomio 5:16–20
20:17	Salmos 118:22
20:37	Éxodo 3:6
20:42–43	Salmos 110:1
22:37	Isaías 53:12
23:30	Oseas 10:8

EVANGELIOS		ANTIGUO TESTAMENTO
Juan	3:14	Números 21:5–9
	4:37	Job 31:8
	6:45	Isaías 54:13
	7:22	Génesis 17:10; 21:4
	8:17	Deuteronomio 19:15; 17:6
	10:34	Salmos 82:6
	13:18	Salmos 41:9
	15:25	Salmos 35:19; 69:4

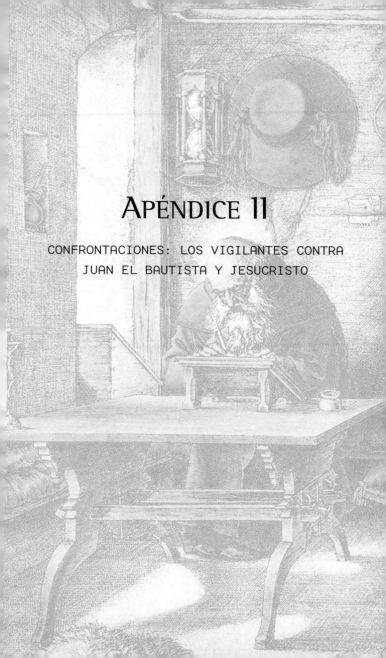

APÉNDICE 11

CONFRONTACIONES: LOS VIGILANTES CONTRA
JUAN EL BAUTISTA Y JESUCRISTO

Confrontaciones: los vigilantes contra Juan el Bautista y Jesucristo

1. Juan repudia a los fariseos y saduceos que vienen a su bautismo (Mateo 3:1–12; Lucas 3:1–18).
2. Juan da testimonio del único Hijo engendrado ante sacerdotes y levitas de Jerusalén (Juan 1:19–34).
3. Jesús corre a los cambistas del templo (Juan 2:13–25).
4. Jesús predica en la sinagoga leyendo a Isaías (Lucas 4:16–30).
5. Jesús reta a los escribas y fariseos que dicen entre sí: «Este hombre dice blasfemias» (Mateo 9:2–8; Marcos 2:1–12; Lucas 5:17–26).
6. Jesús reprende a los escribas y fariseos que cuestionan que coma con publicanos y pecadores (Mateo 9:10–17; Marcos 2:15–22; Lucas 5:29–39).
7. Jesús responde a los judíos que lo persiguen por curar a un hombre impotente en Betesda en sábado (Juan 5:1–47).
8. Los discípulos arrancan espigas en sábado y Jesús reprueba a los fariseos que, en consecuencia, le cuestionan (Mateo 12:1–14; Marcos 2:23–3:6; Lucas 6:1–11).
9. Jesús repudia a los escribas y fariseos que lo acusan de expulsar a los demonios de Beelzebul (Mateo 12:22–37; Marcos 3:22–30; Lucas 11:14–26).
10. Encuentro de Jesús con una «generación malvada» que buscaba una señal (Mateo 12:38–45; Lucas 11:16, 29:36).

11. En una sinagoga de Cafarnaúm, Jesús reprueba a los judíos y a muchos discípulos que murmuran porque no creen cuando dijo «[…] El que come mi carne y bebe mi sangre tiene vida eterna […]» (Juan 6:22–7:1).

12. Los mandamientos de Dios contra la tradición del hombre: Jesús repudia a los escribas y fariseos de Jerusalén y convoca a la multitud a que comprenda (Mateo 15:1–20; Marcos 7:1–23).

13. Jesús repudia a los fariseos y a los saduceos que lo tientan buscando una señal (Mateo 15:39–16:4; Marcos 8:9–12).

14. Jesús enseña en el templo de Jerusalén hablando firmemente y profetizando al Espíritu; los fariseos y sumos sacerdotes envían guardias a prenderlo (Juan 7).

15. Jesús enfrenta a los escribas y fariseos que acusan a una mujer adúltera (Juan 8:1–11).

16. Conflicto central entre Jesús y los fariseos: origen de Cristo (Juan 8:12–59).

17. Jesús sana a un ciego en sábado y afirma que es Hijo divino ante los fariseos; el buen Pastor (Juan 9; 10:1–21).

18. Jesús responde el testimonio de un legista; el buen samaritano (Lucas 10:25–37).

19. ¡Ay de los escribas y fariseos por su hipocresía y de los legistas por haberse llevado la llave de la ciencia! (Lucas 11:37–54).

20. Jesús libera a una mujer de su enfermedad un sábado enfrentándose al jefe de la sinagoga (Lucas 13:10–17).

21. Jesús envía a los fariseos a dar testimonio a «ese zorro», Herodes (Lucas 13:31–35).

22. Jesús responde a los fariseos que lo ponen a prueba con respecto al divorcio (Mateo 19:3–12; Marcos 10:2–12).

23. Jesús da testimonio de ser uno con el Padre a los judíos, «que no son de sus ovejas», y que lo rodean para apedrearlo (Juan 10:22–42).

24. Jesús repudia a los codiciosos fariseos (Lucas 16:14–18).

25. Jesús responde a los fariseos cuándo llegará el reino de Dios (Lucas 17:20, 21).

26. Entrada triunfal en Jerusalén: Jesús responde a los fariseos que dicen «Maestro, reprende a tus discípulos» (Lucas 19:29–44).

27. Nuevamente Jesús expulsa a los cambistas del templo y responde a los sumos pontífices y escribas que cuestionan el grito de los niños «¡Hossana al hijo de David!» (Mateo 21:12–17; Marcos 11:15–19; Lucas 19:45–48).

28. Jesús confunde a los sumos sacerdotes y ancianos del pueblo que cuestionan su autoridad (Mateo 21:23–46; 22:1–14; Marcos 11:27–33; 12:1–12; Lucas 20:1–19).

29. Jesús refuta a los fariseos que preguntan si es lícito el tributo al César (Mateo 22:15–22; Marcos 12:13–17; Lucas 20:20–26).

30. Jesús acalla a los saduceos que dicen que no hay resurrección (Mateo 22:23–33; Marcos 12:18–27; Lucas 20:27–40).

31. Jesús responde al legista que lo prueba con relación al mandamiento mayor de la ley (Mateo 22:34–40; Marcos 12:28–34).

32. Jesús acalla a los fariseos al preguntarles: «¿Qué pensáis acerca del Cristo? ¿De quién es hijo?» (Mateo 22:41–46; Marcos 12:35–37; Lucas 20:41–44).

33. Jesús enuncia siete maldiciones sobre los escribas y los fariseos (Mateo 23:13–39).

34. Jesús reprueba a los sumos sacerdotes y ancianos del pueblo que vienen a arrestarlo (Mateo 26:47–56; Marcos 14:43–52; Lucas 22:47–53; Juan 18:2–12).

35. Jesús frente a Caifás, el sumo sacerdote (Juan 18:13–24; Mateo 26:59–68; Marcos 14:55–65; Lucas 22:66–71).

36. Jesús ante Poncio Pilato, el gobernador (Mateo 27:2, 11–31; Marcos 15:1–20; Lucas 23:1–5, 13–25; Juan 18:28–19:16).

37. Jesús ante Herodes: nada responde (Lucas 23:6–12).

El quinto ángel tocó la trompeta, y vi una estrella que cayó del cielo a la tierra; y se le dio la llave del pozo del abismo.

Y abrió el pozo del abismo, y subió humo del pozo como humo de un gran horno; y se oscureció el sol y el aire por el humo del pozo.

Y del humo salieron langostas sobre la tierra; y se les dio poder, como tienen poder los escorpiones de la tierra.

Y se les mandó que no dañasen a la hierba de la tierra, ni a cosa verde alguna, ni a ningún árbol, sino solamente a los hombres que no tuviesen el sello de Dios en sus frentes.

Y les fue dado, no que los matasen, sino que los atormentasen cinco meses; y su tormento era como tormento de escorpión cuando hiere al hombre.

Y en aquellos días los hombres buscarán la muerte, pero no la hallarán; y ansiarán morir, pero la muerte huirá de ellos.

El aspecto de las langostas era semejante a caballos preparados para la guerra; en las cabezas tenían como coronas de oro; sus caras eran como caras humanas; tenían cabello como cabello de mujer; sus dientes eran como de leones; tenían corazas como corazas de hierro; el ruido de sus alas era como el estruendo de muchos carros de caballos corriendo a la batalla; tenían colas como de escorpiones, y también aguijones; y en sus colas tenían poder para dañar a los hombres durante cinco meses.

Y tienen por rey sobre ellos al ángel del abismo, cuyo nombre en hebreo es Abadón, y en griego, Apolión.

Apocalipsis 9:1–11

CRÉDITOS

Testimoniamos nuestro agradecimiento por la autorización para reproducir el siguiente material:

Arcángel Gabriel, Mensajero de Dios (frontispicio) y *Arcángel Miguel* (pág. 353), vidrieras, a cargo de Tiffany Studios, en la capilla St. Peter, Mare Island, Vallejo, California (EE.UU.).

ÁNGEL CON LA LLAVE DEL ABISMO